GET GOOD WITH MONEY

TEN SIMPLE STEPS TO BECOMING FINANCIALLY WHOLE

懂錢滾錢

打造最強個人財務系統
美國「預算天后」改造100萬人的財富指引

Tiffany Aliche 蒂芙尼 · 阿里奇——著

周怡伶——譯

目錄 Contents

第三章

學會像松鼠一樣儲蓄 ………… 073

◎ 目標：學習制定一個完整的儲蓄計畫，實現個人目標。

第四章

整合負債、擺脫債務的策略 ………… 103

◎ 目標：制定最適合自己的還債計畫，然後讓計畫自動執行。

第八章

◉ 目標：找出你的保險需求，制定四大保險計畫：醫療險、壽險、
　　　失能險、產物意外險。

第九章

計算並增加你的「資產淨值」

🏅 目標：達到正資產淨值，並設定目標及策略來增加淨值。

- 開始計畫！
- 行動＃1：計算自己的資產淨值
- 行動＃2：接受自己目前的資產淨值
- 行動＃3：設定資產淨值目標，然後找出可達成目標的步驟
- 行動＃4：在做財務決策時要優先考慮的事
- 複習

第十章

建立你的財富管理團隊

🏅 目標：組建你的財富管理團隊，幫助自己達成財務目標。

- 開始計畫！
- 行動＃1：找到你的「責任夥伴」
- 行動＃2：找到你的「理財顧問」
- 行動＃3：找到你的「會計師」
- 行動＃4：找到你的「資產規劃律師」
- 行動＃5：找到你的「保險經紀人」
- 複習

第十一章

做好資產規劃：讓你的錢遺澤後人

🏅 目標：確認、制定、執行（簽署）並為你的資產計畫挹注資金。

- 開始計畫！
- 行動＃1：指定受益人
- 行動＃2：指定監護人
- 行動＃3：預立遺囑

附錄
你的聰明理財工具包………… 373

● 收支表
● 債務表
● 資產淨值表
● 理財生活範本

序
章

如何用這本書扭轉你的財務體質？

　　我搞砸了⋯⋯完了，這次我真的搞砸了。

　　大約十年前，我坐在地板上一邊哭一邊收拾家當，這句話不斷地在我腦袋裡重複播放。因為種種因素，我無法負擔我公寓的房貸且必須即刻搬走。

　　那是 2009 年，正是金融風暴之後的景氣大衰退，它就像可怕的野獸潛伏在各個角落，所有人都在談論這件事，我好幾個朋友因此丟了工作。我以為自己可以倖免於難，當時我是一名幼兒園老師，教職工作很穩定不是嗎？

　　不幸的是，我工作的學校是非營利機構，出資的企業已無力再繼續讓我們營運下去。在失業三天前，我和其他同事才知道我們即將失業。這份工作是以一年九個月的薪水來計算，我向來必須事先規劃把九個月的薪水分攤到十二個月來使用，暑假期間我本來就是靠存款度日，而我並沒有預料到會失業，這

是我付不出房貸、必須即刻搬家的原因之一。

且慢，我講得太快了。在我崩潰大哭之前，其實還發生了很多事，讓我細說從頭。（誇張的戲劇化音樂請下⋯⋯）

我爸媽很厲害。他們都在非洲奈及利亞的小村莊裡出生成長，我爸爸先來到美國，身上一無所有，他懷抱夢想，希望能多賺一點錢。後來我爸爸把他一生的摯愛，也就是我媽媽，從鄰村帶來美國成家。兩人辛苦打拼，憑藉嚴格的自我要求且極度遵守工作道德，各自拿到兩個學位（我爸爸是經濟學學士、企管財經碩士，我媽媽是護理學士及碩士），兩人都找到很好的工作（現在都退休了），他們生養了五個可愛的女兒，把她們全都栽培到大學畢業。我排行第二，是最野的女兒。

我爸媽很擅長將金融教育融入到子女的日常生活中，我舉一個很棒的例子。場景是 1986 年紐澤西州的羅塞利（Roselle），當時我六歲，成天在外頭騎腳踏車，而且非常注重「吃冰淇淋」這件事。你知道的，那是六歲孩子很認真看待的事。但當時我有三個姐妹，如果每一個孩子每天都光顧冰淇淋車，加起來就是一筆頗大的開銷，所以我爸媽想出一個很特別的方法，既符合財務責任又能讓我們姐妹嚐點甜頭，那就是每人每週有一天是專屬的冰淇淋日，當天輪到的小孩可以跟爸媽要 1 美元去跟冰淇淋車買冰淇淋，而其他人就吃從商店買來、冰在冷凍庫裡的那種便宜冰淇淋。

我記得某天輪到我了，我聽到街上傳來冰淇淋車獨特的叫賣聲。我迅速跑進家門去要我的 1 美元。

「爸爸！」我興奮地說，「賣冰淇淋的人來了，今天輪到我！」

我爸爸沉下臉來，「歐多奇（這是我的奈及利亞名字），收水費的人剛剛把你的1美元拿走了。」

我那六歲的心靈開始狂奔：「有人報警嗎？發生搶劫了嗎？有沒有人受傷？如果不是搶劫……那收水費的人跟冰淇淋有什麼關連？冰淇淋車每分每秒都在逼近了啊！」

我想你也跟當時的我一樣一頭霧水，所以，讓我再把時間點往前推一些，說明這個「收水費」的重要性。在我六歲的時候非常喜歡玩水，由於這種癖好，無論我在家中的哪個地方，總會把所有的水龍頭都打開，享受聽著流水嘩啦嘩啦的聲音。想當然耳，這種癖好並不被我爸媽接受，畢竟第一，是他們在繳水費；第二，我爸媽對「預算」很敏感。這就可以解釋我爸爸接下來說的話：

> 歐多奇，收水費的人來過，因為每次你打開水龍頭就要付錢。所以今天我必須把你的冰淇淋錢交給收水費的人。

我爸爸說完之後，接下來發生什麼事我已經忘了，我想一定是心靈創傷讓我把這段記憶塵封起來。不過根據現場目擊者（我姊姊）的說法，當時我不但大哭大鬧，還誇張地把自己往地上摔，那天晚上我是哭著入睡的，悲傷地埋怨這件事有多麼不公平。

隔天我爸爸要我坐下來，替我上了人生中第一堂有目的、

有意識的財務管理課。我學到的是：東西是要花錢買的，我所做的決定會直接影響到我的生活品質。換句話說，沒有什麼財務決定是微小、不重要的，每個人都必須學習去衡量短期欲望跟長期目標。問題是：你會選擇水還是冰淇淋？

到了二十六歲，我以為自己對這個重要教訓已經了然於心，而且我對於自己能做到收支平衡相當自豪，而且我經常能做出明智的「選擇」。畢竟，幼教老師的起始年薪是3萬9,000美元，但我卻能在三年內就存到4萬美元；我在總分850的個人信用評分中，拿到802分（這可是A++喔！），而且在二十五歲這麼年輕時，我就買下先前提到的那戶公寓了。

聽起來很棒，對吧？確實是的……

請繫好安全帶……因為等一下的事會非常刺激。

我如何掉進一連串的「投資」陷阱？

2007年，我已經達到上述的存款及信用數字。甚至可以說，我自認那時候的我非常有財務責任，我確實對自己管理金錢的能力非常有信心，有信心到我決定「不只是儲備退休金，我還要進一步投資」。但是，這個比較高深的投資概念，我卻不是去跟我身為財務專家的爸爸上一堂實務課，而是找了一個有錢人，要他教我如何增長財富——這個人，我們就叫他「傑克大盜」好了，稍後我會再解釋原因。傑克大盜擁有一輛名車、一戶位於紐約市的頂樓公寓，而且看起來總是口袋滿滿。二十幾歲的我並不知道，一個人可以「持有」這些昂貴的物品，但

卻無法真正「擁有」這些東西。

我跟傑克大盜聯絡，請他協助我做投資。在此之前，我並未背負任何信用卡債務，而他說最好的投資方式就是「拿別人的錢」來投資，所以他建議我去開一個新的信用卡帳戶，辦理預借現金，用信用卡公司的錢來累積我的財富。

傑克大盜有好幾家位在歐洲的商店，我們的計畫是利用這筆錢來購買當地受歡迎的美國品牌商品，然後把這些商品運送到他的店鋪販售。我們簽了一份合約（畢竟我可不是笨蛋），根據傑克大盜的說法，我投資2萬美元的預期收益是每週進帳2,000美元，為期二年。我覺得這個投資滿穩的，因為他總是一副有錢的樣子，至於他的錢是從哪來的？他怎麼管理自己的財富？我壓根兒沒有懷疑過。

我一定是失心瘋了！事實上，我被一個根深蒂固的願望蒙蔽雙眼。我希望幫助我爸媽早點退休，為了讓孩子們上大學，他們已經犧牲太多了。我的邏輯是，用投資2萬美元的進帳，讓爸媽不必再辛苦工作，而傑克大盜知道這一點。我現在才明白，他利用了我的弱點，還有我的無知。

在此之前，我甚至不知道可以用信用卡預借現金；我也不知道，這種借錢方式是最糟糕的，這幾乎等同於是在跟地下錢莊借錢——借這筆錢必須付出的利息，等於是把錢丟出窗戶、踐踏它、開車碾過它、盡情糟蹋它……用信用卡借貸，無疑是一個糟糕透頂的財務決定。

我要說的震驚情節是，我按照傑克大盜的建議去銀行辦一張新的信用卡，並預借了2萬美元。我還記得行員好心的關切

我，把我留在那裡大概有一小時吧，他們問我許多問題，確定我是真的以自己的意志做出這個決定。這本來應該是個紅色警訊，但我卻完全無視它，因為親愛的，我要用這筆錢來賺錢啊！最後我從銀行借出這筆錢，然後恪遵義務似的交給傑克大盜。

中場休息的尖叫：
現在的我要對著二十幾歲的我吼叫：為什麼妳要這麼做？不可以！

好了……我回來了。接下來我要說的是，我的第二個錯誤決定使得情況愈來愈糟糕。噢，沒錯，情況愈來愈糟了。顯然一週之內掉進一個投資陷阱是不夠的，因為我決定進一步「投資自己」。我一直都想創業，而我最喜愛的理財作家在網路上推廣「如何創業」的訓練課程，而且正限時特價——特效聲請下……只要1萬5,000美元。我覺得很實惠啊！

我的想法大概是這樣的：我馬上就會變有錢了（也就是預期中傑克大盜那筆每週2,000美元的投資進帳），除了能讓我爸媽有些餘裕之外，幾個月下來我就能付清1萬5,000美元這筆課程學費。付清之後，我盤算著可以運用這筆持續一週2,000美元的進帳，來營運我在上完課之後會成立的事業，而接下來這個事業賺到的錢又可以拿來孝養父母。

結果，不到一週，我從完全沒有卡債，到背負3萬5,000美元的債務！而我爸媽、家人及朋友完全不知道這件事。

你可能會想，我購買的那個創業課程，價格是合理的嗎？內容真的有用嗎？某種程度來說，有用，但它並不值得1萬5,000美元。不過，那套課程確實灌溉了一顆我早已播下的種子，也就是我日後成立的「The Budgetnista」網站，使其生根萌芽。

總而言之，在很短的時間之內，我從財務優等生跌落至谷底，我能理解你不可置信的樣子。但且慢，因為在谷底回升之前，還有更糟的事。

想當然耳，傑克大盜吞了我的錢就落跑了，他從此人間蒸發。我們之間的確存在著合約關係，但我就是找不到他。從這裡開始，每件事情都急轉直下。有將近兩年的時間，我拒絕為「我的決定」承擔財務責任，我把錯歸在傑克大盜身上。這表示，雖然我還是很會管理預算、很會存錢，我可以憑著幼教老師的薪水在一兩年之內還清債務，但是，在我揪出傑克大盜之前，我只願意支付信用卡的最低還款金額。

一直到我二十九歲時，我才終於認清我的錢與那個偷走它的人，真的一去不回的事實。

現在你知道為什麼十年前我會大哭、不斷重複著「我搞砸了」這句話。因為我真的搞砸了。

當時我身上背著5萬2,000美元的學貸、22萬美元的房貸、還有3萬5,000美元的卡債。我原本規劃要用在暑假期間的存款即將歸零，與此同時，我發現我熱愛的工作將無限期的終止。我正準備打包搬回家，跟完全不知情的爸媽一起住。噢，雪上加霜的是，我剛剛跟交往七年的男友分手了。沒錯，這時

候的我，財務和情緒上的狀況都很差勁！

但是，事情會好轉對不對？嗯，是沒錯，只不過好事多磨。很抱歉，這還不是我的最低點！接下來才是喔。

有一個朋友同意以每月 1,500 美元租下我的公寓，這讓我高興了幾天，因為這樣我只要再補 160 美元就可以**繼續繳房貸**。想到能夠付掉大部分的分期付款，我就很興奮，但我又再次忽略了一個紅色警訊。顯然我是紅色色盲吧。我朋友要搬進來的那天，她並沒有支付第一個月房租的押金給我。她解釋說前任房東還未退還她的押金。我必須相信她，因為她是我的朋友，所以我還是讓她住進來了。不幸的是，往後的一年，她幾乎每一個月都遲交房租。這表示，我沒有住在我的公寓裡，但我得把我僅剩的存款拿出來，甚至得把我退休帳戶裡所有的錢都提出來繳房貸，因為我不知道要怎麼趕她走。

整理一下目前狀況：我有一間自己不住的房子及一個有問題的房客。我背了一大筆債務。我沒有工作、沒有存款，住在家裡。我爸媽雖然是很棒的父母，但他們非常嚴格（我快三十歲了還被限制門禁時間）。而我最小的妹妹麗莎正住在我高中時住的地下室套房，所以我降格住到我國中時睡的床，現在那個房間是我媽媽的衣帽間兼客房。而我仍然單身。真是令人驚訝啊。

就這樣過了兩年。我不出門。沒錢時，我避開朋友也不接電話。催帳員開始打電話來。最後事情演變至我的公寓即將遭到銀行拍賣。

（在繼續說下去之前，我先提一下傑克大盜的近況：最近

我用他的名字快速在 Google 搜尋了一下，發現他詐騙的對象顯然不是只有我一個人。目前他在監獄服刑，罪名是冒用身分及一連串其他犯行。聯邦政府正式起訴他的罪名是以美國公民身分試圖製作假護照。此劫難道是我命中註定嗎？）

「預算天后」誕生

我有個閨蜜名叫琳達。我們可說一出生就是好朋友。

我父母從奈及利亞移民到美國之後，跟其他奈及利亞家庭建立聯繫、形成社群。琳達的媽媽和我父母都是來到新國度追逐夢想的年輕人，很快就成為朋友。

就在我處於低潮時，琳達不斷打電話給我，後來我們終於聯繫上。好幾個月來我一直避開她。在我們的朋友群中，我一直是那個很會打理財務的女孩，在我的自我認同中，有很大一部分就是我善於理財。但現在我的財務狀況一團糟，我不再清楚地知道自己是誰，我覺得非常困窘丟臉。

後來當我們終於說上話時，我本來想假裝一切都沒事，但隨即崩潰大哭。我把事情一五一十地告訴她。我說我失業了、我說出傑克大盜的信用卡騙局、我說出我買的課程、糟糕的房客、我的公寓即將遭到法拍，還有我欠的學貸，以及一毛不剩的存款及退休準備金。

琳達的反應讓我很驚訝。她呵呵笑了，她說，「就是這些事嗎？我還以為妳犯了什麼十惡不赦的罪。蒂芙尼，每一個人的財務狀況都很掙扎，但這並不代表妳是壞人，這代表妳是一

個正常人。」

　　她繼續解釋說，我們大部分的朋友都深陷在財務泥沼中，我並不是第一個試著想辦法解套的人。她把我犯的錯合理化，這次的談話，讓我原諒了自己。一旦我能放下在財務上犯錯的羞恥，我就能專注在解決方法之上。我明白到，我其實具備了解決困境的所有技能。我試著把從小到大學到的策略全都寫下來：如何做預算、如何存錢、如何還清債務、如何管理我的信用分數。這些是我知道該怎麼做的事，只是在我遇到困難時暫時忘記了。

　　正當我開始解決我的財務問題、試著獲取動能時，我的朋友們注意到了，他們開始來尋求我的幫助。琳達說的沒錯，朋友們都在試著從景氣衰退及錯誤的財務決策中站起來。很快地，我發現自己在幫大部分朋友的忙，然後朋友的朋友也注意到了，他們也開始來找我。不知不覺中，每個週末我都在跟某個人會談，協助對方做出計畫、改善財務困境。

　　有句諺語說「教別人時，你就學了兩次」，那就是我的寫照。愈是教別人，我就學到愈多；學到愈多，我就愈有東西能教別人。每個我教導的對象都讓我面對新的挑戰，從協助他們的過程中，讓我找出真實世界中人們所面對不同的嶄新財務問題。那兩年我捐出我的時間協助好幾百個人，同時自己做臨時保母、領失業補助金、把公寓租給一個比較可靠的新房客、再加上打零工來維持生計。我那個已經老大不小的妹妹麗莎開始叫我「預算天后」（The Budgetnista）。我喜歡這個名字的感覺，我決定如果我能把免費諮詢的財務教練變成有一個有收入的事

業，我就用它來當名字。而這一步來得比我想像的快得多。

我的義務工作被非營利組織聯合勸募會（United Way）的本地分會注意到了，他們要我擬出一套課程，給本地社區人士上一系列的財務課。這是我拿到的第一份合約，我的事業於是誕生！我又回到課堂上，但這次我面對的不是十五個尖叫的三、四歲小孩，而是協助成年人順利步上財務軌道。

我在聯合勸募會的第一批學生大約有十個，不過，透過口耳相傳及社群媒體的力量，開始有本市以外的人要求加入我的課堂，接著本州之外也有人要來，接著是國外也有人想來上課。我大吃一驚，我不知道有這麼多人想要獲得這方面的協助。

不過，並不是每個人都能舟車移動到紐澤西州的紐華克，也就是我上課的地方。所以，我把我在聯合勸募的課程製作成線上版本，取名為「實境富足挑戰」（Live Richer Challenge），簡稱為LRC。我給自己定下目標，希望能有一萬名學員註冊這個線上課程。一年之後，我辦到了。各界反應非常熱烈，接下來每年我都舉辦LRC課程。看來，我想協助別人達成夢想的目標似乎成真了，因此我把最初那一萬名學員，稱為我的「捕夢者」（Dream Catchers）。

懂錢滾錢，必須從打好基礎開始

從我開始推展線上課程開始（現在還可以註冊喔：www.livericherchallenge.com），目前已經有超過一百萬名捕夢者開始存錢、付清數百萬的債務、買下數千戶房屋、開始投資、能

去度假、付得起大學學費、創辦事業、提升信用分數。因為，成為捕夢者並懂得理財之道後，你就能展開全新的、財務健全的富足生活！

但是，你可別誤會了──無論你是重新步上軌道、或是第一次步上軌道，「聰明理財」代表的是熟練理財的基礎，這並不是魔術。而且，重點不在於快速致富或是在摩納哥海岸的私人遊艇上過著退休生活，而是轉變成我所謂的「財務健全者」。在接下來的章節裡，我會解釋財務健全是什麼意思，但現在你必須知道的是，財務健全意味著在你理財生活中的十大基礎領域都能順利運作著，而且，在實現夢想的路上，對於你目前所處的位置，你必須要能確實的掌握──無論你目前的收入、存款、債務及信用分數是多少，你都可以達到這個狀態！即使你像我一樣，完全陷在一個財務困境中，即使是失業、被詐騙而負債，你還是能夠聰明理財，讓財務狀況變得更健全。記住，我有親身經驗！

另一個思考「財務健全」這個概念的方式是，它破解的是如何擅於運用金錢、讓你在經濟上更安心的密碼。它既是一趟旅途，也是目的地。這本書是路線圖，指引你朝正確的方向前進。以下就是方法。

財務健全的每一個步驟，都包含了三個主要面向：計畫、行動、複習。

計畫，就像每一章的總覽，它指引並勾勒出該章的大目標。

行動，是你要達到該章目標，且要拿到 A 級分所必須採取的步驟。為了確保每個步驟都有產出，每個行動的結尾都會是

「你的作業」。

複習，是迅速回顧你剛剛讀過的內容。還有，這個部分我可能會安插一個讓你拿到額外分數的機會！

此外，我還製作了一個「聰明理財工具包」，你可以透過它獲取我在本書提過的所有資源。這個工具包是免費下載的，包括我提到的網站、練習單、各種表格，以及問答題（你可以透過附錄的網址獲取最新版本的「聰明理財工具包」）。

這本書還有一項特色，歸納在「預算天后加碼重點」這個貫穿全書的標題之下，你會在這裡找到我從我個人信賴的顧問那裡收集到的資訊及建議。我喜歡把這些加碼資訊，看成是我在為你烤的蛋糕上多灑上了一層糖霜。這可能是因為我以前在當幼教老師時，每逢班上開趴踢，總有人會烤杯子蛋糕！

如果還有另一件事是我從幼教老師時代延伸過來的，那就是我經常會跟孩子們說：「我會在地毯上跟你見面！」我這麼說是為了讓他們知道，我會在他們現在所在的位置跟他們見面，那通常是教室裡的一張彩色地毯。我的工作就是要協助他們，創造一個歡迎而不帶任何評價的空間，在這個空間裡，學習是令人興奮且吸引人的。這本書就像那張地毯，它代表的是一個安全的地方，你可以在這裡開啟夢想、打開門路、點燃自己的潛力。

我非常高興你來到這裡，現在，讓我們開始來聰明理財！

第
一
章
———

認識何謂「健全的財務」?

在我創辦自己的事業七年之後,我一個月賺的錢比以前當幼教老師一整年的薪水還要多。除了必要的生活費之外,還有很多餘裕,而且我有能力脫離債務大坑了——我付清被傑克大盜詐騙的債務及高價的創業課程,這兩筆卡債總計 3 萬 5,000美元(如果你想跟我重活一遍,請見序章),同時我也還清 5 萬 2,000 美元的學貸。無債一身輕之後,我可以把 70％的收入存下來。我用現金買了一輛車(經過認證的二手車,對我來說是新車),還付了一間新房子。那間房子是法拍屋,因此我用比市價低很多的價錢就買到了,不過總價 18 萬美元仍是一大筆錢。我甚至還幫父母付清 12 萬美元的房貸。以大部分人的標準來說,我可說是風生水起!

雖然我做得有聲有色,但比起從前當老師的時候,我的身上多了很多傷疤。事實上,雖然當老師賺得少,但那時我從未

因處理金錢問題而受傷過。所以，為什麼我會那麼執著於「零負債」、為了以防萬一而儲蓄呢？簡單說，在景氣不好時「失去一切」的經歷已造成我的心理創傷，我活在財務恐懼的狀態裡。

我的財務恐懼，顯然是真實事件造成的，包括曾經發生的事，以及那些我原本可以用不同方式處理的事，所以，我覺得我的恐懼有合理的理由，不過說真的，那是一種「不合理」的恐懼，我害怕那些事情再度發生。許多人，包括以前的我，都活在財務恐懼中，這是可以理解的，這種恐懼僅僅是基於發生財務災難的可能性。如果2020年在全球擴散的疫情能帶給我們什麼教訓，那就是，不確定且無法預料的事就是會發生——工作、收入、穩定性可能會消失，就只是因為觸及空氣中的某個病毒！

但是，我會教你一步步建立一個健全的個人及家庭財務系統，當你處於財務健全的狀態，你就不會活在那些恐懼中。你會對財務系統中的每個層面都做出相對應的計畫，讓它們持續為你運作，無論你現在處於人生中的哪一個階段。財務健全跟你位在哪個繳稅級距沒有關係。任何人，無論收入多少、無論是什麼就業狀態，無論你是領最低薪資或者是億萬富翁，任何人都能、也應該積極地邁向財務健全之路。它的原理跟每一個人都相關且方法適用於每一個人。財務健全不僅能穩定你理財生活的某個層面，而是理財生活的所有層面。所以，在遭逢財務創傷的時刻，它可以協助你處理、面對，有時候甚至還能幫助你在創傷中逆勢成長。

建立真正自由的財務系統

　　許多理財顧問都倡導財務自由的力量，或是不必工作就有錢過日子的可能性。聽起來似乎很美好對吧？但我自己的經驗是，這種「自由」並不會讓你感受到真正的自由。景氣衰退過後，雖然我開始賺錢了，但是，比起急速成長、賺很多錢的企業主，我當幼教老師時在財務方面反而更上軌道。為什麼呢？因為在當老師時，我設定了儲蓄策略、還債計畫、信用分數良好，並且針對當時的人生狀況買了適當的保險。若我不幸過世，我也知道我的資產會留給誰（我妹妹）。我設定了一個自動扣款的退休金帳戶，每年存滿最高額度上限；我還有一個應急金的儲蓄帳戶，而我的收入來源不只一個，包括幼教老師、臨時保母，還有家教。

　　而當我「財務自由」的時候，即便我手上有很多現金，卻沒有建立其他讓我感到安全的重要財務支柱。我沒有調整保險內容來保障新的生活方式；我的退休計畫也沒有清楚反映生活上的新標準；我只會存錢，沒有調整資產規劃、或是找出讓資金成長的方式以維持財富永續。而且，我沒有找任何專業財務顧問——這其實是讓我的錢愈來愈少，因為「恐懼」讓我遠離投資，我賺來的錢並未投入任何可讓財富成長的投資工具。真的，我曾考慮聘請的一位理財顧問笑說，「妳的銀行帳戶中有滿滿的現金，但退休帳戶裡卻沒有什麼錢。」

　　我當老師的時候並不是百萬富翁，但我懂得把收入最大化，每一個財務環節都有清楚的計畫在執行。重複一次：比起

月入3萬9,000美元的企業主，年薪3萬9,000美元的幼教老師時期，更讓我有安全感。這顯示出：打下堅實財務基礎所需要的錢，比你以為的還要「少很多」。還有，所謂的財富，不僅僅是意味著你存在銀行裡的錢而已！

打造健全財務系統的10大步驟

雖然我已經有許多年沒在課堂上教書了，但我仍然認為，做教學計畫和寫這本書並無二致。你需要循序漸進地學習十堂財務課，藉此讓十個財務面同步運作，以實現財務完整性、打造健全的財務體質——這意味著你將能抵抗不確定性所帶來的衝擊。

所謂「健全的財務」是指，你的所有理財環節必須目標一致，為你的最大利益運作。以下十個步驟，我們會在接下來的章節逐一探討，其輪廓是：

1. 建立個人預算：學習制定、控管個人預算，開設必要的活存及儲蓄帳戶來協助預算分流，並善用帳戶的自動扣款功能（自動轉帳、帳單自動扣款等等）。

2. 像松鼠一樣儲蓄：計算你的存款目標，原則上，你的存款數字至少要能支付家中三個月的基本開銷，接著進一步計算緊急預備金、目標存款、投資等三大項目分別需要存多少錢，學習分配儲蓄的優先次序，然後設定自動轉帳到與之對應的帳戶裡。

3. 整合負債、擺脫債務：了解你到底欠誰多少錢，寫下所有債務的組成內容（欠款金額、利息、還款時間等等）。接下來要選擇一個債務清償策略，利用你往來銀行的線上帳單扣款功能，把你的清償計畫自動化。

4. 衝高信用分數：申請一份免費的 FICO 信用評分報告，看看你目前的位置在哪裡。列出所有影響你信用分數的因素，制定計畫來提高信用分數到 740 分以上。

5. 開拓副業、增加收入來源：列出過去幾年你在工作上貢獻的價值，以此要求加薪；把你在工作上從事的任務、你受過的教育訓練內容、你目前的技能組合，列出清單，從中找出潛在的副業。發展一份行動計畫，列出下一步你要做什麼以增加收入。

6. 像內行人一樣投資（累積退休金與財富）：制定退休及財富累積目標，以此擬定投資計畫。你可以尋求有執照的理財顧問，或運用線上工具的協助，甚至是要自己學習、執行也可以。重點是必須要求自己持續投入資金，並且學著不要動用這筆錢，讓它隨著時間成長。

7. 妥善保險：確保你擁有充分的保障，定時檢視、計算你對醫療、壽險、失能、產物、意外等保險需求。

8. 計算並增加你的資產淨值：學習計算你的淨資產（也就是正資產減去負資產），以及如何實現、維持或增加正資產。設定正資產目標；針對此目標，制定每個月要採取的行動。

9. 建立你的財富管理團隊：尋找可靠且值得信賴的金融專業人士，包括：理財顧問、保險經紀人、資產規劃律師、會

計師等等，確定各領域的責任合作夥伴。

10. 做好資產規劃以遺澤後人：擬定你過世之後，他人該如何處置你資產的計畫，包括現金、不動產、珠寶及其他資產。無論你的銀行帳戶跟投資組合（股票、債券、房地產等等）的規模大小，這一點都非常重要。

這十個步驟看起來很複雜嗎？或許你覺得難以消化，但如果我告訴你，這些步驟是特別為你量身定做、可以幫助你創造一個不再為錢煩惱的理想生活呢？

前五個步驟涵蓋了理財的基礎知識，目的是幫助你打好根基。其訣竅是讓分配預算、儲蓄、債務、信用及收入，成為你的第二天性，這樣你就可以把大部分的精力放在第六到第十個步驟上。

後五個步驟是為了增加你的財富，並保護你的財富。這些步驟會讓你知道該如何投資、該如何調整你的保單內容、該如何增加你的資產淨值、尋求專業協助，以及保護你的遺產。

明白了嗎？你剛剛拿到一張財富藍圖，它將引導你走上一條正確理財、前途光明的路徑，而我會帶著你走完這條路，實現健全的財務生活。（握拳！）

「與錢共好」的 5 個思維練習

了解本書涵蓋的內容之後，你迫不及待想開始學習了嗎？根據我多年的教學經驗，我知道大家在心態開放、準備接收新

資訊的時候，學習效率會最好。因此，在我逐項說明上述步驟之前，我想先談談至關重要的「與錢共好」思維。

　　以下的五個思維練習，能讓你掌握自己面對金錢的態度，以及這個態度的根源。我並不是要你像在做深切心理治療那樣，挖掘得很深入，但是請相信我，探索這些心態，將有助於你在實踐十個穩健財務基礎的步驟時，更能得心應手。

　　讓我們調整至正確的心態，如此就能從「與錢共好」中獲得最大的效益！

⑤ 當個「解決問題」的紙巾人 ⑤

　　我從小就笨手笨腳，沒有一天不被東西絆倒，或為了打破、踩到什麼而滑一跤。我最拿手的就是把會沾染的液體，潑到地板、地毯或是家具上。

　　如果這些舉動發生在我爸爸面前，他總會生氣、提醒我要小心一點，而且要我分擔因笨手笨腳而產生的帳單支出。但如果是被我媽媽看見，她總會靜靜地把紙巾交給我。

　　你是否曾經在犯錯之後，不是立刻修補問題而是展開一連串的責怪與怨懟……

　　「我怎麼會做出這樣的事？」

　　「我好難過……」

　　「這是誰誰誰的錯……」

　　嗯，我們都曾經這樣。老實說，當錯誤發生時，我的

第一反應比較像我爸爸。但我從媽媽身上學到的是：不要耽溺在錯誤之中，而是要迅速找出解決方法。因為，你知道我爸爸發完脾氣後會做什麼事嗎？他還是會拿紙巾給我。

在你使用這本書來打造健全的財務體質時，請把這個例子放在心裡。打翻牛奶或是會沾染顏色的果汁時，責怪自己是沒有用的，你該做的是把它擦乾淨、繼續向前走。請專注在解決方案上，當一個紙巾人。

❖ 思維練習1：你的金錢觀會如何影響你？後果是什麼？

我們對於處理金錢的心態（例如何謂適當的支出或儲蓄），這些心態並不全然來自於我們自己，它們也會來自於我們過去的經歷，並直接或間接的影響我們。

以直接的影響來說，許多人牢記著小時候接收到的訊息：如果你的父母曾吃過苦，且經常把他們過去吃的苦掛在嘴邊，你就可能會因恐懼同樣的命運而習慣把錢抓得緊緊的。

有時候，我們的所學會鼓勵我們去做相反的事——如果你知道父母即使有錢，但卻過度節儉，連買你學校制服的錢都想省下來，那麼你就可能會出於反彈（或許是無意識的）心態，而揮霍金錢。相反的，如果父母恣意揮霍到連你都不好意思，那麼現在的你可能會非常、非常節儉。

「家庭」並不是型塑我們金錢觀的唯一管道，「社會」也會影響我們的財務思維。從小我們就被「什麼最重要」這類訊息

頻繁地轟炸，廣告就是這麼做的，對吧？它們要讓你跟某個商品產生感受上的連結。

　　無論我們是否察覺到這一點，我們都已將那些廣告所透露關於身分地位、權力及幸福感等訊息內化了，有時候這會以一種「不愉快」的方式改變我們的行為。例如，那雙新鞋能讓你昂首闊步、充滿自信，但等你收到信用卡帳單時可能會心痛萬分。

　　此外，我們會用一種微妙的方式，消化我們從「通俗文化」中所接收到的訊息，像是尊重、愛、影響力、連結等等，它們都跟金錢大有關係！

　　例如，請試著回想一下在電視節目或電影中，是怎麼刻畫女性友誼的？你會注意到，每當女性朋友們彼此的關係緊張時，她們往往會一起去血拼！我並不是說「購物」這件事是維繫她們連結的一種方式，但這種方式肯定會與你的信用卡帳單產生連結。（當然有其他比較不花錢、甚至更有意義的方式，可以重新創造友誼的連結！）

　　我要說的是，有許多因素結合在一起，型塑出你目前的用錢習慣及消費模式，並因此產生後果——若你的用錢習慣不良，後果會很嚴重，像是可能會搞砸人際關係、失去你珍視的東西，甚至連要把飯菜擺上桌都有困難。不良的用錢習慣也會導致你的信用分數不佳，有些公司在招聘人才時會以信用分數來判斷求職者值得信賴的程度，而你可能會因此失去工作機會。只不過，這些糟糕的後果通常不會在一夜之間發生。

　　你必須思考的是：打破既有金錢觀的關鍵是溫和地「質疑

自己的行為」。想想你一直以來的用錢習慣，然後把它寫下來。你必須誠實地面對這些習慣的來源、它們帶給你什麼感受，以及它們是如何讓你偏離原本設定的財務目標的呢？這麼做並非是要打擊自己，而是要覺察，知道你在何時、為什麼、如何做出某件事——這是形成持續且正向改變的第一步！

在這個覺察的過程中，如果你發現了任何對追求「財務健全」沒有幫助的行為或習慣，就應該立刻改掉它。有一個方式能幫助你根除這些惡習，那就是「多想兩步」，比方說，「如果我這麼做，結果會如何？如果我那樣做，結果又會如何？」你必須養成按下暫停鍵的習慣，問自己：

- 買這個東西、做這個改變（或某個財務決定），對我現在會有什麼影響？
- 一個月後，當帳單來了，對我會有什麼影響？
- 帳單來了，發現本來應該花在 A 的預算，卻花在 B 上時，我會怎麼做？

回答這些問題，並不代表你不能買某個東西、不能做某個改變或決定。但若你把這個思考循環，變成是你在花錢過程中的一個固定環節，那麼你必定能做出更周密的財務決定。

❖ 思維練習 2：用自己的「財務話語權」去掌控局面

首先，我要你想像一個更進步、全新的自己——想像自己是一個擅於理財的人，想一想這個人會有怎麼樣的行為。如果

你佩服某人、想要跟他一樣，你可以把那個人的特點放到這個「全新的你」身上，例如，想像你朋友珍娜的退休帳戶，裡頭的數字高的嚇人，而另一個朋友席拉，似乎總能負擔得起她想做的事情。至於譚雅，則對擁有名牌包一事不屑一顧……這些內心的聲音，是你要想像並模仿的，讓這些聲音不斷融合，直到它成為你自己的聲音。

現在，你是掌控主導權的人！我認為有太多人陷入「為了錢，所以必須努力工作」的想法，卻沒有意識到，應該是「錢必須為你努力工作」。我們經常被教導：努力用功讀書、長大後努力工作賺錢，因為這就是人生。如果你也這麼想，現在該改變你與金錢之間的關係了！

請告訴自己：「錢，現在你要為我工作了！」錢不是你的老闆，你才是錢的老闆。事實就是如此。我總愛將錢比喻成是一個蹣跚學步的小孩，總是尖叫著大喊：「我要買那個最新款的包包！」但是，你是父母，你才是老闆，你是那個可以說「不」的人。你有權可以說：「不行，這個月你要進入我的存款帳戶！」

請想像一個擅於理財的自己，想像你的錢為了你而努力工作。當你把自己當作老闆、擁有財務話語權時，你就能開始做出不一樣的決定。

❖ 思維練習3：找出隱而未顯的機會

在我十四歲時，我的膝蓋出了點問題，痛到連樓梯都爬不上去。爬學校的樓梯更慘，尤其是當我趕著衝到教室的時候。

我媽媽很認真看待我的抱怨，她帶我去看醫生。我認為一定是身體哪個地方出問題了，但醫生卻說這只是生長痛，一旦我雙腿的生長速度跟上身體其他部分之後，疼痛就會消退了。在知道自己不會死掉後，我鬆了一口氣，但醫生說我可能有幾個星期都會跛著腳走路。只不過，疼痛也帶來了好處，因為我有權使用學校教職員專用的電梯。

　　你體會到這個小故事的道理了嗎？「生長痛」是一種訊號，表示我的身體正在發生變化，從一個層次成長到另一個層次。「搭電梯」的特權是很棒的額外福利，但很快我就知道，「成長」才是我該真正感謝的。我希望你在學習打造健全財務的十個步驟之前，能把這個小故事放在心裡，因為老實說，在把財務生活導入正軌的過程中，會讓你有點不舒服，而這是每個人的必經過程，這種不舒服是清楚的徵兆，意味著你正在成長。這是值得感激的事。

　　有時候做某些事情之所以會很困難，是因為那些事就是要讓你學到教訓。做起來容易的事並不會讓我們學到那麼多。一如我在序章所說，我曾經陷在財務（還有情緒）黑洞裡——在短時間內，我失去工作、存款、房子、退休金和另一半，我幾乎一無所有。當時我心裡想的是：我要怎麼做才能從新站起來？

　　另一方面我也告訴自己，事情一定會有所轉圜。這個懷抱希望的心態，讓我看到所有值得感激的事。即便我真的必須瞇著眼睛仔細看，但我還是要求自己找出那些最小、最小的希望，從那些希望中開始立足。一開始我甚至會挖苦說，「我很

感激這個破皮箱能裝下我所有的衣服。耶！」

　　即使是挖苦，但這依然能讓我稍稍提振精神，再繼續找出更多值得感激的事。當時我的郵件聯絡人大約是五十個。我心想，好的，我手上有這些電子郵件，這就是機會！為什麼不聯絡這些人，看看有沒有人要雇用我呢？接著，好事接踵而來，如前所述，我得到一個工作機會，在本地的聯合勸募會開班教授理財課程。收到這個工作的酬勞之後，我就有能力搬出父母家。我負擔不起一層公寓，但我可以租一個房間。就在那個房間裡，我創辦了 The Bugetnista 網站。

　　你必須思考的是：學習新事物、學習用不同方式處理金錢、學習製作預算表、儲蓄、做更好的投資等等，這些事情不會在一夜之間完成。一開始你可能會覺得很困難，但你要知道，困難是砥礪你變成更好的人，你即將要成長到另一個層次，而生長痛是正常的。為了幫助你建立正確的心態，我要你找出一個光明點，或是隱而未顯的機會，就像我那個破皮箱，或是五十個電子郵件名單，你也有你的機會，把它們找出來、寫下來。列出一份值得感激的清單，想到什麼就加進去。（這份清單裡所列的事物，不必是什麼了不起的東西，甚至不必和金錢相關。）

❖ 思維練習4：喜悅的生活

　　十四歲時，我的身體正在抽高，二十一歲時，我的心胸擴展了。那時我剛從大學畢業，第一次飛到奈及利亞回老家拜訪，當時我的祖父母結婚五十週年，整個家族都聚在一起慶祝。

到了那裡，我很快就發現，我在奈及利亞的親戚，並不把我在美國視為一定要擁有的事物，看作是「理所當然」——他們有手機，但不會無時無刻的滑，他們有電視，但幾乎沒有人在看。

起初，我想知道他們的日常活動都在做些什麼，後來我發現，他們會玩遊戲、閱讀、聊天、時常大笑、時常拜訪彼此。這聽起來就像老生常談，但他們確實是一起共享有品質的時光。他們是一個愉快、彼此連結的群體，很快就能抓住「什麼才是最重要的事」。

不難看出的是，儘管我擁有相對多的物質財富，但我卻缺乏那種愉快的心情。我擁有更多東西，但我並沒有相對應的快樂。

從那個時候開始，我決定改變我的生活方式，把服務與感謝納入我的生活主軸。我所做的練習之一，就是試著用感恩的心開啟與結束每一天——每天起床的第一件事跟睡前的最後一件事，我會在心裡列出至少三件我感激的事。奈及利亞之行後的二十年來，我還是為此深受啟發。

你必須思考的是：毫無疑問的，擁有更多錢可以讓你的生活更輕鬆、讓你「看起來」更成功，但是當財富超過「滿足生活所需」的程度後，金錢並無法讓你變得更快樂。

即便你現在過得很辛苦，還要做很多事才能讓你的財務狀況變得更加健全，但歡笑、愛、擁抱、陽光、喜悅，你現在就可以擁有。

❖ 思維練習5：讓自己被正念及責任感包圍

　　現在你已經知道，原生家庭與社會將如何影響你的金錢觀，但你還必須知道，那些你花最多時間與之相處的人，也可能會強烈影響你和你的習慣。我指的是你的「圈內人」，不管是朋友、夥伴還是群組裡的聯絡人，他們能振奮你還是拖垮你？這是你在閱讀下一章之前，必須思考的事。

　　原因在於：當你周圍充滿正念、支持你的人，你就更有可能成功。並不是說你自己辦不到，但是單打獨鬥是很難進步的！講閒話、抱持懷疑、嫉妒……這類負面人物，不僅對你要達成的目標沒有幫助，還可能會扯你的後腿。通常，他們的不安全感反映出他們缺乏自信，人的負面心態經常是對自身恐懼的投射，而你設定的積極目標往往是他們不敢追求的，因此他們會對你的目標感到困惑，即便他們所傳遞的負面態度不是針對你。

　　遠離那些負面人物的關鍵，就是不要給他們任何空間，無論是情緒上或是實際上的距離。這些人有可能是你的家庭成員，你可能很難完全避開他們，但你要記住一個概念：他們不一定要參與或理解你要做的每一件事情。記住，你的目標是要讓自己變得更好，你要把全部的心力放在這一點上，這樣就夠了！

　　我明白，要做到這一點並不容易，尤其是有些人的意見對你來說很重要，而你卻不能對他們透露你的目標。但有時候，過多的解釋會榨乾你所需的能量。

本書的目標，是希望將你導入財務健全的生活，因此請試著把正向、有責任感的人加入你的圈內人，這些人不僅態度正面、心懷抱負，而且正在努力提升自己的財務狀況，可能是衝高信用分數、增加資產淨值、制定還款計畫、想辦法建立能創造第二收入的副業——你的生活圈中是否有這樣的人呢？如果有，你會想要親近這些人的正面態度，同時也可以將想法回饋給他們。我把這種互相提升的作法稱為「責任感夥伴關係」，透過腦力激盪、人脈串連及互相鼓勵，大家彼此扶持、走向正軌。

你必須思考的是：在你的生活中，有哪些人在默默影響你？可能是當你做決定時，你會去找的那個人，或是對你所做的選擇具有影響力的人；也許是因為你欣賞對方、想要模仿他們，或單純是因為他們對你所做之事的意見很多。如果是後者，你要思考的是，這些外部力量是什麼型態？你能取得足夠的正向支持嗎？如果沒有，你就必須和那些負面人物保持距離，繼而找到積極正向的夥伴。

最後，記住你內心擁有的力量

你對金錢的心態，很大一部分是來自於理解自己真正的力量。你擁有你需要的一切——你擁有工具、能力及權利，去追求屬於你的富足。

請記住：你目前所處的財務位置及狀態，並不是結束，而是開始。把信念置於恐懼之前，相信自己能達成目標，而我會從旁協助你。現在，就讓我們開始吧！

第
二
章

——

變有錢的第一步：建立個人預算表

目標：
達成10%
財務健全度

聰明理財、知道該如何掌控金錢的第一步——做預算！開始做預算總是會讓人很興奮，因為預算就是一個讓你可以說「YES！這個我可以」的計畫。預算可以讓你實現最瘋狂的夢想：去度假、重回校園學習、創業，如果你想做出必要的改變，你可以對所有這些事情說「YES」。

透過積極、主動的去管理你的預算，就等同於是在鋪設一條通往璀璨未來的道路。

開始計畫！

目標：學習制定預算、維持預算，以及自動化分配預算。

適切的預算表必須將其文字化（手寫或打字），將你的收入、支出及儲蓄，按照不同項目分門別類的記錄下來。如果不符合這些條件，那麼對你及你的未來來說，就是一份做得不夠好的預算。

關鍵是，預算是一項主動的任務，你不能消極的面對它。根據模糊資訊所做的預算（例如每個月我可能花了40美元在瓦斯費、200美元在伙食費、我認為目前一個月可以存500美元），這些都不是一個足以形成理財基礎的預算計畫──你或許可說它是「部分基礎」，但卻不夠穩定，只要對它施加一點點壓力就會搖搖欲墜。

你還可以做得更好！

更好的預算制定原則，是建立在財務狀況的「事實」及其「數字」基礎上的，它們必須非常具體。你必須了解自己每個月能進帳多少錢（而不是只知道全年總數），你必須確實掌握每個月的固定和浮動支出（通常是帳單費用），以及其餘支出（娛樂、生活雜貨、美容等等）──這些數字是累積財富的基礎，也是讓你建立夢想的基礎。如果你只是知道個大概，那麼你對你的現金流就是霧裡看花。要記住：這麼做是讓你更了解你的錢，如果你無法掌握錢的進出，你就無法拿你的錢來發揮功能。

好消息是，你已經具備所有跟製定預算有關的東西，只需要更了解它們就好。你的錢不能再只是你的「點頭之交」，你必須把它當成是你最好的朋友。這就是知識，而知識就是力量。請投入這股力量！

我喜歡把制定預算想成是：當你覺得身體有點不舒服、但不知道是怎麼一回事的時候，你會去找醫生診斷。以下八個步驟，會讓你覺得舒服一點，在後文的「行動」部分，還會有更詳細的執行步驟。

　　步驟1～4：這裡將協助你做自我診斷，透過提問，使你看清你現在的錢。這些步驟的順序都經過刻意設計，所以請不要跳著做。

　　步驟5～8：這裡將介紹幾個協助你把財務狀況變得更理想的方法，請把這些步驟視為是「治療」。此時，你已經知道問題出在哪裡了，而本書這位「預算醫師」，能提供解決方案給你（這不是吹牛，我被稱為「預算天后」不是沒有原因的）。我已設計出一個簡單易做的系統，能協助你找出那些你最能控制的開銷，以及如何立即採取行動。

　　我們也會探討幾項策略，這些策略都經過了驗證，它們能有效地減少你的支出，同時增加收入。在你確實執行之後，你就能對預算、銀行帳戶和資金自動化方面採取更進階的措施。在實際執行的時候，請記住：預算不會讓你的錢變多，做預算的目的是要管理你的錢。至於該如何讓錢滾錢呢？在稍後的投資章節，我會再詳細說明。

　　首先，我要請你檢視過去幾個月的帳單及銀行帳戶明細，並時刻回顧這些資料，這將有助於你增加你的預算。是真的！這不是什麼高深艱澀的科學，甚至根本不是科學。你只要先做兩件簡單的事：觀察、記錄你的金錢流向。然後我們再採取幾個相對應的追蹤步驟。

❖ 開始行動

以下是幫助你做好預算的八個關鍵要素：

1. 列出收入清單。
2. 列出支出清單。
3. 計算每個月的「總支出金額」。
4. 計算每個月的「可儲蓄金額」。
5. 管控支出，指定分類。
6. 視「需要」減少支出、增加收入、重新算出儲蓄金額。
7. 依「用途」區隔你的資金。
8. 設定自動扣款。

除了把最近的銀行對帳單及最近幾筆支出的單據收集起來，你還需要幾個簡單的輔助工具。首先，如果你是一個老派的人，那麼可以選擇一本可愛的日記或筆記本，它不用很花俏，但根據我的經驗，選用明亮、醒目的顏色就不會讓它被埋沒在書桌或床邊，你會注意到它，知道它代表什麼——只要看到它就能讓你開心地想到，「噢，這就是我的未來！」如果你是用電腦做預算，請為它取一個令人振奮的檔名，例如「我的好野人生活」，要是我就會這樣命名。

如果詳細地計算收支讓你感到焦慮，我建議你運用香氛的力量，例如點上一盞薰香蠟燭吧！即便做預算並不是在做SPA，但何不令自己更放鬆一點呢？

行動＃1：列出收入清單

　　讓我們來談談收入！如果你是領薪水的上班族，那麼你對自己的年收入應該已經心裡有數；如果你是像我一樣的自雇工作者，那麼對每個月扣完稅後的進帳，也必定了然於胸。最簡單的方式就是檢視你的薪資單，如果你是計時工作者，亦可檢視最近三到六個月的實領薪資，計算平均值，把這個數字寫下來。

　　此外，你可能會有些許額外收入，例如贍養費或是育兒津貼等，請務必將之納入收入清單中（你可能覺得這些錢不重要，但這些額外收入是左右預算結果的關鍵）；你也可能會透過網拍做點小生意，或者投資利息、社會福利金等等也要一併納入收入清單——仔細想想所有流進你家的各筆收入，計算出一個數值。

　　把這些大大小小的收入逐一列出、加總，最後的數字就是「家戶每月總收入」，這就是你預算計畫的第一項：收入清單。

你的作業：動手製作收支表，把收入清單加進去！現在開始正是時候。本書的附錄有表單格式及填寫示範。

預算天后加碼重點：這個作業不會花你太多時間，請不要拖延，現在就採取行動。本書的其他部分也會秉持這個做法，你愈快動手，它就能愈快為你發揮作用。

行動 #2：列出支出清單

任何良好的預算計畫都會涵蓋你的支出明細，告訴你「錢花在哪裡」。現在你手上應該已經有一份收入清單，接著讓我們來填上支出的部分。我發現最簡單的做法是：列出所有花錢的事項，先寫文字而不是數字。也就是說，先寫出你花費的名稱，而非相應的金額。

條列出每一筆支出項目──不要以「月」為單位來記錄，這會限制你寫下所有被你花掉的錢，因為並非每一筆開銷都是固定的。我希望你養成一個習慣，把所有消費支出都審視過一遍，而不是只看那些相對顯而易見的項目，所以你必須逐項列出每一筆開支。

這份清單（文字，還不是數字）會讓你更清楚你是怎麼花錢的。不確定要從哪裡開始嗎？你可以先從最近幾個月的金融卡轉帳紀錄開始。你有信用卡嗎？找出信用卡對帳單，看看你的錢都花到哪裡去了。此外，我要你回想平日你是在什麼時候花錢、在什麼地方花錢的，把它寫下來──你每天都會買咖啡、早餐、午餐嗎？你是否經常跟朋友聚會或是看電影呢？把這些消費項目寫下來。這個動作並不是要評判任何人，也不是要你減少這份清單上的任何項目，而僅是一份觀察用的紀錄而已。我自己的支出清單，上頭的項目是：保險、汽油、外食、美髮、化妝用品、電話與網路費、信用卡簽帳、食品雜貨、衣服送洗等，而你的項目是什麼呢？記住：你寫下的，是你花錢的方式，要把你的每一筆花費，都記錄在支出清單上。

這裡有一個重點：如果你的收支是跟某個人結合在一塊的，或是某個人可以動用你的收入，那麼你就必須跟這個人一起列出支出清單，因為他也在花你的錢，而你必須確實知道這些錢是怎麼花掉的。

　　不論你是憑記憶，還是比對銀行的對帳單，接下來你要列出的是「固定支出」，例如房租或房貸、有線電視、健身房月費、通勤費用（油錢、火車票、公車票）、學貸扣款等。

　　接著，再加上可能每個月的「浮動支出」，例如家用雜支、治裝費、娛樂與社交費等，愈詳細愈好。你是否會定期治裝呢？有車貸或養車的開銷嗎？你是否有購買鮮花、去餐廳吃飯再順便買份報紙的習慣？花在別人身上的錢呢？例如孩子的托育費用、玩具、美勞用品？如果你跟我一樣經常有送禮的需求，那麼你就知道幾乎每個月都會有朋友生日、都會去一場生日派對，對吧？這些都是開支，即使是小錢也都要列入支出清單中，這樣你的預算才會有效。

　　如果你習慣使用現金而不是刷信用卡或簽帳金融卡付錢買東西，那麼你要仔細檢視銀行對帳單。你會在什麼時候、從哪裡領到現金呢？有什麼規律可循嗎？這是否能讓你想起，你通常是在哪裡、用什麼方式花掉這些錢呢？盡可能詳細記錄、誠實的面對自己。

　　有一個情境或許對你有所幫助：回想一下青少年時期，你總會翻遍家中的每一個角落，挖出足夠的零錢去買你最喜歡吃的零食。就是要像那樣去挖！總之，如果你想偷懶，遺漏了各種零星花費（那些錢可能是花在令你有罪惡感的樂趣上），那

麼你只是在欺騙自己。你值得做出最棒的預算計畫。成功與否就在一念之間，難道你滿意現在的自己嗎？

> **你的作業：**把你每天的開銷用「描述性的文字」記錄下來，包括衣服、清潔用品、食品雜貨、美髮用品等等，把它們填寫在支出清單上，這個步驟就完成了！先別擔心金額的部分。
>
> **預算天后加碼重點：**如果你還是不確定你的錢究竟花到哪裡去了，這週請你隨身攜帶一本筆記本，記下你每一天花了哪些錢。這會讓你快速掌握你的花錢習慣。

行動 #3：計算每個月的「總支出金額」

如果每個月的月底，你都在想「我的錢究竟花去了哪裡」，這個步驟將會告訴你答案。不要躲開——答案會清清楚楚地擺在你面前。這可能不是你願意面對的答案，但卻是你最需要的答案，唯有面對它，才能真正改變你的財務生活。你閱讀這本書的目的，肯定是不想讓自己跟過去一樣，想買什麼就買什麼，淪為金錢的奴隸。相反的，你閱讀這本書是希望能善用你的錢，而理想的狀況是，你要讓你的每一塊錢，都有它應該要做的工作，也就是支出、儲蓄、投資。

建立收支表，就是幫助你正確運用資金的最好方式。所以，請拿出前述的收支表，寫下每個月你在個別支出上各花了

多少錢。這個步驟的目的是要確認出每個月的「總支出金額」。既然我們現在談的是「數字」，那麼為什麼要以「月」為單位來計算呢？原因在於，做特定預算最有效的方式，就是把它限定在某一段時間內，而以一個月來計算是大部分財務系統最常用的方式。當你著手填上每月開銷的數字時，可以先從最簡單的項目開始，也就是每個月固定金額的支出項目，例如房貸或房租、有線電視費用等等。不過，有些支出項目是兩個月或三個月付一次的，那麼你就要將其換算成每個月的支出數字。

例如，假設你是每三個月付一次水費，這個數字並非是每個月支出的費用，但在除以3之後，你就能得到每個月必須攤付的數字。從另一個角度思考，假設你每週固定外食兩次，每次約花費40美元，那麼一週就是80美元，再乘以4的320美元就是一個月的外食開銷，你就可以將這個數字填在收支表的支出欄位上。

◎ 全方位掌握你的金錢流向 ◎

一旦你深入回顧自己消費的細節，你收支表的「支出清單」可能會非常非常長（證明你對自己很誠實）。這個時候，你就可以將支出項目分門別類，讓這份清單變得比較好整理。追蹤每一種類型的費用可能會很累人，而且沒有必要。把性質相近的支出歸在同一個項目下，比較不會讓預算表過度膨脹。例如，與其分別列出每週買咖啡、午餐及晚餐等外食的錢，你可以把這些細項歸在

「外食費」這個大項目下。你也可以把每個月剪髮、打理自己的費用歸在「美容費」這個大項目下。或是把每週二晚上跟同事喝酒及跟朋友聚會的花費，一起歸在「娛樂費」的項目下。我不想一開始就要你這麼做的原因，是因為我想要你真正掌握你每個月、每一筆的開銷是什麼，然後再將之進行歸類。制定預算的目標，是要協助你理解你的金錢流向。沒有其他人可以代替你做這件事。

你的作業：把一個月內，每一筆開銷的金額計算出來，再把這些數字填進收支表中。

預算天后加碼重點：你還是無法搞定收支表嗎？別擔心，你可以善用本書附錄的表單填寫範例。很方便，就是空白表單的下一張。

行動＃4：計算每個月的「可儲蓄金額」

在這個階段，我們就可以來點音樂了！給自己放首能舒緩心情的背景音樂，或者點上薰香蠟燭，因為你可能會很需要。

在**行動＃1**中，你加總了所有流進你家的錢，算出你每個月的「淨收入」。在**行動＃3**中，你算出了每個月的「總支出」。現在，你要把「淨收入減掉總支出」。無論你得到的數字有多少，我都稱它為「每月初始可儲蓄金額」（這裡的關鍵字是「初

始」），你要把這個項目，列在你的收支表上。

看著這個數字，你很快就能明白為什麼我總說這是一個「眼淚與面紙相聚」的時刻。有些人會崩潰說：「我的老天！我的儲蓄數字竟然是負的……」有些人會驚呼說：「我完全不知道自己花掉了多少錢……」有些人會大聲嚷著是不是自己哪個部分算錯了，因為儘管他們的「每月初始可儲蓄金額」算出來是正的，但他們從未見過那些錢！許多人會因此寫電子郵件給我，上面是一長串的哭臉符號（這完全正常）。

即使你知道自己並不是錢淹腳目，即使你知道自己的錢不夠用，但當你真正看到這個「每月初始可儲蓄金額」時，你才能真正感受到一記重擊。這就像你在實行減肥之前會先量體重一樣。你要節食是因為你想減掉一些體重，但當你站上體重計時才知道，你可能低估了你要減去的重量。

當你離開體重計後，把身上那件厚重的毛衣脫下來，再站上去，看到的數字基本上是一樣的。不是那件毛衣的問題啊，可惡！

無論你的反應、你的感受是什麼，都別太苛責自己。保持信念。透過接下來的步驟，我們會進步的。請先花一分鐘讚許自己剛剛完成的事：你已經做出一個基本預算表，你做到了！你以為這很困難、會花很久的時間，但一點也不，這本書才展開沒幾頁哪！你已經送給自己一份名為「知識」的禮物，你把黑幕拉開了，你知道自己的錢在做什麼了。

你可以這樣想：你的錢就像一把錘子，你可以用它建造出你的財務理想國，也可以用同一把錘子來摧毀你的財務城堡。

這完全取決於你要怎麼做。好消息是，你就是那個決定這把錘子要怎麼用的人。請記住這個操之在己、持續前行的超能力！

> **你的作業**：該做幾個簡單的減法了！把收支表上的「淨收入」減去「總支出」，無論結果好壞，得出來的數字就是你的「每月初始可儲蓄金額」。
>
> **預算天后加碼重點**：這個步驟是許多人排斥做預算的原因——當你得知自己的錢在做什麼時，請試著不要為此感到害怕。該怎麼做呢？你應該要慶幸自己掌握了錢的流向，這個認知將有助於你採取新的行動、帶來更好的結果。

行動 # 5：管控支出，指定分類

現在我們即將進入很棒的階段。前面幾項行動都是在評估潛在的財務問題，接下來的步驟，我們就要開始尋找解決方法！

首先，我要你學習怎麼去管控你的錢。請回到收支表上的「支出」欄位。這次我們要對支出項目的內容進行分類，把每一個項目都貼上一個標籤，請從以下的三個標籤中選出一個，然後你就能思考「哪一個標籤是你最能（或更能）控管的」。

三個支出分類標籤：

- **「B」：是指Bill（一般性帳單）**，包括經常性及零星的帳單，也就是房租、房貸、車貸、學貸、信用卡費、保險費等等。這類帳單，若你不繳，你會很快接到催款電話，且會衍生出法律問題。現在就在你的收支表上，把這類型的開銷貼上「B」標籤。**控制程度：低。**

- **「UB」：是指Utility Bill（公用事業機構帳單）**，這類型的帳單金額是依據用戶本身的使用量而定，例如水、電、瓦斯費。這些帳單也要繳款，但它們的金額波動幅度，會比B標籤來得大。如果你忽略繳款，會產生斷水斷電等問題。由於支出金額會隨著你的使用量上下變動，因此我們把它跟B標籤區隔開來。凡是收支表上屬於這類型的開銷，請在「B」標籤前加上「UB」這個標籤。**控制程度：中等。**

- **「C」：是指Cash（等同於現金支出）**，在這個標籤之下，並非是專指那些用現金支付的項目，而是指那些必須「對自己（而非對他人）負責」的支出，例如食品雜貨、剪頭髮、做SPA、社交娛樂、外食等等。最簡單的分辨方式是，除了B和UB這兩個標籤下的支出項目之外，其餘的項目都屬於C標籤。**控制程度：高。**

在每個標籤之下，會各有幾個項目呢？這三個標籤所涵蓋的項目總數，會透漏為什麼你還無法按照你想要的方式生活

（無論現在或未來）。現在先讓我們把這個問題放在一邊。

　　請你先回顧你在**行動＃4**中計算的「每月初始可儲蓄金額」。這個數字是正的嗎？如果是正數，你覺得它足夠嗎？你可能會很驚訝，無論這個數字是多少，幾乎每個人的答案都是「不夠！」

　　因為「錢不夠用」，對每個人的意義都不一樣。但可以肯定的是，若這個數字是負的，那麼絕對是「不夠」。

　　這裡我先假設你的「每月初始可儲蓄金額」是負數，或你很驚訝地發現它是正數，因為你從來不認為你每個月會有多餘的錢。理由很簡單：第一，你沒有賺到足夠的錢。第二，你花太多錢了。當然，許多人的問題是兩者皆有——賺得太少且花得太多。但基本上不是前者就是後者。只不過，B、UB、C這三個標籤很快就能告訴你：問題到底出在哪裡？

　　如果你大部分的錢是花在「B」和「UB」，那麼你的問題很可能就是「賺得不夠多」，你的錢都花在那些你本就應該要付的東西上。「B」項目是比較難改變的，因為它們通常牽涉到你和受款方之間的法律責任。「UB」項目通常是可以協商的，但一般會限制在某個範圍之內（稍後我會再詳述）。

　　但如果你「C」支出的加總比「B」及「UB」還多，那麼你的問題就可能是「花得太多」，因為你大部分的錢都流向那些彈性花費上。所謂的「彈性」，指的是你對這些開銷擁有較大的主導權。「C」支出通常是可以控制的——取消一個月做兩次美甲，總比被電力公司斷電來得好，對吧？

　　你可能會很驚訝，人們經常搞錯自己財務的問題點。我的

親身經歷讓我明白這一點。

　　當我還是幼教老師的時候，我的手頭總是很緊，當時我以為是我花了太多錢在在自己身上，所以我愈來愈節儉，只要有機會就把錢存下來（所以我能在三年內存到我一年的年薪）。然而，若那個時候我能誠實面對自己的開銷，並且在每個支出項目上貼上「B」、「UB」或「C」的標籤，我就能知道自己幾乎沒有屬於「C」的支出！所以並非我花錢不當，而是在付完每個月的帳單之後，我的收入就所剩無幾了。當時的我根本就搞錯重點──不是我「花得太多」，而是我「賺得不夠多」。在我意識到這一點後，我馬上就去兼做家教和臨時保母來增加收入。

　　相反的狀況也很常見：有人會瘋狂地關注自己的收入，但實際的問題點其實是出在他們「花得太多」。這個時候，誠實地檢視自己支出項目的類型，就能幫助你釐清問題到底出在哪裡。

　　如果你不能找出令你缺錢的真正原因，那麼你就無法採取相對應的解決方案，把缺錢的洞補起來。首先，找出為什麼，然後採取對策，懂了嗎？好，我們上吧！

---

⑤ 你的儲蓄聰明嗎？ ⑤

　　如果你的「每月初始可儲蓄金額」是正數，那麼恭喜你！你走在正確的軌道上。只不過，你的儲蓄方法有可能不夠聰明，或者沒有一套明確的執行策略。下一章，我會帶你認識更聰明的儲蓄方法。

你的作業：拿出你的收支表，為每一筆支出項目貼上相對應的標籤──B（一般性帳單）、UB（公用事業機構帳單）或C（現金支出）。算出每個標籤的支出金額總共是多少，這麼做能幫助你釐清自己是「花得太多」還是「賺得不夠多」。了解這一點至關重要，如此一來便能量身製定增加每月儲蓄金額的計畫。

預算天后加碼重點：經常會有人問我，他們不知道自己是否把每筆支出都貼上「正確的標籤」。其實，這個動作不需要追求完美──標籤只是幫助你找出（1）你對某些支出的掌控程度、（2）檢視自己是否有「花得太多」或「賺得不夠多」的問題。我的目的在於重塑你看待金錢的方式，沒有人會因此給你打分數，所以盡力就好。你可以把本書附錄的範例當作指引。

行動#6：視「需要」減少支出、增加收入、重新算出儲蓄金額！

　　這個行動將放大你的儲蓄金額（即便是涓滴之流，但只要給予它們充分的時間，就能看到巨大的效益），它能讓你每個月結餘的錢，從負值變成零、再變成正值，然後金額不斷地放大。記住：僅是現在「還過得去」是絕對不夠的，你還欠自己（還有未來的你）很多錢。

　　我們已經透過**行動#5**，釐清自己究竟是「花得太多」還

是「賺得不夠多」，接著請看看以下方案怎麼解決你的問題！

如果你「花得太多」：我們先處理這個問題，因為學著花少一點通常會比賺多一點還來得直接。在調整花費時，你必須按照「控制程度」的順序來著手，從你最能控制的支出到最無法控制的支出，其順序為：C、UB、B。所以，如果你「花得太多」，首要任務是看看C標籤下的支出，有哪些項目是可以省下來的。

拿出你的放大鏡，一項一項仔細看，標示出那些可以削減的支出。以下我見過的解決方案，就頗具建設性：

1. 規定自己不能上網買東西。至少為期一週，或二到三週。
2. 取消那些未使用的訂閱制支出（例如健身房、有線電視、各種小額訂閱服務）。
3. 每兩天準備一個午餐便當去上班。
4. 控管外食費的支出。
5. 在採購日常用品前先列出採購清單，減少衝動性購買。

現在，請重新計算！如果把C標籤中，那些你打算削減的支出加起來，你每個月的儲蓄金額會變成多少？看到了嗎，你正在朝對的方向移動。倘若結果不如預期也別擔心，我懂。我們還必須下更多功夫，這意味著你要在B和UB這兩個標籤中做更大的調整。

UB標籤中可以調整的項目：

- 如果你有電費要付，請記得一定要拔掉那些「耗電元凶」的插頭，某些電器用品即使沒有在使用，你仍須為此付錢！聰明的做法是利用可控制的開關，在每天就寢前切掉像電視和其它大型電器的電源（當然不是關掉冰箱和冷凍庫）。我看過有人因此一個月省下30美元，一年就是360美元。

- 尋求水電人員的專業意見（多問不用錢）。有時候電力公司會幫你評估住家的用電效率及安全性，而且是免費的。他們可能會指出哪些地方可以改變，例如更換某些省電裝置、絕緣材料或閥門等等，長期下來能為你省下不少錢。

B標籤中可以調整的項目（較大的決定）：

- 如果你的房子是自己的，你可以考慮重新辦理房屋抵押貸款（這對你不一定會有幫助，因為它牽涉到不同層面的因素，請詳見第四章）；如果你的房子是租來的，你可以考慮搬到其它比較小或相對便宜的地方，即使只是暫時的。

- 如果你的財務狀況真的很糟糕，那麼你可以優先考慮放棄你新買的車，把車貸的支出砍掉。賣車的錢也許會有所損失，但比起一直被難以負擔的車貸綁住，這麼做還

是比較划算。這聽起來很瘋狂，但是，當初我要我男友
（現在的丈夫）這麼做，長期下來讓他省了一大筆錢。

- 打電話給你的保險公司，確認你的保單費率是否有調整
  空間。以車險來說，若你的駕駛紀錄良好，保費就有機
  會向下調整。你也可以思考把不同保單集中在同一家保
  險公司以爭取保費折扣，或是考慮增加醫療費用的自付
  額，藉此降低每個月要負擔的保費。但要注意這麼一
  來，申請保險理賠的金額也會連帶減少。

- 如果你有學貸要繳，這部分是可以申請展延還款的。具
  體的情況則視你的還款狀況及貸款類型而定。

⑤ 把存錢當成是每個月該繳的帳單 ⑤

如果你想確保自己每個月都能存到錢，那麼請將它視
為是你非繳不可的帳單吧！當你完成本章前五個行動的
收支表之後，你會清楚知道自己每個月可以存多少錢，
然後把這筆錢當作是收支表上的支出項目之一。當你每
個月自動扣繳（或手動支付）各類帳單時，請把這個新
的「儲蓄帳單」排在繳款的第一順位，這樣你就不會搞
不清楚錢都跑去哪裡了。

如果你「賺得不夠多」：現在，如果你已經是一個極度精
明的節儉魔人了，還能怎麼辦呢？如果你是為雇主工作的上班
族，那麼第一個選擇很明顯，且大多數人都忽略了，那就是「請
求加薪」！

我知道這或許會令你不太自在，但如果你能把「事實」和「數據」準備好，就有較大的機會去說服你的老闆。

　　首先，如果你還沒有做「吹牛筆記」，那就從今天開始吧！你可以把它想成是一本「加油打氣日誌」。一開始，這些紀錄只是你自己用的，但你很快就能拿它來佐證你工作上的論點，告訴大家「我做的事如何讓老闆、公司或同事直接受益」。你的「吹牛筆記」可以是實體的筆記本，也可以是Google文件、一封電子郵件的草稿等。重要的是，請把它當作是保存你工作成就的紀錄，能隨時補充參照。你對此有想法了嗎？很好。

　　我要你記下你替公司節省成本或增加收益的各種作為，或是你為職場、團隊帶來價值之處（雖然比較不直接，但這同樣重要）。無論是你個人的價值，還是作為團隊一分子的價值，你的口令都一樣：把它們寫進你的「吹牛筆記」中！

　　關鍵是，你的描述要盡可能具體——包括日期、時間、特定數字，以及任何可以佐證的資料。當然，那些在你製作「吹牛筆記」之前的豐功偉業，也要一併納入紀錄中。但如果你掌握的資料都是含糊不清的，那麼勢必要做一點研究來強化它，畢竟你正準備要告訴你老闆，為什麼他／她值得付你更多的錢？而你必須要手握一些合情合理合法的證據！

　　舉例來說，上週公司發生技術問題的時候，你是那個大家狂Call你來解決的人嗎？如果沒有你，大家都不知道該怎麼辦。這是大事，快把它寫下來。或者，每當有人要換班，第一個想求助的人就是你嗎？因為你掌握了每個同事的業務職掌，能迅速幫助他們解決問題。這個隱藏技能也應該被納入你的

「吹牛筆記」中，因為你值得為此獲得報酬。又例如你為某個品牌寫了一句響亮的廣告標語，為公司帶來特定金額的收益嗎？這種戰績更不能漏掉。

如果你不是在公司上班，例如你的工作是保母，那麼有多少次你必須配合雇主的需要，加班或提早下班呢？你知道該怎麼做了——寫下來！

當你為這些「貢獻」提出有力的證明時，就是在向雇主說明你「具體」的工作績效，你並不是在要求加薪，而是在為你的貢獻爭取它應得的報酬。不過，即使你有充分的理由，加薪的請求也可能無法一次就成功，但透過這種持續做紀錄的方式，終究會迎來工作上的回饋。

但如果你的職業，敘薪標準是受到規範的（例如工會組織的成員），那麼你短期內的解決方案，可能就必須尋找副業。

副業應該是指那些「不會佔去你太多心力的事」。如果你的目標是要增加額外收入，那麼你就要找：（1）跟你的學歷或證照相關的工作，或（2）跟你目前正職相關的工作——基本上就是要用最短的學習曲線來賺到盡可能多的錢。例如我當幼教老師時的副業，是臨時保母及家教，我一年的兼職收入是6,000美元，我不用再投入額外的培訓時間，而我的正職技能讓許多人都想找我幫忙。

你也可以鎖定時下熱門或符合人們當下需求的工作，例如Uber、Lyft、Instacart等等，這些服務不但需求量大且很容易入門。

上述這些例子只是冰山一角，事實上還有許多深具潛力的

副業，我會在第六章詳細說明。

　　現在請重新計算：看看這些改變，是否能讓你的每月存款數字增加？顯然，改變不會在一夜之間發生，所以現在你只需要把「預估數字」寫下來，然後在大約一個月之後，以實際增加的金額再算一次。也就是說，你必須重新走一次**行動#4**（眼淚與面紙相聚）的步驟。只不過，現在的每一次調整，你就能少流一些眼淚！

◉ 如果你窮到不能再窮，怎麼辦？ ◉

　　做出這些改變之後，你每個月的存款數字還是負的嗎？當你還在就學，或剛剛擺脫失業，甚至是遭逢人生重大變故（例如離婚、生了一場大病）之後，出現這種窘境是很正常的。

　　請不要恐慌，我也曾經歷過，我很了解這有多麼真實、多麼困難，我也知道你現在需要做些什麼。

　　你仍然要想辦法賺錢，你應該拼命、有創造力的尋找額外收入（但務必要合法），你可以從前述的例子中尋找想法。但是，你必須為「錢應該花在什麼地方」排出優先順序。

　　這其實很簡單。請回答這個問題：「如果我不付這筆錢，我會變得不健康或不安全嗎？」你的答案會告訴你，哪些項目是你必須繼續付錢的。

　　舉例來說，假設你有氣喘，有一筆開銷是購買噴劑處

方藥，那麼請問問自己：「如果因為手頭緊而不買氣喘噴劑的話，我會變得不健康或不安全嗎？」答案是「兩者都是」。但如果你的「藥品」是指高檔的綜合維他命，若改成服用普通品牌的維他命，你會因此變得不健康或不安全嗎？我想，只要那不是醫生開的處方，你應該是吃普通的就可以了！

那麼，有線電視的帳單呢？如果你不看電影或運動頻道的話，你會因此變得不健康或不安全嗎？我會說不，你的健康和安全並不是靠著瘋狂追劇來維持的。這樣你就知道這筆開支不急了。

把健康和安全擺在第一位，可能也意味著你的信用卡帳單必須延遲繳款（或是先繳最低額度）。你的電話帳單也會受到影響，調整資費方案是方法之一（如果你要找工作，當然需要手機讓別人找得到你）。

請不要躲避你的債主，這麼做不僅會讓你的信用評分雪上加霜，還會對你的未來產生更負面的影響——你可能會因此失去房子、車子等抵押資產，或被迫收到強制執行薪資扣款的法律命令等。

儘管這看起來很困難、令人卻步且尷尬，但你必須考慮致電給你的債主，解釋你的情況。如果你失業或有難言之隱，許多公用事業機構及電信、有線電視等服務商，都有讓用戶延展或分期付款的機制。當 2020 年全球疫情爆發時，許多抵押貸款公司與其他服務商，都推出了

紓困補助方案，協助數百萬名生活困難的用戶度過難關。即便是在經濟不景氣的時期，某些公司也會協助你制定個人還款計畫，期待等到你財務狀況好轉的時候還能繼續賺你的錢。只不過，對於這類紓困或貸款計畫，你必須仔細閱讀其書面條款——賠錢的生意沒人做，你要確定它們不會讓你掉進另一個更深的大坑裡。

我也要老實說，有些公司沒得商量，它們會撂下「後果自負」的狠話。不要被它們嚇到了，它們並不是黑手黨。你要保持冷靜，了解自己的價值。它們無法拿走你的自由。你必須堅持「你們就是得等。等我賺到錢，我一定會還。」

重點是，你要照顧好自己的健康和安全。在財務困難時，任何跟健康、安全無關的開銷都可以等、也應該等。如果你窮到不能再窮，那麼你就不能付錢給那些「非民生基本需求」的對象。這是我的親身經歷，那樣做只會讓你陷入更深的財務黑洞。

你的作業： 如果你的問題是「花得太多」，首要之務就是找出可以削減的開支；如果你的問題是「賺得不夠多」，那麼就得想辦法賺取更多額外收入。無論問題是哪一種，你都要評估這些改變對你每月存款數字增加的影響。

> **預算天后加碼重點**：就算你沒有陷入絕境，找出那些跟自身健康、安全攸關的開支仍然非常重要。把你最喜歡的螢光筆拿出來，把那些符合民生基本需求的支出畫出來，那些項目是你無論如何都要盡力維持的。未來若你遭遇財務亂流，你就知道該聚焦在哪些開支上。

行動 #7：依「用途」區隔你的資金

很多時候，把事情拆開來看會讓你看得更清楚。例如，在你經歷一段感情之後，「分手」能讓你把這段關係看得更清楚（看清對方，以及看清那段關係是否健康）。在財務上，透過把錢放進不同的銀行帳戶裡，你也能把你的錢看得更清楚。儘管這必須花點時間跑銀行、填寫資料，也需要某種紀律來追蹤每筆資金的動向（下個步驟我會教你使用「自動轉帳」來輕鬆達成目標），我建議你開兩個活存帳戶，以及至少兩個儲蓄帳戶。沒錯，就是這麼多帳戶，即使你沒有多少錢可以分配進去！

此外，你要在以下三種不同型態的金融機構開設帳戶，因為它們能提供給你的服務有所不同。

1. **實體銀行**：無論是大型金控或區域性銀行，跟實體銀行往來、面對面的跟行員辦理業務能帶給你一種安全感。另一個優點是，許多大銀行的分行遍布全國，甚至在世界各地皆設有據點，所以非常方便。

2. **網路銀行**：由於沒有租金、設施維護及人事成本，純網銀通常能提供存戶更好的利息，因此是你儲蓄的好地方。「不易領錢」也是網路銀行的優點，這能讓你在面對消費誘惑時更容易打消念頭、把錢存下來。如果你的儲蓄與活存帳戶都掛在同一家銀行之下，你很容易會因為一時衝動而動用了不該動用的存款——用手機轉帳，只要幾秒鐘錢就花掉了。

   相反的，如果你的錢是存在沒有實體據點的純網銀中，你至少要需要二十四小時的時間才能動用那筆錢。所以，除非你打算在欲消費的店家中過夜，否則你今天買不到「那個東西」，明天就可能不會買了——這段等待的時間會強迫你把需求的優先次序排出來。

3. **信用合作社**：每個人都應該跟某個信用合作社往來，這些機構通常是非營利組織，這意味著雖然它們必須賺錢來維持開銷（租金、人事），但它們營業的目的不只是為了賺錢——它們的借貸利息通常會比一般商業銀行低。此外，大部分信用合作社所收的帳戶月費只是象徵性的，帳戶結餘金額的門檻也相當低。在美國，有針對特定族群的信用合作社（例如教師、消防員、警察），也有任何人都可以加入的信用合作社，你可以善用網路搜尋你所在地的信用合作社資源。

   現在，讓我們來逐一了解每個帳戶。

❖ 活存帳戶

你可以透過實體銀行開設活存帳戶，這些帳戶裡的錢會經常進出，所以它的「方便性」是一大優點。

活存帳戶＃1：薪資／支出帳戶

你每一筆實領的薪水、直接存款和額外收入，都要進到這個帳戶。這個帳戶也是你連結「簽帳金融卡」的帳戶，你可以直接使用它刷卡消費。在你的支出清單中，「C標籤」的項目也是以這個帳戶的錢支出的。

活存帳戶＃2：繳款專用帳戶

這個帳戶是讓你把錢放進去繳款用的，它不應該連結到你的金融卡——你不能花掉原本該支付帳單的錢！這些錢只能用在帳單自動扣款，或是用手機、電腦去手動繳款。在你的支出清單中，「B標籤」和「UB標籤」的項目就是從這個帳戶的錢支出的。你可以設定每個月的特定時間，把錢從**活存帳戶＃1**中自動轉進這個帳戶（稍後我會再說明）。

❖ 儲蓄帳戶

基於前述「不易領錢」的原因，你必須透過純網銀去開設儲蓄帳戶，把存款放在這裡。

儲蓄帳戶＃1：緊急預備金／短期儲蓄帳戶

最佳情況是，這個帳戶應該要有足以支應你六個月以上基本生活開銷的錢。

哪些錢屬於基本生活開銷呢？例如，租金是，有線電視費不是；保險是，外食不是。想想若要維持健康、安全的生活，你必須付什麼費用？第三章我會協助你計算出一個特定金額，並讓你知道該怎麼存到這筆錢。「緊急預備金」的心態至關重要，但目前你只要先做到開設這個儲蓄帳戶就好。

儲蓄帳戶＃2：目標存款（存錢筒）

小學的自然課中，有一個單元在談「雨量」，你學過嗎？測量雨量，你不能只是在暴風雨過後用尺去測量地上的積水，因為土地會吸收水分啊！你應該要用一個水桶去接雨水，然後再做測量。為什麼我要舉這個例子？因為你就是土地，而錢就是雨水。除非你拿出一個水桶，否則你會吸收（花掉）所有流進來的水分！這個水桶，就是「目標存款」帳戶，也就是存錢筒。

那麼，你的長期目標是什麼呢？多數人的願望清單上應該至少會有一項大開支。一次旅行？一場婚禮？一間房子？一輛車子？無論你的目標是什麼，實現它的最佳途徑就是開一個專門的儲蓄帳戶，為每個目標開一個帳戶。如同前述「很難把錢從這些帳戶領出來」的理由，你必須善用純網銀數位帳戶。

你可以在一個主帳戶之下去開設子帳戶，有這些分類就能

協助你了解不同目標的存款成長狀況。如果你的數位帳戶沒有這種子帳戶功能，那就為不同目標開設不同帳戶吧！

記住：這些儲蓄帳戶不應該有任何開設或維護成本！

💲 如何挑選純網銀當儲蓄帳戶？ 💲

在選擇純網銀時要注意的重點是：

1. 有政府機構的「存款保險」背書，例如美國的聯邦保險（FDIC）。*
2. 選擇存款利息最高的網銀。
3. 開戶所需的資金最低，且能保證得到其宣稱的存款利率。
4. 名列我網站「聰明理財工具包」的 A 級評等。

你的作業：依用途區隔你的資金，就能清楚地看清你的錢。一定要有兩個活存帳戶、兩個儲蓄帳戶，分別開設在適當的金融機構裡。

預算天后加碼重點：在你需要用錢之前就跟信用合作社建立好關係，必要時就能加速借款程序。信用合作社的類型與適合族群有很多，現在就打開搜尋引擎尋找相關的資源。

---

* 台灣的中央存保公司為同性質的存款保險機構。

行動 # 8：設定自動扣款

自動扣款是最簡單、最聰明的理財方式之一，它能把你每個月賺的錢分配到它們該去的地方。你可以把你的薪水想成是一個中等大小的披薩。每個人都喜歡吃披薩！而這個「薪水披薩」被預先切成四塊，分量有大有小。現在想像你的薪水管理者是披薩外送員，你必須告訴他哪一片披薩要送到哪裡。如果你的雇主可以幫你把薪水分撥到不同帳戶，那就是自動扣款最簡便的方式，你不用出什麼錢就能分配預算。

你馬上就要吃掉的第一片披薩，必須進入**活存帳戶 # 1（薪資／支出帳戶）**，這裡面的錢是用在「標籤C」的支出，也就是現金支出。

第二片披薩掉到地上了，啊！這片披薩每次都被那隻可惡的狗吃掉——那就是你的帳單，這個帳戶的錢是用來繳款的（**活存帳戶 # 2**）。因為，面對現實吧，拿來付帳單的錢（披薩），你永遠無法嚐到它的滋味！

第三片披薩，就是你的緊急預備金。這片披薩將會放進你的冰箱裡，保存六個月。這筆錢將進入你的**儲蓄帳戶 # 1**。

第四片披薩，它會被放進你的冷凍庫裡，也就是**儲蓄帳戶 # 2**，這片披薩是你的長期目標。你可能會等上好幾年才能吃到它，最終你還可以拿一些存糧出來做投資。你會不斷地往這裡送披薩，結果就會是我所說的：披薩吃好吃滿！

但是重點來了：這些披薩並不是每片都一樣大。你要控制每一片的大小——根據自己最新的預算計畫，事先決定好每一

片披薩要有多大，自動扣款可以做到很細緻（你也可以跟你公司的人資或財務負責人談談）。以我自己為例，我已經把自己所有的帳單、存款、預計用來投資的錢，甚至是捐給慈善團體的錢，都用自動扣款分配好了。

不管自動化的程度如何，在「存錢＋付帳單」這個方程式裡，自動扣款都能移除其中有缺陷的「人為因素」，說得再清楚一點，這個人為因素就是「你自己」！

如果你的雇主無法把你的薪資拆分到不同帳戶，或者你是自雇者，你也可以自己執行這個步驟——每當薪資帳戶一有錢進來，你可以設定自動（或手動）轉帳至儲蓄帳戶，然後再轉到你的繳款帳戶。這可能要打通電話或親自跑一趟銀行設定，但這不是什麼大問題，許多銀行都有網路轉帳的功能，只要動動手指就能完成這些設定。

接下來，你必須將你每個月都要繳的帳單也一併設定成自動扣款，包括房租／房貸、各種月付會員或訂閱（不過你已經把不需要的會員資格都取消了對吧？）、車貸、學貸等等。你要盡可能避免「人為因素」，只要錢一進到**繳款專用帳戶**裡，你就不會遲繳！這代表你需要確認自動扣款日期符合帳單的扣繳日期。如果你的銀行不能為某張帳單做自動扣繳（也許是因為收款人未設定相關程序），大部分的銀行仍然會郵寄一張可轉帳繳款的紙本帳單給你。

但若你的收入有點不穩定，那麼自動扣款就不適合你，但我還是建議你利用網路，手動繳付這些帳單，而不是等帳單寄來了才以現金繳款。當然，在繳款之前，你必須確保你的帳戶

有足夠的餘額。

複習

現在你已經完成第一步了！你的「財務健全度」已經達到了10％，我為你感到驕傲！你費了一番功夫才走到這裡：你檢視了收入、支出、儲蓄，並且根據這些財務核心做出了一個預算計畫。擁有穩定的預算計畫非常重要，它代表明確的方向。你的預算正式準備好跟你說YES！

不要小看這份成就。你可以把這個里程碑跟一個會跟你同樣興奮的人分享，我就是那些人的其中之一，你可以在社群媒

體上跟我分享！我在任一網路平台的帳號名稱都是「The Budgetnista」。

第
三
章

——

學會像松鼠一樣儲蓄

目標：
達成20%
財務健全度

　　我很喜歡舉一個例子：在你的財務生活中，你就像開著一輛車在兩個家之間往返，其中一個家位在陸地上，你在此過日常生活，而另一個家位在私人島嶼上，我們就稱它為「財富之島」。將這兩個地方連接起來的，是一座透過投資所搭建的橋樑（你會在第七章學到）。

　　然而，如果你想通過那座橋，你需要有燃料才能發動車子，而你的車只接受一種燃料，那就叫做「存款」。你累積的存款愈多，就能投資得愈多，透過投資，你就能打造出那條通往「財富之島」的橋，誰不想搬到屬於自己的島上去呢？

　　當然，存款並不只是幫助你通往未來的燃料，它也是一張能在你不慎跌倒時接住你的保護墊，或者像一條能在車禍時保護你的風險安全帶。畢竟生命難以預測——你可能會被解雇，

或面臨使你無法工作的緊急健康狀況。此時，如果你擁有充裕的存款，就能給自己一段康復、治療、休養的時間，讓自己恢復到最佳狀態。（多少存款才算夠？我們稍後再談！）

許多人自豪地跟我說「他們很會存錢」，他們指著豪華的液晶電視、最新一季的包包、或者訴說斐濟島之旅……強調這些東西都是用存款付的。我為他們鼓掌——如果能做到這些事，表示他們真的「很會存錢」。但是，如果你把存款花在「非民生必需物品」上，並不代表你真的懂得「聰明儲蓄」！

要聰明儲蓄，你必須改掉「儲蓄是為了花錢」這個習慣，然後建立「儲蓄是為了賺錢」這個習慣。懂得聰明儲蓄的人，不會把存下來的錢通通花掉，除非碰到緊急事故。此外，他們會刻意把那筆存款放在「某個地方」。這與「很會存錢」是不同層次的，對吧？在這一章，你將學到「聰明儲蓄」的祕訣，你可以把這些方法告訴你的朋友、家人、鄰居——因為我們所有人都要搭上這班電梯，提升到下一個層次！

開始計畫！

目標：學習制定一個完整的儲蓄計畫，實現個人目標。

請跟著我一起說：創建和維持儲蓄的兩大目的，是為了避開風險，以及讓你有能力去投資。因此，我要改變你的心態，我要你把「儲蓄」當成是一個幫助你度過財務風暴的工具——你要存下至少三個月的基本生活費，而這個儲蓄計畫還能讓你重新思考目標，定義出哪些東西是必要的。

注意：理想上，我會希望你能存下六個月的基本生活費，但三個月的存款目標是一個很好的起始點，最終你可以因此存到更多錢。

❖ 開始行動

以下是達成「聰明儲蓄」目標的五大行動：

1. 像松鼠一樣思考。
2. 確認並精算你的儲蓄目標。
3. 縮減開支，建立「泡麵預算」。
4. 練習「有意識」的花錢。
5. 設定自動化的儲蓄帳戶。

行動#1：像松鼠一樣思考

在我居住的紐澤西州，一年四季都會經歷最好和最糟的天氣，但即便是在氣溫最高和最低的時候，在紐澤西州的公園裡，你幾乎不會看到任何病懨懨的松鼠。牠們不僅能在這種氣候中生存下來，還身強體壯！為什麼呢？因為牠們會根據季節變化去調整自己的行為。

在盛產橡實的季節，這些松鼠不會打混，牠們會努力工作、瘋狂收集果實，甚至會挖洞把橡實埋進去藏好，種下牠們的未來（就跟投資一樣）。當冬天來臨，沒辦法採集食物了，牠們不會手叉著腰說，「這是怎麼回事？冬天又來了嗎？」牠

們早已知道壞日子將至，並為此做足準備。這些聰明的小傢伙會躲進洞裡，用先前累積的「存款」過活。我告訴你，牠們是超級精明的儲蓄者！

人類行為跟松鼠完全相反，我們喜歡在順風順水的時候大肆揮霍。許多人都喜歡活在當下，不愛考慮未來。我不是要評判任何人，我自己也經常受到這種行為的折磨。

瘋狂的是，當我們在享受這些好日子的時候，我們傾向認為這種日子會永遠持續下去。然而，當壞日子來臨時，我們卻又認為頭上的烏雲永遠不會離開。在這方面，我們更像是一隻像把頭埋在沙子裡的鴕鳥，拒絕承認人生就像季節會有周期性的循環，以及最重要的——推動循環的力量通常是我們無法控制的。

我說的你一定懂。我們必須像松鼠一樣努力工作，在好日子時儲備更多糧食，盡可能精簡（卻不過分犧牲）、能存多少就存多少。我們必須模仿松鼠的行為，因為每個人都會經歷財務寒冬。也許是失業，或是突然需要支付一大筆醫療費用，也許你必須幫助家人，或是車子壞了、廚房裡某個大型家電壞了……所有需要花錢的事情都可能出現在你的預算計畫之外。

如果你沒有為這些「壞日子」做好準備，你就必須冒著風雨出外找錢，而你很快就明白這有多困難。就像很少數幾隻必須在風雪中撿拾堅果的松鼠一樣，你得花更大的力氣才能得到你需要的東西。特別是在景氣衰退的寒冬中，你得更賣力的工作、收穫卻更少，還必須跟其他同樣外出找堅果的人競爭——這一點都不好玩！

⑤ 掌握景氣衰退的規則 ⑤

多數人對經濟的運作方式一無所知。我們知道它會波動，但一般人都對它的波動無感，但等到景氣衰退的時候我們卻又會感覺到痛，對不對？

好消息是，你不需要像財經專家那樣對經濟環境無所不知，也可以學會聰明理財，但若能理解一些基本的經濟概念絕對是好事。其中，人們最害怕且經常被誤解的經濟概念，就是「景氣衰退」。

景氣衰退的定義，通常是以連續兩季（或總計六個月）的國內生產毛額（GDP）下滑來衡量。什麼是GDP呢？GDP是指一個國家在特定時間內所生產的所有產品及服務之價值（例如電子產品、衣服、玩具、汽油、蔬果、加工食物等等），通常是以一年為期來計算。GDP之所以重要，是因為它能讓我們快速得知某個國家的經濟狀況。因此，在景氣衰退期間，當你聽到「GDP下滑」時，代表企業提供的產品、服務，因其需求量減少，生產數量隨之遞減，企業在賠錢。另一方面，人們賺得比較少、花得比較少，失業率也隨之上升。

基本上，景氣衰退即表示市場上的經濟活動並不活絡。（這僅供參考。從定義來說，還有更糟的狀況，那就是大蕭條！這是指發生更嚴重、時間更長的經濟衰退狀況。若衰退持續兩年，就會轉為大蕭條，GDP數字會掉得更多。）

在景氣循環的過程中，衰退是必然存在的一部分。以美國來說，大約每隔十年到十五年就會經歷一次衰退。市場上下起伏就如同季節變化一般，若反映在股市中，繁榮與衰退甚至有自己的名字——「熊市」是指股市經歷了較長時間的價格衰退，通常會跟景氣衰退連動，在這段期間，投資人通常不會進場（或者說是像熊一樣後退離開）；而「牛市」則是指股市價格上漲或後勢可期，通常會持續數月甚至數年。在這段期間，投資人就像公牛一樣充滿自信、攻擊力十足。

不管是熊市、牛市，景氣循環都有其周期性，且不是你能控制的。它的波動起伏並不是因為你做錯了什麼，你唯一可能會做錯的事，就是沒有為即將來臨的財務寒冬做好準備。對你和你的未來來說，既然無法避免壞日子降臨，能讓你免於恐懼的方法，就是要像精明的松鼠一樣開始儲蓄。

好吧，我們的行為並不總是像鴕鳥那樣，有時我們會更理性。如果我們生活在一個經常淹水，或經常受到龍捲風侵襲的地方，我們會改造自己的房子，使其較容易抵擋強風暴雨，例如把房子架高、為窗戶加裝雨遮，或是修築防波堤等，這種準備工作能消除我們的恐懼（應付我們不能控制，但在預期之內的事）。同樣的，學會因應大環境的變化而儲蓄，也能讓你在遭遇財務風暴時，減少恐慌和恐懼。儲蓄是最聰明的準備。

要想像松鼠那樣儲蓄，必須先從改變自己的心態開始——你要把「現在賺到的錢」看成是所有時期（無論好日子、壞日子）都需要用到的錢。你現在賺到的錢，絕對不是「現在就可以花掉」的錢。

你的作業：面對「儲蓄」這個課題，首先你必須建立幾個正確的心態。請先思考：該如何才能成為一隻超級精明的松鼠？過去在「好日子」的時候，你是否有存下一些錢，且沒有動用它？請思考一分鐘，然後把你的心態往正確的方向移動。

接著，列出幾個你預期中的「好日子」，例如即將領到的獎金、升職加薪、退稅、長輩給你的紅包……現在，決定你要從這些意外收穫中存下多少錢（橡實）。算出一個數字，把它放在心裡！

預算天后加碼重點：找出上一次景氣衰退是什麼時候（Google是這方面的專家）。以美國來說，平均每十到十五年就會發生一次衰退，請試著算出距離下次衰退前你還有多少時間可以準備，然後盡快開始存錢。

行動＃2：確認並精算你的儲蓄目標

設定一個具體的儲蓄目標很重要，否則，你會冒著儲蓄不足或未正確儲蓄的風險。正如我在「預算」那章提到的，儲蓄

有兩大類型：

1. 緊急預備金。
2. 目標存款。

❖ 緊急預備金

每個人都應該要有一筆緊急預備金，用以因應你收入來源的突發狀況，或生活中的意外支出，例如醫療費用。我建議你可以先以「存到三個月生活費」為目標，把這筆錢當作你的緊急預備金——找出每個月的「基本生活開銷」（主要是「B標籤」和「UB標籤」這兩項支出的總和），然後把這個數字乘以3，就是你緊急預備金的存款目標，我把它稱作是「泡麵預算」（稍後我會再解釋）。

別擔心，我並不是要你一下子就湊到這筆錢，有些人甚至要花數年的時間才能達成這個目標。只不過，把「緊急預備金」的概念納入你整體的儲蓄計畫中，是你達成那個數字的唯一方式。

以下我會教你如何計算，並且把這個計畫付諸實行。

❖ 目標存款

先前我提到，你必須把存款想成是「要拿它來賺錢」的錢，而不是「為了把它花掉」的錢。只不過，想得到某樣東西是人之常情，為此你可以設定短期的購物計畫（例如某個最新的運動器材），或是設定長期的購物計畫（例如房子）。但前提必須

是：你已經存好一筆緊急預備金，另外也做好了因應投資的儲蓄計畫（請見第七章），那麼我就會鼓勵你為了購物清單上的目標而存錢。請記住：做預算的步驟之一，就是為此開設單獨的儲蓄子帳戶，然後把錢存進這些子帳戶中——你的目標必須很具體，且經過深思熟慮，這樣才能使你的注意力集中在某個特定獎賞上，避免衝動購買。

現在，我們來計算你需要多少緊急預備金，然後決定出哪些特定物品或經驗是你未來想擁有的。

首先是處理緊急預備金。以下的例子，出自我朋友莫妮卡的預算。在計入B、UB、C標籤的所有開銷之後，莫妮卡一個月的總支出大約是5,000美元。至於她最低基本生活費的預算（包含必要的B、UB和幾項屬於C標籤的支出），大約是3,500美元——把這筆基本預算乘上三個月，就能得出莫妮卡的緊急預備金最少要有10,500美元。

莫妮卡並沒有這筆錢，所以她仔細算過一遍，覺得自己應該可以在三年之內存到這筆緊急預備金，若用簡單的數學去回推，就是：10,500美元÷36個月（三年）＝291.66美元（每個月）。

也就是說，莫妮卡每個月必須存下大約290美元，為期36個月，用以涵蓋三個月的基本支出。

在你完成這項計算後，請務必把這筆要在每個月預存的金額，納入你的預算計畫之中。「緊急預備金」的概念是本書的重點之一，它屬於「B標籤」之下的固定支出項目。

我知道這筆存款的金額不小，但請想像一下你三個月沒有

收入的狀況，當你看到戶頭裡有這筆錢，肯定會鬆了一大口氣！

現在讓我們來看看該如何分配你的目標存款。

你「為了什麼」存錢？這是你必須想清楚的第一件事。前面說過，唯有對此深思熟慮之後，才能讓你更聚焦、減少衝動消費。現在，請先為你的目標存款設定一個目標，讓我們為它做出儲蓄計畫（你可以隨時調整你的想法，重設目標）。

請仔細思考這個目標的物件，是你現在就想要？還是可以再等一等？

回到莫妮卡的例子。她存錢的目標是「度蜜月」，這筆費用她會跟未婚夫一起均分，若要實現一趟豪華的加勒比海度假之旅，她大概需要 2,000 美元。幸好，此時距離她的婚禮還有十八個月，所以她還有時間可以存錢。

莫妮卡每個月要存多少錢才能在十八個月後抵達那片沙灘呢？2,000 美元 ÷ 18 個月 = 111.11 美元（每個月）。再強調一次：為了讓蜜月之旅順利成行，她每個月至少要存 110 美元。

請你自己計算一次，然後再把這個金額納入你的預算計畫中，它是「B 標籤」支出——如果這段期間，你碰到不得不動用「緊急預備金」的壞日子，那麼就必須削減這筆支出。沒錯，我知道你很想要這件東西（就像莫妮卡真的很想來場奢華的蜜月旅行），但如果她碰到困難，無法每個月為它撥出 110 美元，那麼她就必須重新思考預算的優先順序。你也一樣。

等等！你還沒忘記我說過「要為投資而儲蓄」吧？如果你真的想善用你的錢，你就必須讓「投資」成為你儲蓄計畫中的

一部分。但不幸的是,多數人的心態都是消費、消費、再消費,長期下來,這種心態會讓我們錢愈滾愈少。

相反的,如果你把投資當作是儲蓄的優先目標,那麼總有一天,你不只會有足夠的錢能負擔你想要的東西,還能進一步用錢滾出更多的錢!先別急,本書的第七章會告訴你該怎麼做。

現在,你只要理解儲蓄能夠減輕你的焦慮與擔心,光是走到這一步就讓我很開心。這一切都是因為你願意花時間做計畫,願意為那些人生中無可避免的起伏做準備。你做到了,你是一隻精明的松鼠!

你的作業:把你的儲蓄目標分為兩大類——緊急預備金和目標存款,然後計算出每個月你要分別撥出多少錢給它們(包括投資準備金)。把每一個儲蓄目標都記錄到你的收支表上,排列出優先順序,同時盡可能利用自動扣款,讓錢進入不同儲蓄目標的數位儲蓄帳戶中。

預算天后加碼重點:三是不錯,六是很棒。如果你仔細讀過「預算」那一章就會知道,我說緊急預備金應該要準備六個月的基本生活費,而不是三個月。我希望你最終能準備六個月的緊急預備金,必要的話甚至還要更多。但請記住一個原則:要存多少個月的緊急預備金,還必須視你的工作類型而定。

例如我媽媽是護理師,無論外界的經濟狀況怎麼變,護理人員的需求量總是很大。如果我媽媽失業了,她可

以很快找到另外一個職缺，因此三個月的緊急預備金對來她而言就非常足夠了。而我妹妹是工程師，她花了兩年時間才找到目前這個工作，所以她必須準備更多的存款才行，例如六個月到一年，如果她失業了，這筆錢才能在她找到同類型工作之前發揮作用。

最後，如果當你發現自己動用到了緊急預備金，或者沒有按時撥款至該帳戶，請務必盡快將欠款補齊。

◉ 過度儲蓄的陷阱：通貨膨脹 ◉

其實我不相信有「過度儲蓄」或「過度犧牲」這種事。被稱為「預算天后」的我會這麼說，聽起來似乎很奇怪。

我在二十歲出頭的時候就了解「平衡儲蓄」的價值。當時我是一名入行三年的新進教師，剛買了一間房子，每一分多餘的錢都被我存下來。我認為不花錢外出、不花錢打理外表、把支付帳單以外的錢都放進儲蓄帳戶裡，是負責任的表現。

後來有一天，我爸媽把我叫回家，他們想跟我談一談。他們問我是否一切都好，因為我的外表看起來很糟糕（遮臉）！有史以來第一次，他們把信用卡塞給我，要我去買一些新衣服，因為顯然問題是出在我窮到無法打理自己的外表。天哪！

我爸媽不知道的是，當時我有4萬美元的存款，我是

用 3 萬 9,000 美元的年薪（加上家教及保母的兼差），花了三年時間存下來的。不過事實上，當時的我並不快樂。我從來不去旅行、從來不去玩樂、從來不跟朋友出去。就在那個時候，我學到了應該要為「特定目標」存錢，而不是為了存錢而存錢。當你有了目標，你只要思考每個月要撥出多少錢給它，這樣就好。

「過度儲蓄」是很有可能的。我在序章提過，自從我被詐騙之後，我在財務上變得非常恐懼，於是又開始過度儲蓄，直到近幾年才停止。有好幾年的時間，我把收入全都存到一個數位儲蓄帳戶裡！

表面上這看起來好像很不錯，但是當你的存款超過某個額度之後，你其實是在賠錢，因為那些放在帳戶中的錢並不會成長──存款利息跟不上通貨膨脹的速度（物價持續上漲，錢能買到的東西變少了）。這意味著若你沒有透過投資讓錢「變大」，那麼你的存款將年復一年的縮水。

平均來說，隨著通貨膨脹，物價每二十年就會翻高 1 倍，如果你不做投資，事實上你每天都在慢慢變窮。

請想像你的錢是一棵樹──如果它不再成長，那就會死去。所以，我們必須要為特定目標儲蓄、視需求為緊急預備金儲蓄，最後，任何多餘的錢都要為投資而儲蓄。

行動 # 3：縮減開支，建立「泡麵預算」

現在，你已經懂得將不同的儲蓄目標按類別區分，也計算出每個月應該要存多少錢才能達成這些目標了。現在最大的問題是：這些儲蓄的錢要從哪裡來？

為了釐清這一點，我要你拿出你在第二章做的那份預算（收支表）。看到「每月可儲蓄金額」了嗎？如果有，很棒！如果沒有，我們就必須做個計畫，制定我所說的「泡麵預算」。

猜猜看，什麼是「泡麵預算」？之前我曾經暗示過，當你在計算基本生活開支時，必須問自己：「每個月我最低限度要花多少錢才可以活下去？」或者說：「如果我不得不吃泡麵度日的話……。」

我不是指高級泡麵，而是裡面只附上一小包調味粉、最便宜的那種泡麵。如果你不喜歡吃泡麵，也可以替換成任何「我可以只靠吃這個活下去」的食物，例如醬油拌飯、陽春麵、花生醬或果醬抹吐司等等。

之所以要算出自己的「泡麵預算」是為了讓你知道：必要時你可以再擠出多少預算？其最終目標並不是要你仰賴泡麵過活，而是要你掌握有哪些可以再削減的支出，尤其是當你還未存到至少三個月的最低生活費時。

回到莫妮卡的例子，我們繼續用她的數字來示範：如何從一般狀況下的每月5,000美元支出，轉換為每月3,500美元支出的「泡麵預算」模式。

在一般狀況下，莫妮卡每個月的支出項目分別是：房租、

水電費、車貸、車險、汽油費、食物、娛樂（外出用餐、看電影、上酒吧）、美容（SPA、做頭髮）。總計每個月花費5,000美元。

莫妮卡的「泡麵預算」是：房租、水電費、車貸、車險、汽油費、食物。就這樣。總計每個月花費3,500美元。

開啟「泡麵預算」模式的莫妮卡，每天自己做飯、自己塗指甲油、自己打理頭髮，利用網路上的免費資源找樂子。即便這個計算是假設性的（她暫時還不用以泡麵預算度日），但這可以讓莫妮卡了解到：如果她自覺無法達成存款目標（包括每個月290美元的緊急預備金、110美元的蜜月之旅存款），那麼她可以削減某些非民生必需品的支出，來維持這個儲蓄計畫。如果這段期間她突然失業了，她也可以立刻轉換成這個「泡麵預算」模式。

就像莫妮卡的例子一樣，你不一定要開啟「泡麵預算」模式，但你應該要知道自己有多少「泡麵預算」。這樣一來，如果你不幸碰到財務地震，很快就能「放下浮華、泡麵上場」！在理想的情況下，「泡麵預算」模式只會暫時性的開啟，但這段時間可能會比你預期的還要長很多。以我來說，我在金融海嘯時期失業，同時又被詐騙捲走存款之後，我不得不靠著「泡麵預算」生活兩年。為了度過人生低潮，我別無選擇。

請記住：我不希望你「過度犧牲」，我也不希望你為了達成目標而存下超過你需要的錢。計算「泡麵預算」是為了讓你找出那些必須拿去填補緊急預備金和目標存款的錢，這些錢可以讓你在危機來臨時不至於滅頂。至於當你碰到必須轉換成

「泡麵預算」模式的時候，你可以把它視為是一個節儉生活的實驗，藉此換取一個安心、有保障的未來。

你的作業：計算「泡麵預算」沒有什麼訣竅，請拿出你在第二章做好的收支表，逐項檢查，問自己：「我需要這筆支出來維持我的健康和安全嗎？」；某筆費用是有綁約、非繳不可的嗎？如果不是，那麼它會影響我的信用評分嗎？如果這些問題的答案都是肯定的，那麼這筆支出就應該要留在你的預算上。你可以進一步問自己：「若我暫時取消這筆支出，我還是能活得好好的嗎（健康、安全、財務）？」如果是，那它就屬於非必要支出，你可以在「泡麵預算」中刪減這個支出項目。

預算天后加碼重點：該如何處理意外之財呢？由於是「意料之外」得到的錢，因此這筆錢通常不會用在例行支出上，也不會被納入收支表中的「收入」一項。意外之財可能是來自於升職、退稅、退款、贈與，或是在路上撿到鈔票等。當你發現你準備要買的那件襯衫正在特價，或是某個在得來速排隊的陌生人幫你付掉午餐的費用……無論怎麼看，意外之財都太棒了！

如果你的心態已經調整成跟松鼠一樣，那麼在獲得意外之財時，你想的應該是：我的緊急預備金存款達標了嗎？如果還沒，精明的松鼠肯定會把意外之財優先放到

緊急預備金的帳戶裡——立刻就用手機或電腦轉帳，把這筆錢放進去，聽到沒？此外，我也鼓勵你優先償還債務，這一點我會在第四章說明。要知道，「意外之財就算再少都算數」，請馬上將它轉進儲蓄帳戶中，它會愈長愈大的！

行動＃4：練習「有意識」的花錢

計算「泡麵預算」是控管支出、增加儲蓄的一個方法，但還有另一個方法，那就是練習「有意識的花錢」。你有沒有聽過一個建議，當你認為自己要說出口的話很可能會後悔時，要在心中從一默數到十，然後再說出口？

同樣道理，在你花錢之前，請按照以下順序，先問自己幾個簡單的問題：

我需要它嗎？
我熱愛它嗎？
我喜歡它嗎？
我想要它嗎？

⑤ 預算天后的手環 ⑤
上面這四個問題對我來說太重要了，所以我把它們戴

在手腕上。我是說真的！你有沒有看到我的右手戴滿綠色的手環呢？請看一下本書封面，那就是「預算天后手環」，每一個手環上都刻有：需要＞熱愛＞喜歡＞想要的文字。我把這些手環當作是提醒自己的工具，以此分享、協助人們練習「有意識的花錢」。你也可以在掏錢（信用卡）的那隻手上戴著它，每當你要花錢時，我希望你能聽到我說：你需要它嗎？你熱愛它嗎？你喜歡它嗎？還是你想要它？

　　我總會隨身攜帶幾個手環送給我的「捕夢者」，如果你有機會跟我見面，請記得跟我要一個。

　　需要（Needs）排在第一優先。需要是很明顯的，像是食物、住所、衣服等。衣服顯然會有點爭議，我們在談真正的需求時，我會說，你的衣著目標應該是要能夠遮蔽身體，而不是要光鮮亮麗。

　　先前我們在為每項支出貼上 B、UB 及 C 標籤時曾討論過，你可以透過提問來釐清自己的需求，也就是問自己：這筆支出是否會危及你的健康及安全？

　　例如，當你在一家精品店中看到一件「絕對是屬於你的衣服」時，請有意識的問自己：「我真的、真的需要它嗎？」如果你沒有買下那件衣服，你會不健康嗎？你會不安全嗎？你一定知道答案。

　　另一個例子是：「我的車需要加油。」你真的需要嗎？答

案可能是肯定的,「我需要,因為我要加油才能去上班。去上班才能付帳單,才能確保我和家人有飯吃。」所以,汽油就是必需品,它是你在做預算時要優先考慮的支出項目。只不過,開著車到拉斯維加斯狂歡就不是「需要」了。像這樣有意識的檢視你的支出習慣,絕對是有利無弊的。

熱愛(Loves）是第二層。我把我「熱愛」的事物定義為:能為我帶來長期樂趣或享受的東西。這表示,即便是過了六個月、一年、五年,這個東西還能讓我充滿愉悅嗎?如果是,那很好,它可能值得你花錢。我很喜歡這個小測試,我認為這真的能避免自己亂花錢,但前提是你要對自己非常誠實!

有一個方法能找出你真正熱愛的物品或經驗,那就是想像若你擁有歐普拉的銀行帳戶,你會做些什麼大事?嘿,夢裡什麼都有!如果你有歐普拉的銀行帳戶,首先你可能會瘋狂灑錢,或是買下所有你並不真的需要或熱愛的東西。但是,當你習慣歐普拉的財力之後,你的想法可能會更加開闊、更有創意。例如,當錢不再是問題之後,你會做什麼事?或者做更多什麼事?我這麼說,並不是因為要讓自己因為沒有那個帳戶而感覺很糟,而是因為它讓我感受到那種擁有無限資源的自由。你可能會想,噢,如果錢不是問題,那我會:多去旅行、創業、花更多時間跟孩子相處……當你解開金錢上的限制時,你會開始思考柴米油鹽以外的事——如果把錢花在某件事物上也能帶來這種感覺的話,那就是「熱愛」,而它是有價值的。

喜歡(Likes）能帶給你短暫的愉悅感,所以你只要承認一件事:那些你「喜歡」的東西只能讓你快樂一陣子。有一個

很管用的經驗法則，請問問自己：過了三到六個月，這個東西還能讓我快樂嗎？

例如，你很喜歡吃海鮮，也有你最喜歡的海鮮餐廳。但是從用餐之後的三個月，你還會視某次用餐是一個很難忘的經驗嗎？如果你是美食老饕，而那家餐廳是整條海岸線上最棒的，那麼你的答案很可能是肯定的：你會繼續談論那次用餐經驗、認為把錢花在那一餐上是很值得的——這就是「喜歡」的經驗。這個例子的目標，是要找出對你而言「最重要」的東西是什麼。

想要（Wants）只是一閃而過的欲望，提供極短暫的滿足感，或者搔到你某個癢處——這種欲望無法帶給你多少快樂，它只是刺激你在無意識下的消費。對我來說最好的例子就是 Burt's Bee 的護唇膏，我喜歡它的包裝，還有它塗在嘴唇上的感覺；我喜歡在每個抽屜、包包、口袋裡都放上一條。但只要我不把它搞丟，每條護唇膏其實可以用很久，我真的不需要一直買！所以，當我在商店中看到它們時，我會保持自己的「意識」，告訴自己：「我真的不需要再花錢來增加我的護唇膏收藏！」只要暫停片刻，批評自己的衝動，就能讓自己意識到你要買的東西並無法帶來真正的快樂。

* * * *

當你把錢花在「需求」及「熱愛」，而不是花在「喜歡」或「想要」的事物上，你的人生就會因此活得更精采。當你學會

區分自己使用金錢的方式時，你就能清楚定義「對你來說什麼才是活得更精采的人生」。對此，我有切身的體驗。

在我更年輕的時候，我的朋友圈很流行「吃早午餐」這件事，我們幾乎每個星期天都會去吃早午餐。每週一次的早午餐約會，成為我們連結彼此的例行公事。只不過，這個例行公事對我來說其實有點困擾。我承認，我喜歡跟朋友見面，但我對「喜歡」和「想要」這兩件事是很摳門的。我不喜歡早午餐的食物（到現在還是），更何況必須每週花錢去吃。我覺得很累。

我真正「熱愛」的是旅行。但那個時候，我已經有兩年多沒有去過任何地方了，因為……我沒錢。所以，為什麼我要每週花30美元去吃一頓我可以不要吃的早午餐呢？

我決定停止把錢花在早午餐上，而是開了一個「早午餐儲蓄帳戶」。每次當朋友邀我去吃早午餐，我會想辦法推掉，然後把30美元存到這個帳戶裡，這是專門用來存旅遊基金的帳戶。這種存錢法就像是在玩遊戲一樣。

當我背棄這項「傳統」的時候，我擔心的是會不會因此失去我的朋友。但你知道嗎，我並沒有變得比較少跟他們見面，只是用不同的方式在不同的地點跟他們見面，而且我並不覺得我跟他們的連結變少了——我不需要聚餐體驗（的支出），也能獲得對我來說意義重大的友誼。

在我不參加早午餐聚會、默默存錢的六個月後，我接到其中一位朋友的電話，他正在安排聚會時間，想知道我能不能去（雖然他們早已預料我不會去），而我的回答讓她又驚又喜（他們都覺得我很窮）。我說，「我可以晚點再回電話給妳嗎……我

現在人在新墨西哥州的阿布奎基（Albuquerque），正要坐上熱氣球……。」沒錯，我存夠了錢飛去阿布奎基（世界熱氣球之都），把錢花在我「熱愛」的旅行，還有我願望清單中的熱氣球上，這種感覺太棒了！

對早午餐說「NO」，代表對我自己、對我的願望清單說「YES」。包括坐熱氣球、摩洛哥、法國、奈及利亞……還有其他三十幾個我曾造訪的國家──我對旅行及我熱愛的體驗說「YES」。對我來說，這是非常巨大的心態轉變，至今我一直保持這種心態。

甚至，我連說「NO」的方式也改變了。過去我總是找藉口說「自己有別的事」，後來我學會了坦誠相對，「我也想啊……但是我在存錢，我計畫幾個月之後要去希臘聖托里尼、還有土耳其伊斯坦堡。」結果呢？原本覺得我（可能）很窮的朋友，他們的反應都是，「看看我這個厲害的朋友，我也好想去希臘！」

對我來說，旅行是「熱愛」，是代表人生更精采的事。你也有你自己熱愛、能帶給你長久愉悅的事物，我希望你找到它們，並攢下錢來實現它們。選擇你自己。選擇你熱愛的次物。選擇你更精采的人生。

> **你的作業：**請仔細檢視你的錢都花去了哪裡。我們很容易卡在舊有的習慣裡，而不去質疑它們。請問問自己：你是否都把錢花在那些「喜歡」多於「熱愛」的事物上

了呢？還是花在「想要」多於「需要」的事物上？靜下心來把事物分門別類（這是心理上的練習，不需要精確的數據）。

找出哪些部分可以改變——把「喜歡」跟「想要」的支出，改成為了「需要」及「熱愛」的事物而儲蓄。拿一支筆，在銀行或信用卡對帳單上，寫出你最「熱愛」的事物，看看它們是否有與你的消費明細吻合之處。我的做法是印出「需要它嗎」、「熱愛它嗎」、「喜歡它嗎」、「想要它嗎」的標籤貼紙，然後把它們貼在我的信用卡和金融卡上。我把這些貼紙叫做「不啟用貼紙」，提醒自己要讓支出項目符合那些能真正令我愉悅的事物。

預算天后加碼重點：選擇兩件你「熱愛」的事物，接下來的六個月，請專注在這兩件事情上。對我來說，它們是旅行和我的事業。

你「熱愛」的事物是什麼呢？我要你把它們寫下來！為這些目標儲蓄，同時也要為你的緊急預備金儲蓄——在我們把錢撥給夢想的同時，也要做好最壞的打算。

在確認「熱愛」事物的金額及預計實現它的時間之後，你就能計算每個月的存款目標。例如，你想去斐濟旅行，這趟行程要花5,000美元，你希望在兩年內存到這筆錢，那麼你就可以把5,000美元除以二十四個月，算出每個月208.33美元的儲蓄金額。

> 你「熱愛」的事物能點燃你人生中的火花，你甚至可能會發現，許多你熱愛的事物根本不用花錢，或是要花的錢遠比你想像中的還要少。

行動＃5：設定自動化的儲蓄帳戶

一旦你設定了儲蓄目標，接下來就要有紀律的執行——開立特定的儲蓄帳戶，透過自動扣款的機制，每個月按時把錢存入。在讀完「預算」那一章之後，你可能已經開了這些帳戶，即便還沒有把錢匯入，但已是成功的開始。

首先談談最棒的帳戶類型。理想的儲蓄帳戶是存款利息最高、領錢最不方便、系統最安全的——符合這些條件的就是線上儲蓄帳戶（純網銀）。

先前我提過，我自己並不會把存款放在實體銀行中，因為利息少之又少，即便連知名銀行也是如此，因此我建議把你的存款放在純網銀數位帳戶中。由於純網銀不需要實體銀行的營運成本，它們通常會把省下來的成本用較高的存款利率回饋給客戶。

只能透過網路操作的帳戶也能讓你在領錢時變得比較麻煩，這能減少存款被用作衝動性消費的機會。有時候，我們只是去大賣場買衛生紙，但卻被賣鞋區的商品吸引住了，最後衛生紙沒買成，我們卻帶了一雙可愛的鞋子回家。聽起來是不是很熟悉呢？

這類衝動性消費的步驟通常是：你用手機登入實體銀行的帳戶，確認你的餘額是否足以買這雙鞋，結果你發現帳戶裡沒有你需要的100美元，只有60美元。這個時候，如果你的存款帳戶是開在同一家實體銀行，你就可以做我曾做過的事：動動手指，用手機在兩個帳戶間轉帳——咻，馬上就有錢進來了，你馬上就能買下這雙100美元的鞋子。實在太方便了！

但如果你的存款是放在純網銀數位帳戶中，大約會需要二十四小時（有時甚至需要七十二小時）才能把錢轉到實體銀行的帳戶裡。如此一來，你可能就會因為嫌麻煩而省下這筆不在購物清單內的支出，你會思考：「我不是真的『需要』這雙鞋子，無論它有多可愛。」

「不方便」拯救了你的錢。當然這無法阻止你再跑一趟，如果你真的「熱愛」它的話。但二十四小時的時間，能迫使你質疑自己是否真的「需要」或真的「熱愛」這雙鞋。如果是，隔天當你轉帳成功後，你就會回去買下它（但我打賭你不會）。如果你被迫必須等一等、想一想，那麼多數時候你都會打消買它的念頭。

或許你覺得必須經常上演這種內心戲很傻，但這不只是你的問題而已——無論我們走到哪裡，我們都得接受各種「要我們把錢掏出來」的試煉，例如星巴克的折價馬克杯、藥局裡的折扣花車商品等等。

即便是線上購物，如果你在Google搜尋了一樣東西，然後滑到了常用的社交平台，此時突然跳出一個廣告，正是那個你剛剛在找的東西，或是另一個很像它的物品——你忘記買了

嗎？你需要這個東西！最好是趕快買下來，因為現在有折扣，而且這個折扣僅限在三分鐘內購買！

當你懂得聰明儲蓄之後，你會比這整個系統更加聰明——你不會把錢放在伸手可及的地方，而是會把錢放在預防衝動性消費的純網銀數位帳戶中。

我知道，實體銀行帳戶裡「有錢」會讓人有安心的感覺，需要用錢的時候可以馬上領得到；相對的，我也理解當需要用錢卻無法馬上拿到錢的那種不痛快感。但擁有一個「不容易取用」的儲蓄帳戶，對你還有對你的錢都是最好的——距離能產生美感，距離能讓你的存款愈變愈多。

話雖如此，但並非所有純網銀都是一樣的！你必須找到符合特定條件的純網銀，安全地存放你的錢。你要找的銀行是：

- **A級評等**：金融監管機構會針對各銀行的資產品質、營收、對風險的敏感度，以及現金流動性等因素，給予它們不同的評等。你會希望把錢放在A級評等的銀行裡（稍後我會說明該如何找到這些銀行）。

- **擁有存款保險**：聯邦存款保險公司（FDIC）是一個政府組織，把錢存在該機構認可的銀行中，你的錢就會受到保障。如果銀行不幸倒閉了，你還是能拿回你的錢（最高25萬美元）。大部分的銀行都有加入FDIC，但確認這項資訊能讓你更安心。你可以在各銀行的網頁上找到這項資訊。

- **開戶門檻低**：有些銀行會要求儲蓄帳戶的最低開戶金額

（或是達到一定金額的門檻才能免去開戶費用）；另一些
銀行則沒有這項規定，關於這點一定要多方比較。

- **不要求結餘金額**：有些銀行會要求你必須擁有一定的帳
  戶餘額，才能拿到較高的存款利息。我們不會喜歡這種
  不跟我們站在同一邊的銀行。如果你知道自己很難維持
  一定的餘額，那麼就要選擇可接受結餘為零的銀行，無
  論你的存款有多少，還是能依銀行的牌告利率拿到利息。
- **高存款利息**：既然是儲蓄帳戶，你當然會希望存息愈高
  愈好。實體銀行的存息通常很低，各家銀行的差異也不
  大，但純網銀的存息就高多了，別忘了，多幾塊錢也是
  錢！

一旦你擁有合適的儲蓄帳戶，就可以進行關鍵的下一步：
設定每月自動存款。這個步驟超級簡單，通常只要填寫你的活
存帳戶資料（就是那個你要把錢轉進來的帳戶），以及你的存
款金額。就這樣，點擊完成！設定好之後，忘了它，每個月錢
就自動存進來了。

你的作業：你可以透過我的網站，找到最適合你的純網
銀。我收集了數家美國的純網銀資訊，能讓你一目瞭然
的評比、選擇。你會看到各家銀行的評等（記得要挑選
A級），你也能依開戶／結餘門檻、利息，以及是否有
FDIC保險等條件做選擇。在開戶之後，別忘了設定自

動存款（扣款）功能，開始為你的目標累積資金！

預算天后加碼重點：一旦你完成活存帳戶＃1（收入與支出帳戶）跟純網銀儲蓄帳戶＃3及＃4（目標存款與緊急預備金）之間的自動轉帳設定，就能開始存第一筆錢。如果你的老闆願意協助把你的薪水拆分，將你指定的金額匯入你的儲蓄帳戶，那就太幸運了！如果不行，你也可以手動轉帳。在此之前，記得要確認轉帳的手續費。許多實體銀行會在你匯款到其他銀行時收取一筆手續費，但純網銀的匯款通常是免費的，這點在轉帳時可以多多利用。

複習

我希望你已經開始像松鼠一樣思考，把橡實存起來，用以嚴防財務寒冬。

你已經掌握自己的「泡麵預算」了嗎？每個人都有自己的泡麵預算，熟悉它可讓你超前部署，以備不時之需。

我希望你已經開始存錢，你的儲蓄帳戶應該要區分成兩大類：目標存款與緊急預備金。別忘了，目標存款的其中一個子帳戶，應該要成為你的投資基金（請見第七章）。

還記得嗎？如果你想前往「財富之島」，你必須用投資來造橋，用存款來驅動過橋的汽車。

現在請接受我的歡呼聲，你的財務健全度已經達到20％

了！我猜你從來沒有想過要拜松鼠為師吧，現在你已經做到了。你可以現學現賣，試著用目標存款去從事一個你「熱愛」的活動，當作是給自己的獎賞。

第
四
章

———

整合負債、擺脫債務的策略

目標：
達成30%
財務健全度

　　債務，噢，這真是個沈重的話題！如果你欠了很多債，那麼肯定感受到背上的重壓。還記得嗎？我曾經背負8萬7,000美元的債務（其中5萬2,000美元是學貸，3萬5,000美元是被詐騙的信用卡債）。這一章我要分享的還債策略就是我自己使用過的，我靠它還清了所有債務。我保證，只要你能確實地照著這些策略的步驟走，你的債務壓力會因此減輕很多！

　　首先，第一件事就是要改變你思考與面對債務的心態。「我有債務要還！」在談到你欠某人（或某公司）錢的時候，你是不是會這麼說呢？沒錯，這句話很精確，但多數人有時也會用「我負債了、我欠了一屁股債」來描述自己的狀態，這種說法是你必須戒除的！因為債務並不是一個「地方」。我可以協助你擬定還債計畫，但我不能去那個「地方」接你回家，你明白

嗎？更重要的是，如果你把債務看成是你所在的地方，你很可能會永遠被困在那裡！

接著，我們要再釐清另一件事，你必須明白：沒有負債並不等於「有錢」，這完全是兩回事。例如我四歲的姪子羅曼，他沒有車貸、沒有房貸、沒有學貸，他什麼債務都沒有！但羅曼就跟多數的幼兒一樣，身無分文。

最後請記住：「零債務」應該只是一個暫時性目標，它絕對不是你的最終目標。減少債務的主要目的，是為了讓你有多餘的錢去增加財富，這才是你的最終目標。

若你只關注「債務」，你的注意力只會放在「要怎麼樣才能把地上那個洞填平」，相反的，若你關注的是「財富」，你就會思考「要怎麼樣才能在那個洞裡種一棵樹」。我會把精力放在後者，你呢？

重點在於，「償還債務」僅是實現財務健全度的一部分，如果你把所有精力都放在還債上，你可能會因此錯失針對退休及長期財富成長的投資機會。

開始計畫！

目標：制定最適合自己的還債計畫，然後讓計畫自動執行

你已經做出一份收支表，你也很清楚該怎麼整理跟錢有關的收據，知道該如何將它們分門別類。現在我們要運用同樣的技巧，來製作一份債務清單，這張表會協助你選擇最有效的計畫來減少（或完全清償）債務。

❖ 開始行動

以下是達成「擺脫債務」目標的四大行動：

1. 盤點負債。
2. 整合負債。
3. 設計最有利的債務償還計畫。
4. 執行自動扣款。

行動＃1：盤點負債

首先，我們要利用「債務清單」來盤點出你究竟有多少債務。你可以在本書的附錄中找到空白的債務表單，它包括以下幾個欄位：

債務名稱：這是你的欠款對象，可能是某個人、某間公司，或是對欠款內容的描述。例如，這一欄可能是你的奶奶（如果她借錢給你），或是信用卡公司（請務必將把每張卡各欠的錢分別列出），也可能是房貸、學貸等個別貸款項目。請盡可能清楚列出你欠誰的錢，使用你自己明白的註記名稱亦可。

總欠款金額：請將每筆債務的「目前欠款金額」（非最初借款金額）填在這一欄。在你的信用卡對帳單上，這個數字可能是最新的可刷卡額度或卡費結餘，用以表示帳單結算日當天的欠款金額。

最低應繳金額：這是你每個月最少要支付的卡費，以避免

你被信用卡公司收取各種名目的逾期費用。要注意的是：就算你繳了最低應繳金額，也無法避免你欠款的某部分被收取額外利息。

⑤ 警告！信用卡的最低應繳金額 ⑤

美國的信用卡帳單上，都印有最低應繳金額的警語，它的措辭可能是：「如果你只繳最低應繳金額，你需要七千年才能還清這筆錢的餘額……」（好吧，七千年也許有點誇張，但總之會是一段很長的時間）。之所以會印有這行警語，源自於 2009 年的《信用卡法案》要求發卡機構，要把約定條款中的那些蠅頭小字向用戶揭露得更清楚。公開這項資訊對消費者有益，你會知道自己要被收取多少費用，以及知道若只繳最低金額，最後將會背負多少債務。我不是要嚇唬你，而是要提醒你擬定計畫、按時償還卡債的重要性，這能夠讓你省下很多冤枉錢。（該如何擬定計畫呢？請見第115頁）。

利息：「利率」是債務結構中很重要的一部分，我希望你能花一點時間掌握這個概念，以及利率和「總費用年百分率」（簡稱 APR，又稱「實質年利率」）之間的差別。

根據美國消費者財務保護局（CFPB）的說法，在計算借貸成本的時候，「總費用年百分率」是一個比借款「利率」更廣泛的衡量標準。「總費用年百分率」能反映出借貸利息、房貸業務員佣金（如果你是借錢買房子），以及辦理貸款時所需

的各項規費等。也因此,「總費用年百分率」通常會高於你的借款「利率」。以百分比來表示的「利率」,是單指每年你因借錢而必須支付的費用,但它卻未含括你在借錢時必須負擔的其他成本。

當你跟銀行貸款,或是刷信用卡買東西(這也是借錢,因為你支付的並不是現金,而是信用卡公司先幫你代墊這筆錢),出借方會向你收取一筆費用,日後你要還給它的錢會比當初它借給你的錢還要多(很多),這筆費用就是「利息」。

因此,你的銀行或信用卡對帳單上所載明的「利率」(或者奶奶借錢給你時,你跟她商量出來的利息),是指出借方會依你尚未還清款項的某個百分比,向你收取的費用。重點是你必須記住:當你借錢時,你就是在花自己「未來收入」的錢。

基本上,「總費用年百分率」可以告訴你:在跟某人(或某公司)借錢的時候,總共要花多少成本。一般來說,借款利率和總費用年百分率會清楚列在你的對帳單上。如果你的債務有附帶「總費用年百分率」,在製作債務清單時,請在「利息」這一欄填上它;如果沒有,就填上借款利率。

「利率」是以一年365天來計算你尚未還清的借款金額,你每天所欠的金額是多少。例如,如果你某張信用卡的卡債是2,000美元,利率是20%,那麼該利率會按「日」以複利計算。這意味著每一天的利息都會隨著你「未還清的錢」增加──你不僅要支付本金的利息,還要支付利息的利息!

如果你的債務是「未還清的借款」加上「利息」,就會產生所謂「複利率」。複利是指本金加上任何衍生利息的利息。

若以2,000美元的債務、利率20％為例，複利就是：

1. 總費用年百分率20％，除以一年365天。

$$0.20 \div 365 = 0.00054794（每日利率）$$

2. 把「每日利率」乘以「平均每日借款餘額」（假設當月借款餘額仍是2,000美元）。

$$0.00054794 \times 2,000美元 =$$
$$1.0958美元（這是你每天要被收取的利息）$$

3. 把「每日利息」乘以「帳單期間」，就能得到每個月要被收取的利息（假設帳單期間為31天）

$$1.0958美元 \times 31天 = 33.97美元$$

　　也就是說，到了當月的月底，2,000美元的債務會變成2,033.97美元。如果你還不付錢的話，下個月的利息就是用2,033.97美元來計算。如果你選擇只付33.97美元的利息，即便你不再借新的錢，你也永遠無法還清這筆欠款，因為你從來沒有還過本金（2,000美元）。

　　如果你是投資者，「複利」是你必須加以利用的優點；但如果你是借錢的人，那麼「複利」絕對不是你的朋友！

我要再次強調：要徹底避免這種「利上加利」的唯一方式，就是每個月按時把欠款還清。但如果你已經累積了未繳清的餘額，也不要慌張（很多人都跟你一樣）——我們很快就能制定出一個債務償還計畫！

繳款期限：這是一個定義「何謂準時還款」的日期。換句話說，這個日期就是你應該要還清借款的「死線」，只不過，有一個鮮為人知的小細節：繳款期限是有時區差別的！如果你住在加州（太平洋標準時間），但你的信用卡或房貸公司位在紐約（東岸標準時間），你就必須注意東岸的營業日結束時間（比加州還早三個小時）。如果你把還款時間設定在你所屬時區的營業日結束時間，那麼很可能會錯過繳款期限，而必須多付至少一天的利息。畢竟遲繳就是遲繳，無論你離繳款期限有多接近。

當然，如果你試著打電話要求免去這筆遲滯費用，你的債權人（銀行或信用卡公司）可能會網開一面，但這就像過了門禁時間回家被爸媽逮到一樣，你很難會再有第二次機會。

帳單結算日：這是你帳單計算周期的最後一天，通常是在繳款期限前的二十一天。這個日期應該會標示在帳單上的一個框框裡。如果沒看到，請打電話問問你的發卡公司。這個日期很重要——它是計算每個月利息跟最低繳款金額的依據。信用卡公司會在這一天印出你的對帳單，或是用電子郵件寄給你。

你的帳單計算周期會被記錄下來，基本上它就是你所欠債務（包括任何衍生利息）的時間證據。在結算日當天，你的欠款餘額紀錄也會被送往信用審核機構。現在你知道它為什麼很

重要了吧？請把這個日期，填寫在債務清單中相對應的欄位裡。

狀態：你目前的繳款情形如何？準時還是延遲？請把這項資訊填在你的債務清單中。如果你有一張具備優惠利率的信用卡（可透過餘額代償或其他方式得到優惠），也要把該優惠利率的截止日期記下來。

<u>你的作業</u>：請完成你的債務清單。如果你還沒開始做，可以參考附錄中的範本及空白表單。

<u>預算天后加碼重點</u>：有時候，即使是最精明的人也會忘記自己欠了某人多少錢。也許你經常未按時繳款，所幸乾脆忘了自己還欠多少錢，或者你以為自己已剪掉某張信用卡，但它卻仍然可以使用，甚至還要支付年費（如果你沒付，它就會開始累積利息）。這兩種情況都很常見，如果你想確保自己的債務清單上已列出所有債務，你可以申請一份免費的信用報告，它會列出你每一筆尚未清償的欠款紀錄。

⑤ 如何面對債務追討？⑤

債務追討人就是那些打電話來要求你還錢的人，無論你有沒有錢。他們可能會威脅要摧毀你的信用、凍結你的薪水，或是採取各種法律行動等，這些聽起來都非常可怕。

好消息是，若你有以下幾個正確的準備及策略，你就

能從容應付大部分的債務追討人，甚至能抬頭挺胸的與他們交涉。

1. 準備充分：在與催款人通電話之前，請先把相關的帳單及先前的對話紀錄整理好。你可以將它們整理在傳統文件夾裡，或是為有關的電子郵件加上標籤，也可以在電腦中開一個專門的資料夾。

2. 堅持立場：記住，你沒有義務要配合債務追討人的時間，你能有所選擇。你可以等待以下時機再與他們談：

你獨處的時候。跟債務追討人談話時，你會需要隱私。切勿在工作場合中與他們通話，如果你不在家，那麼請找一個舒適安靜的場所，總之保有隱私很重要！

你很冷靜的時候。不要讓你的怒氣或焦慮讓事情變得更糟。冷靜的頭腦會讓你占上風。如果你覺得當下無法控制脾氣或覺得很沮喪，就要果斷的結束那段談話，告訴對方另外找時間再談。大部分的錯都是在不理性的狀態下犯的。請保持理智，態度要堅定，而非蠻橫。

你手邊有紙筆的時候。因為你必須做筆記，寫下日期、時間、與你交談者的姓名及通話內容的特定細節等。記得要在通話開始時就詢問對方的名字及所屬的催款公司（如果有的話）。

你擬好劇本的時候。包括你該說什麼、不該說什麼，還有你想問的問題等，都要打好草稿。記住：當你跟債務追討人談話時，對方會錄音存證，你必須按照你擬好

的劇本行事。

3. 事先做好功課：在你同意跟債務追討人談話之前，請先了解你的權利和選項。1977年，美國通過《公平債務催收行為法》（FDCPA），該法案的用意在於保護消費者免於遭受不公平催收行為的影響，並廣泛定義了債務追討人可以做什麼與不能做什麼。你可以上網搜尋下列資訊：

禁制信函（Cease and desist）範本：這個信函可要求收信人制止某一行為，例如若你要債權人不要再派人奪命連環Call，你可寄出一封禁制信函，要求對方使用郵件作為唯一溝通管道。

債務驗證信函：這封信可要求證明與你債務相關的催討公司，是確實買下（擁有）你的債權，還是只是被指派來向你討債。在你跟對方協商任何還款細節之前，一定要拿到債權歸屬的紙本證明。

你所在州的債務訴訟時效：這是指債權人向聯邦法院提起訴訟以向債務人（你）追討未償債務的最長時間。每個州的法規都不一樣，例如我居住的紐澤西州，循環債務（信用卡債）的訴訟時效是六年。

如果債權人沒有在規定期限內向你提出訴訟，債權人會失去要求返還債務及提告的權利，這代表債務追討人將不再有任何權利追訴你未償還的舊債。

雖然你不會因那些超過訴訟時效的債務而被起訴，但

你還是可能會接到債權人的騷擾電話及催討信件，因為債務不可能真正消失。如果他們還是纏著你，你可以發送禁制信函給對方，要求他們停止因這筆「殭屍債」跟你接觸。之所以稱為「殭屍債」，是因為它在法律上已經死了，但它仍然是你沒有還的錢，只是你不會因為這筆債務被告。

學貸展延還款：理論上，你不應該拖欠學貸，這在財務上是一個糟糕的錯，而且通常是可以避免的。承辦學貸的機構通常都樂意協助這類借款人辦理展延還款，有的甚至可直接透過網路申辦。如果你有私人的學貸付不出來，或許也可以考慮辦理再融資，請詳見第121頁。

4.（剛開始）不要承認任何事：債權人會試圖讓你承認「你欠他們錢」，讓你在某個還款計畫上同意畫押（無論金額有多小）。這裡有幾個你必須注意的事項：

當對方問你某筆債務的問題時，不要馬上承認或默認：如果那筆債已經存在好幾年了（且超過追討期限），他們可能會設法讓你重新償還那筆「不合法」的債務。例如，假設你又再還了一部分的錢，或是以書面或口頭承諾的方式告知對方你會還錢，那麼這個動作可能就會重啟債務的追訴時限，讓對方取得法律依據。還掉部分舊債的舉動，會讓舊債變成新債，所以，在跟債務追討人討論細節時，一定要要求對方提出前述的債務驗證信函。

確認對方身分後再談：當你接到一個陌生的債權人來電，你第一句要說的話是：「在我開始談這件事之前，我要先請您證明您有權跟我談。請您先郵寄『債務驗證信函』給我，這樣我才知道您的來電是合法的。」在確認對方的身分無誤之後，你才可以繼續跟他談下去。

5. 要求書面資料：因為如果要上法院，你就必須靠自己提出對你有利的證據。這些書面證據能讓你追蹤雙方討論、同意的內容，必要時還能作為追溯時效性的佐證。

6. 務必要為自己的最佳利益著想：債務追討人的來電是為了該公司的最佳利益，而不是你的最佳利益。他們是受過訓練的專業人士，他們會設法讓你說出特定字眼或詞彙，將之轉換為對你不利的證據。請不要被禮貌或友善的聲音唬弄了。如果你欠錢，對方就不會是你的朋友（但他們也不是你的敵人，他們只是在做他們該做的事）。

某種程度上，「為自己的最佳利益著想」也意味著你可以表達對債務追討公司的不滿。例如你可以說：「你們試圖用非法手段來威脅我，騙鎖匠說我家是空屋，把門撬開，我明明說過這裡是我的主要住處。」你沒看錯，我就是這麼說的！銀行曾經想用非法手段拿走我的房產，有一次他們打電話來，我就是這麼跟對方說的——金融海嘯後的那段衰退期，我面臨失去自己房子的困境。我利用銀行非法錄下我們談話這一點，讓他們坦承

錯誤。後來，他們被聯邦政府起訴，判處巨額罰款，因為他們在大蕭條期間廣泛運用這種非法討債手段。

請你一定要記住：你擁有的力量比你以為的大很多。你要好好運用它！

行動＃2：整合債務

現在，你已經釐清自己有哪些債務，下一步就是要將它們整合起來。這麼做是為了降低你要付的利息，藉此省下一大筆錢。你可以把這個行動想成是在整理食物櫃——評估所有東西，決定哪幾樣可以合併、哪幾樣可以丟棄。

整合債務有幾個方法，不同型態的債務要用不同的策略。其中，最普遍的債務整合策略有三種類型：信用卡債、學貸、房貸。

❖ 信用卡債整合策略

1. 協商更低的利率

當一家金融機構借錢給你的時候，他們是靠著利滾利來賺錢。對他們來說，在合法的範圍內，利率當然是愈高愈好，但就算利率低了一點，他們還是能賺到錢！換句話說，銀行或債權人並非真的想失去你這個「會付利息」的客戶——這是你可以著力的地方。因此請記住：你的信用卡利率並非是萬年不變的，有時候只要你敢開口問、逼迫對方掀開底牌，就有可能降

低你的利率。

雖然不保證會有效，但打電話詢問客服並不會造成你的損失。你可以這麼說：「您好，我用你們家的卡片已經 N 年了，而且我每個月都按時繳款。現在我想縮減開銷，我正在考慮另一家信用卡公司的餘額代償方案，雖然我很想繼續使用你們家的卡片，但你們給我的利率實在太高了，所以我想詢問這部分是否有調降的空間呢？」

你的信用分數愈高，對方就愈有可能把你留下來。（第五章會教你提升信用分數的方法！）

2. 申請餘額代償

如果前述跟原發卡機構協商調降利率的方法沒有成功，另一個選項就是申請另一張信用卡的餘額代償，也就是把你原本信用卡的債務，轉換到另一張利率較低的卡片上。如果你的信用良好，許多餘額代償方案甚至會提供一段時間的零利率給你，可以加快你還款的速度。這就像你跟家人說：「嘿，暫時別再把髒衣服丟到洗衣籃了！」你可以趁著這段不會再有髒衣服堆上來的時間，盡快把洗衣籃清空。

申辦信用卡餘額代償並不難，但你要先做好功課、找到最划算的方案，最佳的餘額代償方案包括：

至少有六個月的零利率：在美國，你甚至還能找到長達兩年的零利率方案，但六個月就值得你考慮了。它的描述大概是：刷卡外加餘額代償六個月零利率（總費用年百分率）。

免收額外的轉換手續費：要注意餘額代償的約定條款，有

一個「轉換費」的項目，它的描述大概是：「開卡九十天內，轉換至帳戶內的借款餘額，每筆收3％的費用。九十天之後，每筆收5％的費用……」最好的條件是完全免收這筆費用，但目前你能找到的方案，大概都介於3％到5％之間。

在評估這筆轉換費是否值得時，你要比較的是：它是否高於同一時期的信用卡循環利息？舉例來說，如果你的卡債未付餘額是1萬美元，目前的利率是20％，如果你繼續用這張卡，一年之後你要付的利息就會超過2,000美元。

相對的，如果你把這筆卡債轉換到另一張新卡，轉換費是3％，你要為此支付300美元，但你會得到十二個月的零利率優惠。2,000美元跟300美元哪個對你有利？不用想也知道！在這種情況下，支付「轉換費」就會是划算的選擇。只不過，辦理餘額代償還要注意以下四件事：

- 新卡額度可能無法涵蓋你目前的借款餘額。假設你的卡債是1萬美元，而你申辦了另一張利率比較低的卡片，但是當新卡審核通過之後，你發現它只能讓你代償5,000美元（信用卡的額度通常要等到資料審核通過之後才會確定）。這完全沒問題！這意味著你仍然可以減少一半債務的利息。重點是你要記得你的卡債被一分為二，你必須設法解決兩邊的債務。

- 新卡的最低繳款金額千萬別遲繳！在多數情況下，遲繳會讓你喪失餘額代償的優惠利率，你會因此回到債務的原點。

- 大部分的發卡機構都會要求申請者的信用分數必須達到某個低標，例如可能是670分或更高的分數才能核卡；而FICO信用分數要超過750分才能獲得最佳優惠。你需要提高信用分數嗎？請務必要讀第五章。
- 最重要的一點是，在你申辦信用卡代償之前必須確認清楚：在優惠利率期限截止前，如果你沒有還完欠款會發生什麼事？新利率會是多少？利息會以最初代償的金額去計算嗎？

對某些債務而言，若你沒有在優惠利率期間還清借款，那麼剩下來的未結清結餘不只會被收取較高的新利率，而且新利率還會計算在最初轉換過來的全部金額上。你要確認是否會面臨這種狀況，如果會，你可以選擇其他代償方案，或是想辦法在優惠利率期間還清欠款。

你可以在我的網站上找到幾個我推薦的代償方案，但如果你不符合餘額代償的條件，還有其他整合債務的方法。

優先處理信用卡債務

雖然我並不主張把所有的焦點都放在「擺脫債務」上，因為退休金和投資也同樣重要（請見第七章），但卡債卻是你必須優先清償的債務。卡債是最昂貴的債務，許多信用卡利率皆高達兩位數，你將會因此付出慘痛的代價。

3. 申請個人信用貸款

　　另一個還掉高利率卡債的方法，就是跟銀行借一筆利率較低的信用貸款，然後把你名下的卡債一次還掉。以信貸來說，我喜歡找信用合作社申辦，因為它們通常是非營利組織，專注於服務特定團體，且貸款利率通常會比較低（它們不像大型商業銀行是以自己的利潤作為出發點）。即便你不是信用合作社主要服務團體的成員，但還是能試著申辦它們的信貸。

　　但無論你申辦信貸的對象是誰，還是必須多方比較各家銀行的條件與優惠。在美國，承做貸款的機構都會受到美國聯邦存款保險公司（FDIC）的評等，包括安全性及穩健度等。理想上，你最好要找評等B＋以上的銀行或金融機構申辦貸款，你可以在FDIC的網站上找到這些評等資料。此外，你要選擇具有固定還款期限、固定（非循環）利率且沒有提前清償違約金的信貸類型。手續費（開辦費）也是一筆要注意的成本，能選擇免手續費的信貸最好！

　　比較個人信貸方案的步驟如下：

- 把你名下所有的卡債金額加總起來，了解你究竟需要借多少錢。如果其中一張卡有零利率的優惠，這部分的卡債就不用算進來，但如果低利優惠即將到期，你就必須先把這部分的卡債清理掉，以免被收取高利息。
- 把你手上所有的信用卡利率加起來，然後除以卡片數量，就能得出卡債的平均利率。例如，A卡的利率是

18％，B卡是21％，C卡是26％，那麼這三張信用卡的平均利率就是21.66％——請記住這個數字，把它跟你欲申辦的信貸利率做比較。信貸利率必須低於這個數字，做債務整合才有意義。

- 了解你的信用分數，因為它會決定你可以取得哪一種信貸條件。檢視自己的信用分數並不會導致金融機構對你進行實質的信用調查（這會降低你的信用分數），所以你可以隨時這麼做（我的網站有免費取得美國FICO個人信用評分的教學）。*

⑤ 是否該拿你的房子借錢還債？ ⑤

如果你本身有房貸，有幾個選項可以讓你用來付掉其他債務：「套現重貸」（cash-out refinance）或是「房屋淨值貸款」（home equity loan）。如果你的房子具有任何正淨值（equity，即你的房貸餘額跟目前房屋市價之間的差異），你就可以拿這筆「套現重貸」的差額，還掉你的卡債；至於房屋淨值貸款，則是指借款人以自己的房屋淨值（房屋估值減去房貸餘額）作為擔保而拿到的一筆錢，也就是你房子的第二抵押貸款——好處是它的利息是所有債務整合方法中最低的。

無論你考慮的是哪個選項，都表示你要拿房子做抵

---

* 台灣讀者可上「財團法人金融聯合徵信中心」網站申請個人信用評分報告。

押，幫你還掉高利息的債務。這聽起來很棒，但請不要將它當作你理債的優先考量，這其實是我最不喜歡的還債方式，因為這個做法通常會帶有隱性的成本——許多人在還清卡債後又開始繼續用信用卡累積債務，到頭來反而欠下更多債。我之所以將它列出來是為了告訴你，你還有這個整合債務的方法，但我強烈建議，除非萬不得已，否則請不要考慮它。

如果你不得不拿你的房子借錢還債，我希望你要盡可能的聰明運用這筆錢——只貸出你所積欠卡債的金額就好，抵押貸款的利率也務必要低於卡債的平均利率。

❖ 學貸整合策略

如果你想整合利率較低的學貸，你必須注意幾個特定事項，思考對你最有利的做法。

首先，你的學貸是出自民間借貸機構或是官方的聯邦學貸？如果是後者，那就很簡單：請放棄重新辦理貸款！

第一，美國政府不會受理聯邦學貸的再融資。聯邦學貸的利率是國會制定的，大部分皆為法律規定的固定利率，無論你畢業之後的信用如何、收入如何。也就是說，你無法將你的學貸（無論是民間或官方承辦）再融資為聯邦貸款。只不過，你可以為聯邦學貸辦理再融資，使其成為民間貸款——但拜託你不要做傻事。

聯邦學貸是最棒的，因為它可以讓你申請寬限或展延（延

後付款），避免你碰到失能、失業或其他財務難關。此外，它還允許你遲繳九次（保住你的信用分數）；如果你是在非營利機構工作，甚至還能申請貸款減免。

相對的，向私人機構申請的學貸就跟其他商業貸款一樣，通常不會有寬限或展延的機會，而且只要遲繳一次，就會被視為違約。如果你的學貸屬於這個類型，你可以把它視為是另一筆卡債，用同樣的策略處理它。

你需要知道三個數字：

- 學貸的債務總額（只算民間貸款的部分）。
- 這類貸款的平均利率（把各筆學貸的利率加總起來，除以筆數）。
- 你的信用分數。

掌握這些數字之後，你就能進一步比較提供再融資的機構（B+評等與免手續費是首選，你可以在我的網站上找到相關資源）。如果你背負的是美國聯邦學貸，卻無力償還，我還是建議你可以保留這部分的貸款。因為即使轉貸之後你可以省下一些利息，但卻會失去上述的諸多優點。你可以向學貸的承辦機構協商、解釋你的困難，尋求一套以「目前收入」為基準的還款計畫。

❖ 房貸整合策略

如果你想減輕房貸的分期壓力，最好的方式就是透過再融

資的方式取得更低的房貸利率。如果自從你前次貸款以來，市場利率已經調降了，也會連帶影響你的房貸利率，長期來看這會是一筆可觀的金額。

在研究再融資的方案時，雖說利率不是你唯一要考慮的事，但它絕對是一個基準點，讓你判斷某方案是否值得花時間研究。即使新利率跟目前利率只差了0.25％，再融資也是值得的，但最終就要取決於你的貸款金額跟轉貸費用，這筆費用就是所謂的「過戶結算費」（closing costs）。

過戶結算費包括徵信費、房屋鑑價費、點數（points，這是選擇性支出，用以降低貸款期間的利率）*、保險、稅、代書費、銀行手續費等等。目前美國房貸再融資的過戶結算費通常是介於貸款金額的2％到6％之間，視貸款成數而定。

申辦房貸再融資的過程中，「過戶結算費」是大家最不喜歡的部分。你必須確保在扣除一切轉貸成本之後，新房貸的利率還是值得的——你可以把轉貸成本除以每個月能節省下來的錢，看看需要多久才能攤平。例如，假設新的房貸利率每個月能讓你省下200美元，而轉貸成本總共是3,200美元：

3,200美元 ÷ 200美元＝16個月（攤平時間）

有一個經驗法則是，如果五年之內你無法攤平這筆錢，那你最好放棄這個再融資方案，除非你想在五年之內把房子賣掉。

---

* 美國房貸的「點數」，可視為是銀行向借款人提前收取的部分利息，一個點通常等於貸款額度的1％，而所降低的利率則通常是視借款人購買的點數，再乘以0.25。

⑨ 該縮短房貸的繳款年限嗎？⑨

你會想考慮申辦房貸再融資的原因，可能是想縮短貸款時間，例如從三十年縮短到十五年。這是好事，因為你會更快還清貸款，但別忘了，這也意味著你每個月要付更多的錢，如果這段期間你的財務出現缺口怎麼辦？你還有多餘的錢能應付房貸之外的事情嗎？

有一個方法是，你維持貸款年限不變，但在你的能力範圍內，每個月多還一些本金，藉此加快還款速度。但你必須確認你的房貸條款中，沒有提前清償的違約金這一項，而且你多付的部分是還掉本金（原本借貸的金額），而不是利息。

無論你的決定是什麼，整合房貸的目標都一樣：降低每個月的繳款負擔，或者讓累積繳付的錢變得比較少。只要你的選擇能幫助你達成其中一個目標，或能兼顧兩者，轉貸才有意義。

你的作業：拿出你的債務清單，一條一條仔細看，評估是否應該整合這些債務。

記住：你的目標是降低利率、降低每個月的還款金額、降低整體貸款的支付總額。

預算天后加碼重點：網路上有很多整合負債的試算工

具，可以幫助你比較新、舊貸款的差異，你也可以參考我的網站，我彙整了幾個我覺得很好用的評估工具。

行動 #3：設計最有利的債務償還計畫

重點來了，現在你要找出一個最適合自己的債務償還計畫。

最常見的還債方式有兩種：一是「滾雪球式還債法」，二是「雪崩式還債法」。這兩種方法都聚焦在解決部分債務的最低還款金額，但顧名思義，它們的方法略有不同，且各有其邏輯及優缺點（我喜歡交叉運用兩者）。

「滾雪球式還債法」是先從小債務還到大債務，無論每筆債務的利率是多少。它就像卡通裡從山坡上滾下來的雪球會由小至大，逐漸增加動能。

這個方法最大的優點是能讓你盡快擺脫部分債務，你會更有信心走下去。以下是執行「滾雪球式還債法」的七個步驟：

1. 列出所有負債，從金額最小的債務排到金額最大的。你可以利用前述的債務清單來做這件事。
2. 找出你每個月可以擠出多少額外預算。你可以利用第二章的收支表及第三章的儲蓄計畫找到答案。這裡先假設你可以多拿出 100 美元。
3. 集中火力先償還債務清單上金額最小的那筆債務，其他筆債務都付最低應繳金額。

4. 設定其他筆債務最低應繳金額的自動扣款。

5. 把你可以擠出來的那100美元，與要優先償還的那筆債務的最低應繳金額相加，執行每個月的還款，直到清償它為止。

6. 第一筆債務清償之後，把你支付第一筆債務的每月支出金額，用來支付第二筆債務。這表示，你會拿出「三份錢」來還第二筆債務，包括：第一筆債務的最低應繳金額、第二筆債務的最低應繳金額，以及你從每月預算中擠出來的100美元。

（提示：有些債權人〔例如房貸放款銀行、車商〕會把你多繳的錢歸於下一期的付款，而非將本金扣除，甚至是算在繳息上。這不是我們要的。為了讓「滾雪球式還債法」發揮作用，請務必聯繫你的債權人，告訴他們你要把多付的款項用來償還本金，也就是你實際欠款的餘額。信用卡通常不會有這個問題，它們會把你當月的還款金額整筆算入。）

7. 一旦還掉第二筆債務，接下來就輪到債務清單上的第三筆債務。以此類推，你可以用這個方法陸續把債務還清。

「滾雪球式還債法」的成功關鍵，在於當你開始償付下一筆債務時，一定要拿出前幾筆和這一筆債務的最低應繳金額，再加上從每月預算裡擠出來的還債基金，讓每月償還的金額愈滾愈大。

這個系統的好處在於，隨著你從小筆債務還到大筆債務，

拿來還新債的金額會逐漸增加，但你每個月的還債支出並沒有改變，因為你只是拿舊債的「最低應繳金額總和」去償還新債，這個方法會加快債務償還的速度，而且又能同時兼顧每一筆債務的最低應繳金額。懂了嗎？

至於「雪崩式還債法」，則是優先付掉債務清單中「利息最高」的債務，無論它未結清的餘額還有多少。這個方法最符合邏輯，但它並不一定是最好的方法。

若要採用這個還債法，你同樣必須按上述的七個步驟去執行，差別只是你要先處理那些利息最高的債務——你要把每筆債務按照利息高低排序，把利息最高那筆債的最低應繳金額與從每月預算裡擠出來的那100美元相加，這就是你每個月要優先償還的錢。其餘的債務則償付最低應繳金額即可。

對你來說，最好的還債計畫有部分是取決於你的個性——短期的勝利能帶給你巨大的動力嗎？或者你更適合打持久戰，投入精力去贏得那些更大的成果？我的建議是結合這兩兩者，一開始先用「滾雪球式還債法」，優先把小筆債務還掉，然後在適當的時機轉換成「雪崩式還債法」。

為什麼呢？假設你有一筆1萬美元債務，利息是25%；一筆200美元債務，利息是5%。那麼，按照「雪崩式還債法」，你要優先對付1萬美元的債務——這就像是一場漫長、艱困，讓你覺得幾乎不可能完成的比賽，說是跑馬拉松也不為過。別傻了，就算是要跑馬拉松，你也會循序漸進，先從五千公尺跑起，然後再慢慢把距離拉長，不是嗎？

用較短的時間先還掉200美元的債務，就像是那種你一定

辦得到的簡短鍛鍊，能讓你感受到擺脫債務的可行性，增加你的信心。只不過，若你兩筆債務的金額很接近，那麼我就建議你使用「雪崩式還債法」，先把利息高的債務解決掉。

⑤ 如何加速你的還款計畫？ ⑤

還記得我在儲蓄那一章提到的「意外之財」嗎？也就是紅包、生日禮金、不在預期內的退款等等，或者是原本你該付的晚餐費用，結果卻被朋友請客買單了——你必須善用這筆你沒有花出去的錢。「意外之財」不僅可以存起來，你也可以拿它來還債（我建議一半一半）。

你可能會認為那些小錢的效果有限，但它們累積的速度是很驚人的，尤其是當你養成撿到「意外之財」時的習慣之後。

我自己也花了一陣子才培養出這種習慣，現在它已經變成我的「原廠設定」了。例如，我最近在大賣場中看到一件我很喜歡、要價50美元的洋裝，我決定買下它，結帳時才發現，這件洋裝正在打對折！我沒有跑回貨架去拿另一件不同顏色的款式（這等於是買一送一啊），而是立刻拿起手機，把25美元存進我每個月都要付清的信用卡帳戶裡。

善用「意外之財」的訣竅就是「當下馬上處理」。你也有智慧型手機，請發揮它的智慧，立刻轉帳。不要等，馬上做！就算只有5美元也要做。一年下來，你可能因為這個習慣而多還了1,000美元的債。就是這樣！

你的作業：選擇一個適合你的債務償還計畫，或者也可試試我交叉運用的策略。把你的計畫寫下來，設定相關的自動扣款。你可以在網路上找到關於「滾雪球式還債法」和「雪崩式還債法」的試算工具，讓你知道自己要花多久時間才能還清債務，我的網站也分享了幾個我最喜歡用的評估工具。

預算天后加碼重點：我不想在你努力還債的時候打斷你，但我希望你能記住一個觀念：零負債＋零存款＝負債。因為如果你沒有任何存款，一旦碰到需要大筆支出的意外，你可能會立刻背上一筆龐大的債務（刷卡或借錢來應付緊急狀況）。我並不是說還債不重要，那些利息高達兩位數的債務，應該要儘速還清，但與此同時，你也要確保你能持續的儲蓄才行。前述把意外之財拆分成兩半，就是一個可行的做法。

行動 # 4：執行自動扣款

一旦制定好還債計畫，接下來你只要為每個月要償還給不同債務的錢，設定自動扣款即可。這麼做可以讓你把時間花在其他更重要的事情上，例如學習如何讓財富成長。

無論你要償還的是1萬美元還是200美元，這些要繳付的分期款項都可以讓它自動執行扣款。當你優先要償還的債務歸零之後，接著你就可以把這些錢用在償還第二筆債務上。你可

以讓還債計畫自動化，把你預計的債務清償日記下來，然後把注意力集中在讓財富進一步成長。

你的作業：在「滾雪球式」或「雪崩式」還債法中選擇一個，或像我一樣兩個都用；計算出每期要償付債務的金額；登入你要優先償還債務的帳戶裡，設定自動轉帳，金額是最低繳款金額加上一筆你從每月預算裡擠出來的錢；然後再登入其他債務帳戶，把各自的每月最低繳款金額皆設定好自動扣款。持續這個循環直到你所有的債務都清償為止。

預算天后加碼重點：在你設定債務的自動扣款功能時，務必要從你的「繳款帳戶」裡支出（請見第二章）。大部分的銀行都會將每期要繳的款項以帳單的形式寄給你。我的建議是，你最好主動去設定這些繳付動作，而不是假債權人之手，因為我曾經不只一次被他們意外的扣光我放在帳戶裡的錢，甚至還超支了。為了避免這種情形，你要主動設定而不是讓他們來動手。

複習

現在，你已經全盤掌握你的債務問題，你有數種整合債務的策略，以及兩套債務償還計畫。那麼，接下來就交給你了，做好計畫就開始執行，不要回頭。一定要記住：沒有負債並不

等於「有錢」，在通往財務健全的路上，你還要有存款，也還要做投資！

　　看看你，你已經達成了30％的財務健全度！你最喜歡的歌是什麼？跳支舞休息一下吧，你值得這麼做。

第五章

拒當信用小白：如何衝高信用分數？

目標：
達成40%
財務健全度

「信用」的概念經常會令人感到困惑，即使是擁有金融背景的人有時也需要一點幫助。

每次當我在演講或研討會上談到這個主題時，關於「信用」的提問總是最踴躍的——大家都想知道自己的信用分數究竟是如何算出來的，以及為什麼A行為的扣分，會比B行為的扣分來得更加嚴重……

這一章我會回答所有關於「信用」的問題。

包括：信用分數是怎麼來的（你的評分由五個要素組成，每個要素的占比不同）？個人信用報告與信用分數之間有什麼關係？不同的信用報告機構（credit bureaus）會以什麼方式評估你的信用？當然，我也會解答一個含金量最高的問題——如何提升你的信用分數？

我相信你大概很想直接跳到「提升信用分數」那個部分，但拜託先不要，因為事情並沒有那麼簡單——如果你想贏得理想的信用分數，你必須了解這個遊戲的規則，而本章的內容將有助於提升你的財商，幫助你聰明理財。

我們先從最基本的開始：「信用」（credit）到底什麼是呢？

我們在前面的章節不斷提到這兩個字，也就是用信用卡購買產品或服務的「信用」。這種信用實際上是一種「先享受後付款」的借貸形式——發卡銀行先幫你付錢，並期望你把加上利息的刷卡費用還給他們，因為你們之間簽了一紙契約。這樣懂了嗎？

「信用」這兩個字也被用來描述你的借貸狀況，例如：蒂芙尼總是按時還錢，她的信用良好——如果你的信用良好，借款人相信你，就願意把錢借給你。相反的，對借款人來說，信用不良就代表你是一個有風險的借款人。

你管理自己「信用」的能力，會反映在你的信用分數上。正如金融教育家、我的朋友傑森‧維塔（Jason Vitug）所說：「信用分數並不是衡量你管理自己財產的能力，而是衡量你是否懂得好好運用別人的錢。」因此，如果你想獲得他人的資金，你就必須學習好好使用和管理自己的信用。

儘管我們在描述一個人的信用時，會使用「好」、「壞」兩個詞，但這並非意指你個人的好壞。「信用分數」是一個由電腦產生的數字，用來計算你歸還欠款的機率。你知道它的祕密嗎？你的信用分數會讓借款人知道「你跟破產之間的距離」。沒錯！你的信用分數愈低，你就愈有可能宣告破產，這表示借

你錢的人無法拿回你欠下的錢。

所以，即便信用分數只是一個數字，它也是一個無比重要的數字！信用分數能打開很多機會的大門，例如得到工作、擁有房產、租屋、車子、借到錢等等。它還能讓你得到優惠利率、擁有更多談判籌碼及優惠方案的選擇權等。良好的信用還能讓你在購買高價物品時不用被收取大筆保證金，或者在買保險時被迫支付比較高的費率。總而言之，你一定要設法維持你的信用。讓我們開始吧！

5分鐘了解「信用」的專有名詞

我希望你在設法提高自己的信用分數之前，先了解組成信用的關鍵因素，它們是：

1 信用報告。

2. 信用分數。

3. 信用評等機構。

你最好要認識它們，因為它們全都認識你！

有一個方法可以幫助我們快速理解這些專有名詞，那就是我們高中時期都很熟悉的：成績單、學業成績平均點數（GPA），以及你的老師。

❖ 信用報告＝成績單

你可以把你的「信用報告」看成是一張你使用金錢的成績單，就像學生的成績單一樣，它會顯示你上了哪些課、每門課得到什麼分數。

你的信用報告詳細記錄了你的財務史，它揭露了所有能連結到你名下的信用相關事件，包括：信用卡、房貸、繳款紀錄、破產紀錄、抵押、託收等等。你的信用報告（成績單）也包括針對你信用可信度的調查。稍後我會再解釋。

（你也可以把信用報告想成是一頭大象，或是你的老媽——她們永遠不會忘記任何事！你十八歲申請的那張信用卡還在嗎？信用報告裡也會有它的紀錄！）

❖ 信用分數＝成績平均點數

類似於高中學業成績的平均點數，「信用分數」也是把信用報告裡所有的資訊，用某種演算法去算出一個數字，就像是過去幾年你各項財務科目的平均成績。

我們知道，如果學科分數的項目愈多，你就愈難把平均分數拉高；同樣的，你的信用選項愈多（申請貸款、準時或逾期繳卡費等），就愈難拉高整體的信用分數，即使你某一項目的分數很高。

信用分數較高，代表你是愈能按時還款、風險較低的借款人；信用分數較低，代表你是愈不能按時還款、風險較高的借款人。

計算信用分數的模型有很多，但我建議採用FICO分數，因為美國大多數的放款機構都會採用它，而且若你讓FICO分數保持在一定的水準，其他信用評分模型的分數就不可能會太差。

相信我，為了簡單起見，你就專注在這個目標就好。FICO分數的範圍是從300分到850分。根據官方資料，它的分數範圍所代表的意義如下：

FICO分數範圍	評等	描述
300-580	糟	你的分數遠遠低於美國消費者的平均分數，對放款人來說，你是有風險的借款人。
580-669	尚可	你的分數低於美國消費者的平均分數，但有部分的放款人會核准你的貸款。
670-739	好	你的分數接近或略高於美國消費者的平均分數，大部分的放款人都認為這個分數還不錯。
740-799	非常好	你的分數高於美國消費者的平均分數，對放款人來說，你是非常可靠的借款人。
800-850	絕佳	你的分數遠遠高於美國消費者的平均分數，對放款人來說，你顯然是非常棒的借款人。

❖ 信用評等機構＝打分數的老師

這個機構就像你的老師，它會根據你課堂（信用）上的表現打分數。信用評等機構會收集所有跟你有關的資訊，產出信用報告及信用分數。美國三大信用評等機構是Equifax、Experian及TransUnion。

所以，現在你知道組成信用的三大關鍵因素了，接下來我們來談談該如何玩這場遊戲。

要想提升自己的信用，必須鎖定幾個能取得最大成果的目標，也必須在過程中將其各個擊破。信用分數提升的速度完全取決於個人，端看你過去怎麼去做選擇。以我和我先生為例：

我：在2008到2009年的經濟衰退期間，我的信用分數從原本的802分掉到547分。這是因為我失去工作、繳不出房貸，導致我的房子被強制法拍。後來我設法把分數從547分拉到750分，提高超過200分，這總共花了我一年半的時間（目前我的分數是807分）。

我先生：我剛認識我先生時，我問他的第一個私人問題就是：「你的信用分數是多少？」沒錯！事實上，早在我們開始約會之前，他就已經知道我是預算天后了。當時他不太確定自己的分數，所以我們就一起用網站試算，結果是630分。

我先生當時只有一筆債務，那是一張有擔保的信用卡（secured card，或稱押金卡，稍後我會說明有擔保跟無擔保債務之間的差異），那張卡的額度快用光了，他每個月都只繳最低應繳金額，因為他聽說這是提升信用分數最好的方式。我跟他說，事實並非如此！唯有把那張卡的債務還清，信用分數才能大幅提升。他照做了。三個月內，他的信用分數從630分拉到760分。短短幾個月就提高超過100分！

我的重點是：與我先生相比，我花了比較長的時間才拉升了我的信用分數，因為在信用報告上，我的財務項目比他還多，包括：兩年的房貸、十年的信用卡債、五年的學貸。但我先生只有一張用了一年的信用卡，他的財務項目比較少，所以

只要做了一個正確決定就足以大幅提升平均分數。而我所做的財務決定多（好壞都有），我必須做出更多正確的選擇才能拉升平均分數，這需要更多時間。

　　記住：你的信用分數就像是學業成績的GPA，它是各科分數（各項財務選擇）的平均分數。如果你的成績單上有很多科目不及格（未繳或遲繳），那麼你就需要更多的A級分（按時繳款或全額付清）才能把平均分數拉高。

　　維持好信用的訣竅就是「隨時做好準備」，不要等到你需要它時才來做──意思是，請現在就開始動手！

開始計畫！

目標：把FICO信用分數提高到740分以上

　　你可以把信用分數想成是某個厚臉皮朋友說的話：「你得在你需要我之前，就先來認識我！」與其每次申辦金融服務時都得求爺爺告奶奶，不如成為一個大家都想爭取的借款人，還能因此拿到最優惠的利率。但要注意，我的意思不是叫你去申請很多張信用卡，那不叫做聰明理財。

　　你的信用目標，必須設定在740分以上，這通常是「信用好」的起始點，你會因此爭取到不錯的利率，在貸款方面省下一大筆錢。基本上，如果你的信用分數超過740分，你可以拿到接近（或等同）850分者的利率。沒錯，真的就是這樣！也就是說，下次當你聽到某人吹噓說自己的信用分數有800分以

上，你可以暗自竊喜，因為你知道你的740分基本上可以拿到跟他一樣的好處。

在開始學習之前，我們必須先做幾個頭腦體操。

⑤ 客座講師：娜提娃・赫爾德 ⑤

本章我要介紹一個優秀的財務專家──娜提娃（Netiva Heard），她是MNH財務服務公司的創辦人，人稱「儉樸信用天后」。娜提娃是擁有專業證照的信用諮詢顧問及不動產經紀人，她的任務是為全球女性、夫妻伴侶提供必要的財務教育與解決方案。本章的「預算天后加碼重點」，你將會看到娜提娃分享的信用心法！

⑤ 申請你的信用報告 ⑤

為了方便理解本章的內容，你可以申請一份最新的個人信用報告。在美國，每十二個月就可以跟最多三個信用評等機構申請一份免費的報告。由於各家機構的評分模型會採計不同的因素，它們給你打的分數也會有所差異。這類信評機構有很多，你要找的是有信譽、能安全保管個資的公司。我的網站上有我推薦的信評機構，儘管並非完全零風險（就連業界龍頭Equifax的系統都曾在2019年被入侵過）。此外，信用報告的資訊若已超過一年，參考價值就會遞減。

❖ 開始行動

現在，你已經了解信用的一般概念，上述幾個專有名詞在以下的討論中會持續出現。如果你做過功課，你手上應該有一份最新的信用報告。你明白報告上頭說的是什麼嗎？信用報告的組成有五大要素，分別可以連結到以下五項行動：

1. 檢視你的繳款紀錄（占評分的35%）。
2. 減少你的欠款金額，控制「信用使用率」（占評分的30%）。
3. 保護你的徵信紀錄（占評分的10%）。
4. 養出一個符合你年齡的信用紀錄（占評分的15%）。
5. 管理你的信用組合（占評分的10%）。

行動#1：檢視你的繳款紀錄（占評分的35%）

無論放款人在評估你的信用時是採用何種計分模型，對信用分數影響最大的都是你的繳款紀錄——占比超過35%！這意味著你可以在這部分多所著墨。

所謂的「繳款紀錄」，也就是你準時繳帳單的能力。如果你過去一直都按時繳款，這會被視為未來你是否也會按時繳款的良好指標。

只不過，除了準時之外，信評機構也會看你怎麼繳、繳多少（全額或最低應繳金額）。你要做的是確認自己的繳款紀錄

沒有任何錯誤，例如正面資訊被登載為負面資訊，因此每年檢視自己的信用報告非常重要——根據美國聯邦貿易委員會（FTC）的調查，每五個信用報告中至少有一個人的報告會出錯。所以，如果你還沒申請自己的報告，請現在就去做。

記住：最近十二個月的紀錄，對你的信用分數影響最大。一年到兩年前（十二至二十四個月）是其次，重要性依序遞減，直到四到五年前為止。所以，我鼓勵你把注意力放在最近兩年的繳款紀錄，化繁為簡。

你的作業：仔細檢查你的信用報告，確認每一筆紀錄都是最新且正確的。相關的欄位包括：

- 個人資訊：姓名、地址、基本資料。
- 所有帳戶資訊：檢查付款歷史，帳戶是你的嗎？是否有任何不屬於你的帳戶？確認你已經償還的債務都顯示為「已結清」，而不是「未償還」；確認每個帳戶的開立跟關閉日期。
- 任何負面紀錄的揭露時間：七年以上的負面信用紀錄（例如逾期付款），應該要被排除在報告之外，如果你還是看到這項紀錄被列出，你可以提出異議並要求移除它。至於已登載於「公共紀錄」（public record）上的負面資訊（例如判決、不動產欠稅抵押或法拍），就可能需要長達十年以上才能移除。

❖ 信用報告有問題怎麼辦？

如果你發現信用報告上有某個地方出錯了，無論是什麼錯，你都必須連絡信評機構及提供這項錯誤資訊的有關單位（銀行、房東或信用卡公司）。根據美國消費者金融保護局（CFPB）的指引，你可以用以下方式提出異議：

1. 以書面形式解釋你認為出錯的地方及原因，並檢附佐證文件。
2. 如果你用郵寄方式遞送這份異議信，它應該包括：
   a. 聯絡資訊，包括你的完整姓名、地址及電話。
   b. 清楚標記錯誤之處，例如錯誤的帳戶號碼。
   c. 解釋你對這項資訊有異議的原因。
   d. 要求移除或更正錯誤資訊。
   e. 隨信要附上你的信用報告副本及佐證資料。

預算天后加碼重點：要對信用報告的內容提出異議也可以採用網路辦理，但這裡仍建議採用郵寄紙本的方式。就如娜提娃所說，「使用線上辦理，你可能必須勾選某些（對你不利的）同意條款。而且，郵寄紙本能方便追蹤及整理，你也能收到紙本回覆。」若你提出的異議牽涉到違反《公平信用報告法》（FCRA，確保信評機構是以合法管道取得你的檔案），可追蹤的紙本也會對你及你的律師較有利。

娜提娃還建議，你也可以試著與債權人協商，讓「催收」（collection）這個會拉低信用分數的項目不要出現在你的信用報告中。她說，「這表示你可以透過先支付部分債務，向債權人換取讓該筆債務不要出現在你的信用報告裡。例如，如果你有一筆1,000美元卡債，你可以想辦法支付400美元，以交換移除這項負面資訊。但這完全取決於債權人——他們並沒有義務要幫你，但這是一個你可以試試看的協商手段。」

行動＃2：減少你的欠款金額，控制「信用使用率」（占評分的30%）

用以計算信用分數的第二個重要數據就是你的負債總額，它通常被稱為「信用使用率」（credit utilization），這個看似高深的名詞，其實就是說：你的信用額度已經用掉多少了？

這個數據看的是你所使用的所有信用工具（信用卡、房貸、車貸等等），但我們要把重點放在信用卡上，因為它絕對是對信用分數影響最大的項目。如果你的信用卡使用率拿到的分數是Ａ，那就是最棒的，因為信用卡債務被稱為「無擔保債務」，因為從發卡公司的角度來看，如果你不繳帳單，它們是求償無門的。另一種債務類型是「有擔保債務」，例如房貸或車貸。對債權人來說，這類型債務的風險較低，因為他們借你的錢有連帶某個資產擔保，如果你的房貸或車貸沒繳，債權人會收回你的房子或車子，藉由扣押、出售這項資產來抵債。

讓我們再進一步研究信用卡使用率。

這個比率就是你使用信用額度的百分比。假設你的信用卡額度是4,000美元，而你已經刷了2,000美元，那麼你的信用使用率就是50%。這個比率非常重要，你的信用分數會評估你每一張卡片的使用率，以及所有卡片的平均值。如果你有使用信用卡，你要把平均使用率維持在30%以下（稍後我會再解釋）——這表示你使用信用卡的程度已足以建立信用紀錄，但又不至於過度使用！

當然最理想的狀況，是你每個月都全額付清卡費，特別是要付清那些讓信用卡使用率超過30%的大筆消費，因為一旦那筆欠款超過結帳日，未結清的餘額就會被傳送到信評機構，導致你的信用被扣分。

◉ 掌握繳卡費的時機就能提升信用分數！ ◉

首先，你要先確定你的信用卡結帳日，也就是帳單產生的日期——通常是繳款截止日前的二十一天，這一天也是信用卡債務存續與否的日期證據。正如第四章提到的，你可以在帳單上找到這個日期，且每個月都會是同一天。

只要找出結帳日，你就可以根據信用分數的目標，決定要在什麼時候繳款。

結帳日之所以很重要，是因為你不是唯一得到這個資訊的人，同樣的帳單資訊也會被送到信評機構，這可能是好事，也可能是壞事。

如果你跟我一樣，想藉由信用卡的還款來提升信用分數，那它就是好事。首先，你要把金額最小、每個月會重複出現的帳單用信用卡支付，然後你要讓這筆金額不大的欠款在結帳日之後讓信評機構知道，如此一來就能刻意維持「低使用率」，最終再把這筆錢在繳款截止日前付清，你就能得到信用分數。

但如果你的卡債金額很高，那麼你最好不要讓欠款在結帳日之後被回報到信評機構，尤其是當欠款超過信用額度的30%。換句話說，你要把這30%當成是你的信用卡額度，超過這個數字以上就可能會拉低你的信用分數。如果可以，請務必要在結帳日之前（信評機構發現前）繳清或至少繳掉部分卡債。這就跟我們小時候要趕在門禁之前回到家一樣，動作快！

一旦你掌握了結帳日，你就不必等到帳單寄來之後才去繳款，你可以在結帳日之前就把欠款繳掉。但無論你採用什麼方式繳款，都務必要在繳款截止日前完成。

我並不是說你一定要使用信用卡——請不要因為我說這是提升信用分數的好方法，你就跑去刷卡！但如果你想拉高信用分數，信用卡就是這整個遊戲的一部分，你必須要善用它。而且，如果你想保有你的信用卡，就得要持續使用它。銀行為了要降低風險，通常會關閉那些沒有在使用的信用卡帳戶，可能是六個月、十二個月或二十四個月沒有刷卡紀錄，視各銀行的

規定。有些銀行甚至不會發停卡通知給你（真沒禮貌）！

⑨ 我該剪卡嗎？依「信用使用率」來判斷 ⑨

答案是……要視不同的狀況而定。以下是幾個判斷該
剪掉或可繼續持有信用卡的要點。

1. 把你所有的信用卡列出來。

2. 把你所有的信用額度加起來。

3. 把你目前的欠款加起來。

4. 把你的欠款總額除以總信用額度，再乘以100（例
   如，欠款總額2,300美元，信用額度10,000美元，
   算式即為：2,300÷10,000＝0.23×100＝23%）。
   這個數字就是你的信用使用率。

5. 如果你目前的信用使用率介於20%到30%或更
   高，那麼你就不應該剪掉任何一張信用卡，因為這
   麼做會讓你的信用使用率更高，進而降低信用分數。

6. 如果你的信用使用率低於30%，那麼可先把你想
   剪掉的那張卡片拿掉再做一次計算，也就是不要把
   那張卡算進去。如果結果仍舊低於30%，那麼你就
   可以剪掉這張卡；如果是30%以上，就該考慮留著
   它。

你也可以讓事情變得更簡單，跟我一樣讓每張卡片每
個月付一筆小錢。我用一張卡付Netflix的月費，用另

一張卡付健身房的月費，這樣一來它們就不會被銀行停用。我把自動扣款設定好，在每個月的結帳日之後、繳款截止日之前自動付清卡費，把我的使用紀錄回報給信評機構，這就是我說的自動化，你可以用這個簡單又聰明方法去累積信用分數。

　　許多人在收到審核通過的信用卡之後，會興奮地開始亂花錢——這是你千萬要避免的事。信用評分系統不會管你花錢的動機，它們只會把你的行為解讀是你「過分依賴信用卡」。當你過度刷卡，居高不下的信用使用率會讓你看起來就像是依賴信用卡來維持你的生活型態，而計分模型一點都不喜歡這樣。

　　你必須想像自己在玩的是一個能獲得「獎勵和積分」的遊戲，把每個月的開支用信用卡支付，能讓你獲得寶貴的積分，但若你無法每個月都把卡費全額繳清（尤其是在結帳日之前），這些積分就會變得毫無價值，更不用說還要為那些未繳清的錢付出昂貴的利息。

你的作業：首先，請透過前述的方法算出你的「信用使用率」。別忘了，每張信用卡的信用使用率，以及所有卡片加起來的平均信用使用率，這兩者都很重要。接下來，請積極地提升信用分數，也就是處理你的卡債。平均來說，把刷卡金額控制在信用卡額度的30%以下是

可以辦到的。但如果你想做得更好呢？我們來看看娜提娃怎麼說。

預算天后加碼重點：「我知道信用使用率的業界標準是30％，這個標準足以維持你目前的信用，但它無法迅速提升你的信用分數，甚至還有掉分的可能。但別誤會，我的意思是，如果你目前的信用使用率是30％，且信用分數在740分以上，就不會有太大的問題。但如果你想在『提升信用分數』這堂課上拿到Ａ級分，你可以把信用使用率控制在10％。我自己是控制在0％到3％之間。總而言之，申請一張信用卡，準時繳款，妥善利用它。」

⑤ 如何快速降低「信用使用率」？ ⑤

先記住：信用使用率是指你使用信用額度的百分比。你可以向你的發卡銀行要求提高一張（或多張）卡片的額度，藉此降低你的信用使用率。要注意的是，有些發卡銀行會因此對你進行信用調查（Hard Inquiry，可能造成信用分數短期的掉分），你要事先確認清楚，評估這麼做是否值得。

行動＃3：保護你的徵信紀錄（占評分的10％）

　　只要申請信用卡，發卡銀行就會調查你的信用狀況。*在美國，舉凡申請信用卡、貸款，甚至開設公用事業帳戶（水、電、瓦斯）、有線電視、手機資費方案，甚至租賃（租屋、租家具、租商辦）或找工作時，你的個人信用都會受到調查。原因在於，你的信用狀況能反映你的品格與你是否值得信任。這是真的！

　　這些信用調查為什麼會影響你的信用分數呢？因為當某間公司獲得你的同意去調查你的信用時，這個動作會一併通知信評機構：你正在申辦一個新帳戶，或是一筆新貸款、產生一筆新支出……這表示，你有可能無法負擔這些錢。它們想的是：你擁有的帳戶愈多，你要花錢的項目愈多，你負債的可能性就愈大，還有，你破產的可能性也愈大──雖說不一定，但是「有可能」。放款人的內心戲一向很豐富，只要看到你申請新的信用項目，他們就會擔心你。

　　此外，信用調查可能會對你的信用分數產生長達十二個月的負面影響，且會在你的信用報告中保留兩年的時間。

　　雖然這個因素只占信用分數的10％，但卻是你提升分數、維持良好信用的好機會。因為在大部分的情況下，你擁有「是否要接受信用調查」的主導權，你可以限制信用調查的次數──「信用」就是你個資的總集合，也是你必須好好保護在懷裡的小寶寶，你不會隨便跟別人分享它。

＊　按台灣信用調查的說法，即為「拉聯徵」。

美國的信用調查有兩種類型：軟性及硬性。區分兩者的差異很重要，因為它們對信用分數的影響截然不同。舉例來說，雇主對你進行的快速信用調查、信用卡公司發送給你的「預先批准函」（unsolicited preapproval offer），或是你自行申請的信用報告，這些就屬於軟性信用調查。但若是銀行、信用合作社或車商在取得你的同意後，對你所做的信用查核，就屬於硬性信用調查。以下是這兩者的區別：

軟性信用調查（Soft Pull，又稱「軟拉」）：

- 不需要你的同意。
- 不會影響你的信用分數。
- 只拉你部分的個資，看看你是否符合最低審核標準。
- 可授予資格預審；信用卡公司或貸方會在核發產品之前對你進行軟拉。

　　「軟拉」就像放款人看著窗外，判斷今天天氣如何一樣，他們並不會做詳細的天氣報告。

硬性信用調查（Hard Pull，又稱「硬拉」）：

- 需要你的同意。
- 會影響你的信用分數。
- 會詢問你的社會安全碼。

「硬拉」就像放款人得到你同意去查看氣象頻道、取得詳細的預報資料：大晴天，氣溫23度，濕度10％⋯⋯由於他們能看到詳細的氣象數據，也就更能判斷今天的天氣如何。

⑤ **申請自己的信用報告，會被扣分嗎？** ⑤

自己申請信用報告，屬於軟性信用調查，並不會影響你的信用分數，你可以視需要重複申請。多次「硬拉」會導致信用分數降低的原因在於，對放款人來說，頻繁的信用調查似乎意味著「你想在短時間內借很多錢」──這是一個危險的訊號。

❖ 如何控管徵信紀錄？

1. 申辦金融業務時，一定要問清楚徵信類型：無論你是透過網路、電話或是臨櫃申辦，你都必須問清楚是否需要授權對方做硬性信用調查。如果需要，這可能會導致你的信用分數暫時被扣分。

不是說不能做，而是不要隨便做。只要不隨便做，硬性信用調查甚至不會讓你被扣分。娜提娃告訴我，她已經有好幾年沒有申辦任何金融業務了，最近她申請保險時做了硬性信用調查，結果發現她的信用分數完全沒被扣分。

2. 善用「貨比三家」原則：在同一段時間內，當你在申辦、比較貸款時（特別是房貸、車貸或學貸），此時你的硬性信用調查會得到較為寬鬆的對待──信用評分模型會辨識出你是在

貨比三家，它會容許你一段時間這麼做。在這段期間內（通常是十四至四十五天，我會抓三十天），你可以針對同一類型的貸款（例如車貸）進行多次的硬性信用調查，但它們只會被算作一次——這不代表這些紀錄不會出現在你的信用報告上，只是對信用分數的影響較小而已。

你每一次進行的信用調查、任何接觸你信用報告的人都會被記錄下來，對消費者來說這是好事，因為這種做法提供了完整的透明度。

你想辦房貸嗎？在比較房貸利率時，處理徵信紀錄的祕訣就是：不要讓每個放款人都對你做一次信用調查（還拿到你所有的個資），你可以主動提供自己的信用分數，先進行初步的利率比較。雖然承辦銀行或房仲更傾向直接調閱你的紀錄，但大部分的業者都可以根據你提供的信用分數給予貸款評估，只要你開口問！

要注意的是，「貨比三家」的徵信原則，並不適用於申辦信用卡及個人信貸。對於這些類型的借貸，信評機構會認為：噢，你調太多次徵信紀錄了——它會認為你急欲借錢，把這些紀錄視為警訊。

若不幸發生這種狀況，你可能會看到你的某些信用帳戶被關閉、某些信用卡的額度被調降、信用分數也可能大幅滑落，儘管徵信紀錄只占信用分數的10％，但這是放款人的自保方式，他們藉此篩選出那些不會還錢的人，也讓你失去欠下更多錢的機會。

⑤ 不良紀錄會一傳十、十傳百嗎？ ⑤

你知道嗎？如果你遲繳或拖欠一筆債務，可能會影響你與另外一個借款人的關係，這是真的，沒有人比這些金融機構更八卦了——它們會跟同業分享所有跟你有關的事情！

以我為例，我在 2008 年金融海嘯時失業，繳不出房貸，但另一方面，信用卡公司又調降了我的信用額度（即使我的卡費從未遲繳過）——它們預期我可能會開始過度使用信用卡，因為我的房貸出了問題。

你是否也有類似的經驗呢？在美國，金融機構互傳八卦的主要源頭，來自一個名為 ChexSystems 的機構，它專門追蹤消費者使用金錢的不良紀錄。這些回報到該機構的紀錄，通常在五年之後才會移除，而這段期間，若你想跟另一家銀行往來，就會變得很困難（但並非不可能，我的網站有整理出可提供你第二次機會的銀行資訊）。

3. 不要申辦信用卡：為了避免送出任何影響信用分數的負面訊息，請盡量不要申辦信用卡。是的，你必須向那些在大賣場中提供辦卡優惠的人說：「不！」無論你是在哪裡購物，申請這類百貨聯名卡都會啟動硬性信用調查，若核卡被拒，這筆徵信資料還是會出現在你的信用報告上，你既拿不到任何購物折扣，還可能平白失去你的信用分數；就算卡片順利核發下

來，短期內或許可以讓你省到小錢，但信用分數降低的長期成本可能會更高（例如較高的借款利率）。所以，再說一次：要慎選、愛惜你的徵信紀錄。

你的作業：

- 掌握你的信用行為——你是否經常或頻繁地授權金融機構對你做硬性信用調查呢？當你被銀行問到：「您是否能授權我們，進一步查核您的信用呢？」你總是回答「可以」嗎？如果你不確定，只要查看自己的信用報告就知道了，答案都在上面。
- 檢視你的信用報告，看看上頭的徵信紀錄有幾筆，在此之前，請先暫停授權任何硬性信用調查。這類徵信紀錄會在你的信用報告上保留兩年，也有可能對你的信用分數造成十二個月的負面影響。
- 你可以上我的網站，免費獲得美國 FICO 信用分數。

預算天后加碼重點： 辦幾張信用卡（或嘗試辦卡）看似沒有什麼大不了，但這個行為很可能正在向那些潛在的放款人及債權人發出訊號。

「你必須避免觸發破產指標！」娜提娃說，「如果你在特定期間內增加多筆徵信紀錄，這個指標就會上升，甚至還會發送你的『破產分數』給放款人，告訴他這個人不久後可能會宣告破產。」一旦你被貼上這個標籤，很

可能一段時間內都無法申辦貸款。尤其是像美國運通或摩根大通這些銀行，它們對徵信次數有嚴格的規定，無論你的信用分數有多高，只要超過那個次數就會被拒於門外。

⑤ 這次是意外……可以跟信評機構求情嗎？ ⑤

有時候，即使是信用很好的人也會不慎發生意外，就跟人生一樣，你無法預測什麼時候會發生醫療或家庭的突發狀況，導致經濟和信用出了問題。只不過，一旦問題獲得解決之後，你想恢復過去的好信用，但信用紀錄上卻有一個明顯的汙點，此時該怎麼辦呢？

像這種時候，你可以考慮寄出一封「求情信」（Goodwill letter，或稱商譽信），請求信評機構將你過去的不良紀錄移除。

內容大概是：「我想請求貴單位的協助，是否能考慮移除我某筆逾期繳款的資訊，如您所見，我過去的紀錄十分良好，一直是個按時繳款的消費者，但因為發生了○○○事件，而現在問題解決了，一切回歸正常，我想請貴單位移除那筆資訊……。」

記住：你必須爭取對方的理解。這是一個請求，且無法保證結果，儘管如此，這個方法還是值得一試。

行動#4：養出一個符合你年齡的信用紀錄（占評分的15%）

顧名思義，你使用信用的時間有多長，你的信用紀錄就會有多長。

你的信用報告會顯示出你最舊的帳戶，以及從開戶到關閉帳戶的平均時間——沒錯，已經關閉的帳戶還是會被列在信用報告裡，永遠不會消失（你也不會想讓它們消失）。

這個因素與那些負面帳戶（包括債務託收及與信用訴訟相關的公開紀錄）無關——這裡講究的是時間，而不是表現。這就是為什麼沒有信用紀錄（或信用紀錄時間很短）的人會被視為信用不好的原因，因為沒有過去的紀錄，自然也就無法判斷一個人未來會怎麼處理他們的信用。

這就像一名新手駕駛往往會被認為是一名糟糕的駕駛，因為他們沒有任何實際開車上路的經驗。事實上，許多人的信用分數之所以長期卡在一個低於期望值的級別，就是受到「信用年齡vs.信用使用紀錄」的牽連——即使你的信用很好，分數也很難再往上加，除非經過更多時間。

你可以把信用紀錄想成是一個檔案（就像傳統牛皮紙檔案夾內的文件）。厚厚的檔案是因為它已累積了一段時間，骨頭上面有不少肉；薄薄的檔案是還沒有成熟的資料，它只能反映有限或非常非常新的信用紀錄。

重點在於，你要設法提升使用信用的時間長度，我們要找到破解方法為你的檔案快速增肥。

你可能會發現，你那薄薄的信用歷史檔案讓你的信用分數低於預期，其中一個原因，可能單純只是你是「首次建立信用」的問題。要知道，至少要有六個月的信用紀錄，才能產生一個信用分數，而且必須由金融機構主動將這項訊息回報給信評機構（你可以詢問你申請金融業務的承辦方是否有回報你的資料，如果沒有，你可以要求它們這麼做）。也就是說，你的信用紀錄可能只是時間不夠長，因而無法獲得分數。

不過，時間並不是唯一的原因，其他還包括：

- 離婚，而你大部分的信用項目都掛在前任配偶名下。
- 你已經很久沒有使用你的信用，現在的你完全是以現金在過日子。這沒有什麼不好，但如果你想申辦那些需要查核信用的金融業務，這就會有所影響。
- 最近才剛移民。地方性或全國性的放款人無法取得你在母國的信用紀錄。此外，每個國家的徵信系統也不一樣。

最瘋狂的是，在申請貸款或信用卡時，信用不好的人甚至會比那些缺乏信用紀錄的人還要容易過件。前者也許會拿到較差的利率條件，但至少他們還有所選擇，因為放款人至少知道自己把錢「借給誰」。

⑤ 朋友有困難，該幫他作保嗎？ ⑤

你真幸運，有人找你作保……讓我告訴你，為什麼這件事你「一定要想清楚」。

當放款人認為某個要借錢的人信用不足時，他們會要求他去找一個保證人。基本上，放款人就是在說：「如果你跟某個更值得信任的人有連結，我們才會信任你。」如果你被要求作保，你就是那個「比較值得信任的人」！

只要你為人作保，你就必須共同擔負準時還款及最終償還那筆債的責任——你不只是保證人，你也是借款人！如果你作保的對象沒有還錢，你也有責任幫他還錢。如果你拒絕還錢，放款人可以告你，或是跟你討債。沒錯，這可不是開玩笑。

我不建議你為人作保。這可能不太中聽，但請想想，之所以需要你作保，不就代表銀行「不相信你朋友會還錢」嗎？連銀行自己都不願意冒險了，為什麼你還要拿自己的信用和財務狀況去冒險呢？

我認為你還不如直接借錢或把錢送給你朋友。

如果為時已晚，你已經簽名畫押了，我只能提供你幾個不太完美的補救方案：

把貸款買來的資產賣掉或由你還掉這筆債：如果借款人最終無力還錢，那麼他就應該要減少損失，把借錢買的車子或任何資產賣掉以還清債務。另一個沒辦法的辦法，就是你要硬著頭皮把這筆債還清，以免借款人的不良紀錄對你的信用造成更大的傷害。

申請解除保證人：如果你作保的那筆債務，借款人的還款情況還算穩定，那麼「解除作保」就會是一個選項。

在美國，只要符合一定的門檻（按時繳款並累積到某個還款金額），借款人就有資格要求把你的名字從借貸合約上拿掉。聯邦或私人學貸也都有解除保證人的機制（詳情必須詢問你的借貸機構）。

重新辦理貸款：辦一個條件更好的借貸方案來還掉本來的借貸。你可以要求借款人以他自己的名字重新辦理貸款，這樣就可以把你的名字從擔保契約上移除掉。

＊　　＊　　＊　　＊

你可以透過以下的方法，充實信用紀錄的長度與品質，並藉此提升信用分數：

1. 成為附卡持有人：如果你沒有顯著的信用紀錄，你可以拜託親朋好友，讓你成為他們的附卡持有人──你要找的是信用分數高的人，他們最有可能的是你的父母、配偶或兄弟姐妹。

這個方法也稱為「搭便車」，因為你是站在信用良好者的肩膀上。雖然這不會讓你享受到主卡的權益，但你可以藉此建立一些正面信用。當然，你必須先確認主卡的紀錄是正面的，包括：

- 這張卡的欠款金額不高，而且繳款紀錄非常好。
- 這張卡至少已持有三年以上。
- 附卡持有人的資料已回報給信評機構。

如果你覺得上述問題難以啟齒，那麼你很可能沒有找對人。你一定要告訴對方，你並不是要真的使用這張附卡，而且你甚至不需要拿到卡片。

　　附卡持有人不必為正卡持有人的債務負責，但要注意的是，如果正卡的繳款不正常，就有可能會降低你的信用分數，因為你繼承了正卡持有人的行為，無論好壞。相對的，如果你的信用很好，你也可以把親友納入你的附卡持有人，例如我妹妹麗莎就是拿我的附卡，這樣可以幫助她提高信用分數，而她的分數則不會影響到我。

⑤ 申請附卡，你必須注意的陷阱是…… ⑤

　　我的一個朋友在聽完我的信用課之後，開始持有她奶奶的附卡，當時她二十幾歲，而她奶奶將近七十歲，持有那張信用卡已有二十幾年了。

　　後來，這位朋友在申請房貸的時候，承辦人冷眼盯著她說：「咦，妳的信用紀錄怎麼會比妳的年紀還大？」對銀行來說，這個資料顯然有問題，所以我朋友的貸款被拒絕了。

　　我自己則有不同的經驗。我在二十五歲申請房貸，銀行調出我的信用分數時嚇了一跳，高達803分。當時我太年輕了，我甚至不知道這個分數代表什麼意思（就算他們說這分數不及格我也會相信）。結果，我的分數高到連銀行經理都走出來跟我握手。

我的信用分數之所以會這麼高，是因為早在我十八歲時，我爸爸就幫我申請了他的附卡，每個月定期還款，而我甚至連那張卡片長什麼樣子都沒看過。

我爸爸是精明的財務長與會計師，當時他有教我為什麼他要這樣做，而我則是左耳進右耳出。現在我終於知道，他是要讓我繼承他良好的信用，而這是一份無價的禮物。

我分享這兩個故事是要讓你知道，用附卡累積信用紀錄必須用正確的方式——你的卡齡不能比你的實際年紀還要大！

2. 申請「信用建立者貸款」：我稱它為「虛擬貸款」。在美國，信用建立者貸款（credit builder loan）是指申請者並不會真的拿到那筆錢——你必須先預還一段時間的錢，這筆錢會存放在你的帳戶裡，等到你還清所有的錢，你就能回收這筆「貸款」，還加上利息！這就像是反向式的貸款——你成功繳完一筆「貸款」，然後把你的錢拿回來，藉此得到信用分數。

簡而言之，這是一種證明「你有繳款能力」的方式。當你還清整筆債務，你的信用分數就提高了。我非常喜歡這個提高信用分數的方式，因為申辦的門檻很低（雖然還是有可能會拉你的徵信紀錄），而且通常免手續費。

3. 申請一張有擔保的信用卡：使用這類型的信用卡，你必須先存進一筆現金，這筆錢就是你的信用額度，之後你就會收

到卡片，使用方式就如同一般的信用卡。這類卡片有些需要付年費，但你很容易找到免年費的卡種。

由於你的信用額度是由你的存款決定，若你不按時繳付帳單，銀行就會從你的存款中扣除你所欠的債務。當然，你不能讓它們這麼做。一旦你證明你能夠準時還款，你的信用分數就可能因此提高。若你的紀錄良好，六個月到一年之後，銀行就會退還你的保證金，還可能核發一張無擔保的信用卡給你。

在挑選有擔保的信用卡時，請確定：

- 要小心被收取過高的年費（超過50美元），或是要求你撥打一個付費號碼才能開戶。
- 要問清楚你的用卡紀錄是否有被回報到信評機構。你要讓它們看到你有在繳付卡費，這樣才能讓你的信用分數開始增加。
- 如果你曾有聲請破產的紀錄，某些銀行可能會強制你必須在一年之後才能申辦這類卡片。若是如此，你的重點要放在累積存款，並透過前述的「信用建立者貸款」來建立信用。

你可以在我的網站上，找到上述幾個信用工具的建議。我分享了目前美國市面上的低年費或免年費的有擔保信用卡，以及低利率及低保證金的選項。原則上，你可以選擇去辦大銀行的卡，這有助於日後你能直接升級成它們的無擔保卡，但是要記得，前述「信用使用率」的原則，在這裡也同樣適用——把

信用使用率（已刷卡金額）控制在信用額度的10％以下，這樣對拉高信用分數會更有幫助。

⑤ 羊毛出在羊身上，沒有免費的錢這回事！⑤

讓我告訴你一個故事：我先生曾以為銀行送了一筆錢給他。當時我們還沒有結婚，我建議他把那張有擔保的信用卡完全付清。幾個月後，我們站在銀行外的ATM前，他困惑的看著ATM的螢幕，驚訝的跟我說：「我覺得銀行搞錯了，它們存了500美元到我戶頭裡！」

我很懷疑，所以我們去問了行員。結果是，那筆錢就是他當初存進擔保信用卡的保證金。因為他的用卡紀錄良好，而且已經結清欠款（我的功勞），銀行就把他的卡升級到一張免擔保的信用卡（一般信用卡），並退還當初他存進去的錢。這個故事告訴我們什麼？錢不會平白無故地從天上掉下來；還有，要聽預算天后的話！

4. 像喬丹一樣飛：你還記得麥可·喬丹嗎？你一定記得。他是有史以來最有名的運動員之一。他灌籃時跳躍的模樣，看起來就像是無視地心引力的存在，幾乎是在空中飛翔（沒看過的人請趕快Google）。

我之所以提到喬丹，是因為他灌籃的動作就像是拉高信用分數的啟示，我稱之為「飛人技巧」。做法很簡單，只要設定自動扣款，每個月繳付一筆小額卡債。沒錯，就是這樣！我希望你每個月都能把你其中一張卡的欠款歸零，你的信用分數就

能像飛得像喬丹一樣高。步驟如下：

a. 仔細檢視每個月支出的帳單，找出一筆金額最小的項目，例如：雜誌訂閱費、健身房月費、電話費（我自己是選擇Netflix月費）。

b. 選一張零欠費的信用卡，或先把某張卡的欠費結清。

c. 設定每月自動扣款，把金額最低的那張帳單，用這張零欠費的信用卡支付。這張卡就你的「飛人喬丹卡」，未來只能用它來繳這筆錢。

d. 用你專門支付帳單的那個帳戶（請見第二章），每個月在「飛人喬丹卡」的結帳日之後，用自動扣款支付這筆卡費。自動扣款能把人為因素（就是你）降到最低。我建議你把這張喬丹卡留在家裡，讓這個支付循環自行運作。

e. 無論你繳款的金額是5,000還是5美元，每次付清這筆卡費，「喬丹飛躍」就會發生，一年下來，你就讓信用分數飛躍了十二次！

重點是，你一定要在帳單的結帳日之後繳掉這筆卡費，這筆「低信用使用率」的紀錄才會被回報到信評機構；當然，這筆錢一定要準時付清。

我是從一個債務律師朋友那裡得知這個訣竅，我用這個方法在兩年內把我的信用分數從547拉到750，而且當時我的信用報告上還有一筆房子被銀行收回拍賣的紀錄。你知道我的意

思吧？雖然我的房子被拍賣，但是用這個方法，還是能把我的分數拉到接近完美的750分！

只要你把上述幾個提升信用的工具都布置好了，就能按計畫讓它們自行運作。當信用分數開始提升了，你就能再增加更好的工具（利率更好、額度更高的金融產品），展開信用的正向循環。

你的作業：

- 找一個值得信任且信用良好的人，成為他的附卡持有人，但必須注意自己信用紀錄的長度是否合理。
- 不要把你最早持有的那張信用卡停掉，拉長信用紀錄的長度是增加信用分數最棒的策略。
- 如果你的信用不好或是信用紀錄不足，可以考慮申請「信用建立者貸款」，或是申請一張有擔保的信用卡。
- 運用我的「飛人喬丹卡」技巧，讓信用分數快速成長。

預算天后加碼重點：娜提娃說，在培養信用紀錄時「你必須要有耐心，確保包括繳款紀錄、低信用使用率、低徵信次數等因素都保持在最好狀態」。這個「養信用」的過程，可能需要七到九年的時間才能讓信用分數達到800分。但就如同娜提娃所說，「時間」是讓信用晉級不可或缺的養分。

行動＃5：管理你的信用組合（占評分的10％）

信用分數模型的最後一點，強調的是你管理不同信用項目的能力——信評機構希望看到你擁有一個具備不同類型、良好的信用組合。

老實說，如果你想拿到最高級別的那欄分數，你只需要專注經營「信用組合」這個項目即可。也或者，如果你想挺進800分俱樂部，但卻似乎怎麼做都跨不過這個門檻，那麼你就必須試著在「信用組合」配置上多花點心思。

信用的類型可分為：「循環信用」與「分期償還信用」。

1. 循環信用：這是指你的信用卡，因為當你付掉先前刷掉的卡費，刷卡額度就會循環回來，你又可以繼續使用這筆信用額度。

2. 分期償還信用：這是指你申請了一筆借款，必須每個月分期償還，直到這筆借貸金額完全付清為止。

無論你的信用分數有多高，在某些情況下，放款人會想看到你擁有不同的貸款（信用）類型。我在二十五歲時申請了一筆房貸，當時我名下僅有一張信用卡還有一筆學貸，但由於我的信用分數很高，銀行願意試著協助我（我不確定這是不是一件好事，因為很顯然，我想要的是貸款，而銀行想要的是新客戶）。

為了證明我具備不同類型的信用組合，他們要我去向我的往來銀行，申請我過去兩年來的房租繳納證明，然後填寫一張

擔保書，請我的房東簽名與公證，藉此證明我從未遲繳過房租。由於我的信用組合不足，我必須以類似準時繳房貸的信用形式證明我在財務上是負責任的，這就是我所謂「具創造力」的信用組合！

你的作業：如果你的信用組合像我一樣很有限，增加另一個信用類型就能讓你的分數有所提升，但我不鼓勵你「為了借錢而借錢」，事實上，專注在本章的前四個行動會更好，除非你已經試過所有選項，信用分數仍止步不前。

預算天后加碼重點：正如娜提娃所說，「絕對不要為了創造出一個更好的組合，在你負擔不起的情況下去申請不同的信用類型。但如果你已卡在某個信用層級一陣子了，信用組合能幫助你突破現狀。」

複習

好的，你的信用分數現在應該已經能順利突破740分。不要找藉口！你知道五大影響評分的關鍵因素，以及相對應的得分步驟。你也了解，當你在刷卡購物時，你是拿「未來的收入」來付錢，因為信用的本質就是IOU（I Owe You，欠債）。

如果你覺得這一章的內容太過龐大，那麼請先試試一個簡單快速的策略。想想看：接下來的二十四小時，我要做哪一件事來提升我的信用？答案就是本章的第一個作業——去申請你

的信用報告。只要下定決心先做一件小事，而且是很快就能做好的事，那麼這個正向循環就開始了！

你可以在社群媒體跟我分享你的信用目標，或者把它告訴你最好的朋友、你的姐妹、你的爸媽，告訴任何會對你接下來要做的事引以為傲的人。

決定要先做哪件事了嗎？或者，你已經完成本章所有的作業了？恭喜你，你的財務健全度已經達到了40％，現在來慶祝吧！

第
六
章

如何開拓副業、增加收入來源？

目標：
達成50%
財務健全度

　　你很努力學習理財！你會做預算了，也開始儲蓄、擺脫債務並衝高信用分數，你知道嗎，你現在幾乎已經是半個財務健全的人了（鞠躬）。

　　本章的目的是要教你掌控收入，也就是讓更多錢流進你的銀行帳戶中！好消息是：除了最後需要一點點計算之外，要完成本章的學習，並不用高深的數學或畫出複雜的圖表就能辦到！

　　「增加更多收入」的關鍵，並不是要你燃燒自己、死命工作。如果你不能享受金錢帶來的好處，賺再多錢又有什麼意義呢？我希望你變有錢，同時也能享受好日子，因此我要教你的方法，並不是叫你去吃苦，而是有策略的去賺錢。你不必設下一個高不可攀的障礙，而是從現在開始，要更有「意識」的去

賺錢。首先，你要著眼於那些最明顯的地方，尋找增加收入的方法，然後從那個地方開始讓錢滾錢。

開始計畫！

目標：學習增加收入，並找到不同的收入來源。

當你的手頭很緊，或必須左支右絀才能勉強存到錢時，很容易覺得自己被困住了。但其實你正坐在一座金礦上，那裡有你從來沒想過的潛在收入，那座金礦就是你自己——你已經有增加收入的方法，但你卻毫不知情。

首先，我要教你如何從你目前的工作中創造更多收入。很多人都忘記了，你現在做的工作，其實有許多能增加收入的潛力。

第二，我要讓你知道如何從你的生活中挖掘出能變現的副業技能。副業是指任何能帶來額外收入的工作，你可以決定該怎麼做這些事，因為你就是老闆。

我做過各式各樣的副業。在我當幼教老師的時候，我會在空閒時兼做臨時保母和家教，這對我來說是很容易就能賺到現金的機會。

當我開始協助人們建立個人預算時，一開始我甚至不知道這可以成為我的副業，後來找我幫忙的人愈來愈多，這件事就演變成我的本業！

無論你怎麼看，或讓你開始起步的契機是什麼，只要你肯下功夫，並找到一條正確的路徑，你就可以賺到更多錢——你

的路徑是根據目前的工作、已知和未知的技能，以及某個令你收入最大化的潛力領域來決定。

◎ 客座講師：珊迪‧史密斯 ◎

我的朋友珊迪（Sandy Smith）是一個擅長經營副業的絕佳例子。在她從事人力資源工作的時候，她投入500美元做起賣T恤的生意，透過亞馬遜銷售，在短短一年內賺了8萬美元！珊迪非常擅長副業策略，也把她的副業變成了本業。現在她是個人理財專家及小型企業策略規劃師，協助像她一樣的小型企業主開創新事業。

❖ 開始行動

在你的生活中，有以下四項行動可以增加額外收入：

1. 提升你目前工作的收入潛力。
2. 評估你擁有的技能。
3. 決定你要透過哪些技能來賺錢。
4. 寫下一個數字——你有多少潛在收入？

行動 #1：提升你目前工作的收入潛力

首先你要思考的是：該如何把目前工作的收入潛力發揮到極致？當你想賺更多錢時，很多人會忽略把這點當作第一步，但它卻是最棒的機會之一。

在你開口提加薪之前，我建議你先做一本用來佐證加薪要求的「吹牛筆記」。這個想法我在第二章介紹過，但這裡有必要再進一步說明它，因為這個概念非常重要，如果你還沒開始吹牛，你最好從現在就開始。

也許「吹牛」讓你感到不太對勁，我知道有時候我們更喜歡低調一點，但低調的風險就是「沒有人知道你究竟做了什麼事」，現在該是把你的傑出表現讓大家知道的時候了！

你可以把「吹牛筆記」叫做「加油打氣檔案」，或是把它放在名為「加油」的資料夾裡。這是我姊姊崔西取的名字，我非常喜歡。

無論你怎麼稱呼它，我希望你現在就準備好這個檔案夾或筆記本，開始記錄你工作上的成就，內容可能是你對流程、預算的改善，或凝聚團隊向心力等任何對公司有益的事。這還不夠，你必須把這些成就量化，也就是用「數字」來說明你的貢獻。你要問自己：我所做的事，幫公司賺了（或省下了）多少錢？講錢而不是講情緒，更能說服你的老闆。

如果你的工作內容屬於例行性事務，每天做的事沒有太多的變化，用「數字」說明就更為重要。你還是可以發揮創意，包裝出獨一無二的亮點，指出自己的貢獻所在。

你佐證的對象是你自己的事業，把任何工作相關的成就記錄下來，最終的目標是用它來增加自己的收入。因為你的貢獻，所以你要求相對應的報酬，這跟試圖以情感說服對方或要求幫助，完全是兩回事。

我的一個律師朋友曾跟我分享她的「吹牛筆記」如何幫助

她成功加薪。她是某個醫療集團的法律顧問，每當有病患要對醫院提出訴訟時，她必須代表醫院回應。某次當她提出加薪的要求時，被管理部門拒絕了，因此她花了一些時間整理了過去一年來她負責調解的訴訟案件，她說，「由於我在調解上的能力，去年為院方省下1,000萬美元的訴訟相關費用，而我只要求加薪1萬美元而已就被你們打臉。」這個把貢獻量化成實際數據的動作，最後讓她如願加薪。後來，我這個朋友跳槽到一間待遇更好、更能夠看見她價值的公司，她再也不需要「吹牛筆記」了。

卡蜜兒是另一位我認識的傑出女性，她要求加薪的方式很不一樣。當時她接任一家大型非營利組織裡的代理CEO，她知道前任CEO兩件事：（1）前任CEO的年薪是20萬美元；（2）前任CEO離職時，該機構的負債是200萬美元。

卡蜜兒就任時，她的年薪是8萬美元。由於是代理職，她接受這個薪水（但不滿意）。然而，在她的帶領之下，該機構不僅還清債務，甚至還進帳了60萬美元。猜猜該機構如何調整卡蜜兒的薪酬？他們把卡蜜兒的年薪從8萬美元提高到12萬美元，這個數字仍遠低於前任CEO。

雖然卡蜜兒可以拿前任CEO的薪水來提出異議，但她選擇另一條可能更有效的路：她研究了市場上同類型的非營利組織，找出其他CEO的薪資水平。接著她把這項資訊回報給董事會，指出她的工作表現在其他機構所能獲得的相應報酬。後來，她得到理想的加薪！

我知道要求加薪是一件可怕的事，許多人覺得他們只要一

開口就會被老闆趕出去。如果你真的非常害怕，也可以用另一個方式來測試水溫：去找別的工作，在面試時練習有自信的介紹自己。

如果你得到另一個工作機會，你就有籌碼跟現任雇主要求加薪，就算被拒絕了，你至少還有另一個選項。你也可以選擇直接跳槽，而不必讓現任雇主感到為難。畢竟，有一間公司或組織願意提供你對等的回報，這是很棒的事。

此外，你還有以下幾個方法能提高目前工作的收入。

❖ 增強或擴增你的技能

想辦法把你目前的工作做得更好。你可以透過各種提升專業技能的研討會或進修課程，拓展你對所屬產業的視野，或者考取進階的證照與學位——你要找的是任何能讓你對雇主開口說「我現在資歷更好了」的東西。

但在你自費提升自己之前，請先確認你的公司是否可以出錢投資你。如果你能明確說明你的進修能為公司帶來什麼好處，許多公司都會考慮付錢讓你去上課或取得某項證照，有些大公司甚至會支持你去取得某個學位（某些狀況下，企業可以扣抵這筆費用，所以它們也不完全是自掏腰包）。而且最棒的是，即使未來你離開現職，那些進修所學的東西，是沒有人能拿走的。

❖ 爭取最好的薪資條件

如果你目前沒有工作，或是正在求職中，那麼你必須做好

準備，一開始就爭取「最好的薪資條件」。如果你的薪資基期一開始就比較高，就能減少許多增加額外收入來源的問題。當然，最棒的職缺不會自己送上門，你必須主動出擊！

想確保「最好的薪資條件」，你就必須事先做好功課——你要知道，某間公司願意付給某個職位的薪資級距是多少？你也要知道，通常它們一開始開出的條件不會是最好的。此外，你希望工作時間能更彈性嗎？能擁有更多私人時間嗎？對你來說，這些因素都可能具有能量化的價值。在走進求職那扇門之前，你必須先弄清楚自己想要的東西是什麼，準備充分之後再與對方商議。

還記得前述那位T恤生意做得超棒的珊迪嗎？有一次她在應徵工作時跟對方說，每週有五天要進曼哈頓上班，這對她來說是一個難以接受的條件，於是她提出「一週在家工作兩天」的要求。最後，珊迪得到了那份工作，並附帶她想要的工作時間。「對方不能付我理想中的薪水，但我們協商之後都同意彼此的條件，因為我知道我可以省下通勤及治裝等費用。」

關鍵在於，如果珊迪沒有開口，這一切就不會發生。

從一開始就拿到你想要的薪資條件，這對你的荷包、對你的工作感受，甚至是你對同事的感受，都能有所助益。一開始領的錢就比較少，後來才發現隔壁同事賺得比你還多，這就像是一顆難以下嚥的苦果。

當你在申請工作時，心胸務必保持開放狀態，請給自己一個多嘗試的機會，即使你認為自己不是最完美的候選人。有些報告指出，女性求職者除非是自認100％符合條件，否則不會

去申請某個工作；而男性求職者則自認符合60％就會出手了。女士們，這實在很誇張，我們可以做得更好！我要給女性讀者一個挑戰，妳要讓自己的潛能有機會發揮，妳要讓改變發生在妳自己的生命裡。

你的作業：

- 在完全投入副業之前，先看看你的本業中還有哪些被忽視的賺錢機會。所有新工作的條件都必須仔細商議。

- 勤於記錄你的「吹牛筆記」檔案夾，無論你要叫它什麼名字都可以。這份資料會在你提出加薪要求時幫上大忙。

- 精進你的工作技能，這些新增加的能力是你爭取加薪最好的籌碼。

- 多參加工作面試有助於提升你的信心與實戰經驗；找工作時，只要你認為自己有50％的勝任資格就該勇於嘗試。

預算天后加碼重點：珊迪對我說，「有太多人忽略他們的工作具有能增加收入的潛力。我向來會催促、鼓勵、要求他們：

- 你是否有跟你的經理談過A、B或C方案？

- 你是否有制定今年的工作目標？

- 你是否有把你的工作成就記錄下來？

行動 #2：評估你擁有的技能

如果在你的本業上，你已經用盡辦法來增加收入，但你還是需要有額外的進帳，那麼你就該進一步思考副業策略。關於副業，最困難的就是「不知道要從哪裡開始踏出第一步」，但我可以協助你。

你要做的第一件事，就是盤點所有你擅長的技能。我們每個人都有自己擅長做的事，但多數人卻對自己的能力一知半解。

關鍵在於，並不是所有技能都能轉換成潛在收入，而你必須找到那些可以「變現」的技能。也許你有本事做出最好吃的咖哩，但你懂得如何把它包裝後放到網路上銷售嗎？也許會，也許不會。還有，這能賺到錢嗎？在你投入資金、心力跟時間之前，你必須把這些問題弄清楚。

你不需要花太多力氣就能歸納出你的技能——這些事情你每天都在做。無論是專業性的工作、全職家庭主夫或主婦、照顧年邁的父母，甚至是為鄰居跑腿等等。每個人都有自己可以做得很好的事。請問問自己：「如果要把我現在在做的事情做

好，需要懂那些東西？」

　　先從你的核心工作開始，再挖掘到生活中的其他層面——還有哪些事是你很懂得該怎麼做的？你很會寫東西嗎？你很懂科技嗎？你很會組織、整理事物嗎？你可能會看到你列出來的某些技能並不是你想追求的事物，你可以隨時回頭刪減它們，這都沒有關係。

　　盤點自己的技能是非常好的副業起頭方式，一方面你的負擔不會太大，另一方面，比起正式的性向或職業測驗，這種自我評估方式做起來更自在，它不需要那麼複雜。

　　當然，並不是每一件你拿手的事都能轉換成你的副業。有很多人是很稱職的父母，但未必是一名很棒的老師。如果你的自我評估卡關了，你也可以請家人或朋友幫忙。「呃……我需要幫忙。你覺得我最擅長做什麼事？」並不是每個人都很會自我覺察，這也都沒有關係。

　　例如我的姊姊崔西，她曾在某家全球頂尖的金融公司工作，如果你問當時的她最擅長做什麼，她會說，「我是一名分析師，我擅長做金融分析。」但同時，崔西也是我的時尚顧問，所以她也可以說，「噢，我很會挑衣服。」

　　但真正的重點是，如果你問我崔西最擅長什麼，我會說是她的組織能力。崔西非常非常善於組織整理，她可能不會把「條理分明」當作自己的第一項特質，但任何人都看得出來，她在各方面都運用了這項技能。當她在幫我打扮的時候，她永遠記得我什麼時候穿過哪件衣服，也知道哪一種造型最適合我。現在她把這項技能運用在一個截然不同的領域，她成為我

的公關助手。

要知道，公關宣傳的工作核心，就是在創造、更新訊息，以及維持議題曝光、推廣、後續追蹤等——這些都需要組織能力！儘管崔西一開始並沒有把自己當作是一名公關人，但現在她做得有聲有色，我有好幾次在大型媒體上曝光都是由她操刀的，她甚至開始為新客戶服務，而且也非常成功！這一切都是因為她把自己最擅長的技能運用在某項工作上。

⑤ 我的事業是怎麼開始的？ ⑤

在我失去幼教老師的工作之後，我掉進了一個財務黑洞。我花了兩年時間才把自己的心態調整好，去擁抱新希望。在我把自己從那個黑洞中解救出來之後，人們開始來找我幫忙解決他們的預算及財務問題，一開始我並不認為自己在這方面的能力是一種人們會想付錢來學習的技能，但需要的人確實來了，而我也開始協助他們。

消息漸漸從我的圈子裡傳開了，每當有人面臨預算、儲蓄、債務和信用計畫等財務問題，第一個就會想到我。過了一段時間之後，我的技能開始得到回報，對找我幫忙的人來說是收穫，對我來說則是收到酬勞！

這真的是一個靈光乍現的頓悟時刻，開啟我「預算天后」的教學生涯。我知道我是個好老師，但如果不是我生活周遭的人讓我知道自己擁有這項技能，我可能永遠都不會傳授「個人理財」這門課。

你的作業：

- 列出清單，盤點你每一項技能。無論技能的強弱、顯性或隱性，都要把它們記錄下來。

- 問問自己，也問問你的親朋好友：「我擅長的事情是什麼？」把他們的說法整理成清單，留待下一個步驟使用。

- 注意那些驅動「某項技能」的技能，例如，很會穿衣服代表你對細節的掌握程度很高。

預算天后加碼重點：還無法確認自己的技能嗎？珊迪建議你可以做一個小測試，「從現在開始，每當有人找你幫忙或詢問你的意見時，把這些請求寫下來，」她說。「這些接觸你的人，一定看到你身上有某種你自己不知道的特質。一個禮拜之後，你可以回頭檢視這份清單，看看那些找你幫忙的事需要哪些技能。」

行動＃3：決定你要透過哪些技能來賺錢

　　一旦你建立好技能清單，你就能逐項審視「哪些技能有可能可以帶來收入」。不是所有你能做的事都會有人付錢給你，但人們確實願意花錢請你處理某些事。

　　你的首要之務，是要降低開創新副業的學習曲線。要做到這一點，你必須聚焦在那些和你本業相關的事情上——如果你不想放棄本業，又想透過副業來增加收入，那麼你不會為此去

學習一套全新的技能吧？特別是如果你熱愛你原本的工作。那麼，為什麼你不從你原本就會的事情上開始呢？舉例來說：

- 你的本業是會計師嗎？你可以試著開始為小公司做記帳工作。
- 你的本業是工程師嗎？你可以考慮提供跟你專業知識相關的顧問服務給需要的人。
- 你從事人力資源的工作嗎？你可以協助他人寫出令人眼睛一亮的履歷，以及幫他們掌握求職面試的技巧。

明白了嗎？這些事都可以賺到錢。你可以利用本業所需的技能在副業上賺更多的錢。其次，如果你想要擴大副業的收益，我會建議你聚焦在幾個領域：

- 你在學校所學的領域。
- 你的學歷／專業證書所屬的領域。

學位、證書，任何跟在你名字後面的專業資格——這些都能讓你賺到更多錢。

我二十二歲剛成為新進教師時，我就知道我很容易開創家教及保母等副業，因為大家知道我已經通過政府的考核——我的教師資格記錄在案，我不是來路不明的傢伙。人們因此願意找我幫忙。幾年之後，我拿到教育碩士，而這個學位又使得我的家教報酬提高了1倍。

許多工作所需的技能都可以轉換成副業收入。如果你是學校的工友，你可以在週末承接家庭裝修的工作；如果你是某個零售品牌的採購人員，可以考慮兼做造型師的工作；如果你是房仲，那麼何不提供客戶舊屋新妝（home staging）的服務呢？

透過「Craigslist」這類分類廣告網站，你很容易就能找出有哪些工作技能可以換取報酬——請試著輸入「老師」、「清潔人員」、「看護」、「會計師」，或任何與你本業有關的關鍵字，你可能會發現，某些潛在收入來源是你從未想到過的；從好的方面想，你可以藉此掌握人們會為哪些需求或服務付費，而提供該服務的人可能就是你。

你的技能就像是一顆種子，在它開花結果之前，你必須投入資金灌溉它。至於要投入多少錢才夠呢？我通常會建議，在一開始（或只是兼差階段）的時候，你必須確保你投入副業的資金都有明確且直接的收益，只有在你資金無虞的前提下，再去做跟間接收益有關的投資。

例如，假設你是一個出色的業餘麵包師，你的親朋好友都想找你做生日蛋糕，而且他們總是勸你把手藝變成一門生意——我用這個例子來說明我所謂的直接收益與間接收益：

- **直接投資收益的項目**：製作蛋糕的材料（麵粉、糖、雞蛋、泡打粉），還有包裝用的盒子。這些都是製作與銷售蛋糕時必須要用到的東西。
- **間接投資收益的項目**：名片、傳單、網站，甚至是一個更大的烤箱。這些項目有助於為你的蛋糕生意帶來流量

（以烤箱來說，還能夠提高產量），但卻不一定能帶來直接的收益，像是讓第一批蛋糕銷售一空。

在副業的起步階段，請把重心放在「直接投資收益」的項目上，把預算做好。這裡的預算實際上就是一個數字——你願意投資並承擔損失的金額，假如這個事業最後失敗的話。

就跟珊迪的朋友莎拉一樣。莎拉烤得蛋糕非常棒，而且也非常會創造新口味，但她很不會裝飾蛋糕。要知道，人是視覺動物，蛋糕上的裝飾是最能夠幫助銷售的，對吧？莎拉因此去上了兩堂蛋糕裝飾課，在那之後，她不僅有能力提高蛋糕的定價，甚至還把原本的正職工作辭掉，專心經營自己的蛋糕事業。

對莎拉來說，那兩堂蛋糕裝飾課程的投資，改變了她的人生。她的手藝原本就已受到親朋好友的好評，她進一步地投資自己，讓自己的蛋糕變得更漂亮、賣相更好，而這項投資最終也得到回報。

另一個很棒的例子，來自一個名叫香緹的女孩，她曾是我的鄰居。年僅十六歲的香緹非常會編頭髮，由於她平日要上課，所以她只能利用週末為那些願意付她20美元的朋友編頭髮，地點就在她家門口。

這個小丫頭就這樣做起自己的生意！對她來說，購買生財器具（梳子、髮膠、坐墊、刷子等等）是很合理的，她所提供的服務必須要投資這些東西。但相對的，她也有一群會支付她現金的客戶，這讓她的投資可以獲得直接收益。

你必須思考：一開始，你要讓你的生意，看起來像是一門

生意，還是真的是一門生意？

若是前者，你可以說：「噢，我有網站、筆、名片。我還有一間辦公室。」有了這些東西，你可能看起來像是在賺錢，但事實上，擁有這些漂亮東西並不表示你可以賺到任何錢。

真正的生意，是指你的產品或服務能夠收到錢——莎拉和香緹都是如此，她們做的是真正的生意。至於網站、名片、門面，那些東西都可以等，事實上她們也是等到有收入進帳之後，再去投資那些項目。

你已經迫不急待想著手規劃你的副業了嗎？如果是這樣，請誠實回答這個問題：你所做的事，它看起來像是一門生意，還是真的是一門生意？

你的作業：

- 檢視你的技能清單，把所有你認為可以賺錢的技能圈起來。
- 先評估那些你在本業中所運用的技能，或是跟你本科系相關的技能。
- 利用分類廣告網站，看看你的工作技能是否能賺到額外收入。
- 評估投入副業所需的成本，並開始存錢。確保一開始投入的資金，都用在那些能產生直接收益的項目之上。

- 不要讓自己的副業，只是「看起來」像是一門生意而已。

預算天后加碼重點：請做好市場調查，看看你正在做、或你想要做的事，是不是真的有市場。珊迪說，「我告訴我的學生，務必要到Google Trends搜尋看看他們想要做的事。Google Trend會告訴你有多少人搜尋了什麼，時間可以設定過去六個月內、十二個月內，或任何你自訂的時間框架。這會讓你看到是否有人在搜尋你想要做的事。如果沒有人在搜尋你想做的副業，那麼也許你要做的事會很難賺到錢。」

⑤ 賺錢第一，錢最重要！ ⑤

記住：你要做的是副業，而不是做興趣——你要把賺錢當作最重要的目標。為此，你最好遠離那些付出與回報不相等的夕陽產業。當每個人都在 Netflix 上看電影的時候，你會選擇去百視達工作嗎？

女性讀者時常會犯這個錯，在我們展現工作熱情的同時，卻往往忘了談錢，我們會說，「啊，這很棒，我喜歡賺一點外快，錢再說就好。」無論如何，在你投入大量時間、金錢與資源到你的副業之前，請務必要用「錢」來衡量它的效益。

行動 # 4：寫下一個數字──你有多少潛在收入？

　　一旦你評估了自己的技能、找出哪些技能可以賺到錢，接著就能把這些線索串聯起來，著手進行你的副業。

　　我的朋友琳達，她擁有社工學位，曾在家庭與兒童服務機構工作。琳達非常擅長與人相處，也非常會照顧人，她總能察覺出事情不太對勁的時候（你知道的，社工所受的訓練就是能看出某些事不太對勁）。有一陣子，琳達的副業是每週開車接送我們另一位共同朋友的媽媽去日間照護機構──我們都知道琳達對人的敏感度，她能察覺朋友的媽媽待在該機構裡是否安全，如果有任何人能讓她媽媽說出自己一整天的真實遭遇，那個人一定是琳達。

　　也因此，琳達這份接送工作的酬勞相當豐厚，甚至高出同業許多，這都是因為她的一雙慧眼及「問對問題」的能力。此外，琳達也很擅長協助人們獲得他們應得的健康及安全服務──從找看護、就醫接送，或是要求保險公司在客戶家中設置輪椅斜坡等，無所不包。這些事情必須反覆地聯絡、確認，還要熟知每位客戶的服務標準。琳達擁有處理這些事情特殊技能（還有耐心）。我跟她說，她應該要成立一家名為「隨時待命」的公司，滿足人們在這方面的需求。

　　琳達算了一下她做社工的時薪，以及她每週數次開車接送朋友媽媽的時薪。知道這些數字，她就能評估自己每週必須達成多少收入，進一步為「隨時待命」這個副業做出定價。結論

是，她每件服務至少要收150美元。她也算過如果能在家工作，省下的汽車跟通勤費用會非常可觀。而且，雖然主要是透過電話或電腦工作，但她知道這麼做可以幫助到更多人，就是這個動機，讓她決定大膽地創辦這家新公司。

琳達投入她擅長的事，為自己創造了一個全新的空間；這種非傳統式的工作，是從她原本就很擅長的本業中延伸出來的。人們每次會付她150到250美元來幫自己解決問題，因為她的技能符合眾人需求。

琳達副業成功的例子告訴我們，要如何把自己的核心技能轉換成本業以外的價值。其中的啟示是：不要因為某件事物「不存在」就害怕去創造它。

你可以掌握一項核心技能，用它來累積機會。例如，我有一個客戶很擅長圖像與平面設計，而這個核心技能為她創造許多機會。她為人們製作社交媒體上的人物圖像、為個人品牌製作穿搭型錄、設計平面及數位廣告，甚至還為影片製作視覺效果。以她的例子來說，她把「平面設計」這個主要技能運用在四到五個類型的業務上。她能透過每個案子的定價來量化自己的工作時間，並向不同類型的客戶提供她的技能組合。

不確定該如何為你的產品或服務定價嗎？有一個快速的訣竅是：利用你最喜歡的搜尋引擎，尋找到跟你類似的產品或服務，然後把它們的定價當作你設定價格的基準點。

當你想透過某項技能賺錢時，最重要的就是要保持開放心態。許多機會總是以稀奇古怪的方式出現。你聽過幫人排隊的工作嗎？也就是幫無法到場的人排隊購買熱門商品或票券，沒

錯，光是幫人排隊就能賺到錢。若無法保持開放心態，你可能會因此錯失許多賺錢機會！

你的作業：

- 看看前項作業中你圈選出來的技能。記住，這些是有變現潛力的副業技能。
- 使用網路搜尋，試著算出你的每項技能能賺多少錢。
- 思考性質相近的業務，別人是如何為他的產品或服務定價的？

預算天后加碼重點：「500美元副業挑戰」是珊迪的臉書社團（Side Hustling with Sandy）最受歡迎的活動。她說：「如果你能為副業設定一個目標，就能讓它更真實。尤其是以每個月來計算，目標是500美元，那麼每週你就要賺到125美元，或是一天至少要賺16美元。這就是你的目標。」我喜歡這種挑戰，因為它給你一個清楚的目標。如果你有加入像珊迪這個網路社團，或是找到另一位能與你共同承擔責任的夥伴，就能更有效率地激勵自己往目標邁進。

複習

你聽到了嗎？我在加油區為你尖叫，因為你的財務健全度已經達到了50％！現在你知道如何賺取額外收入，你今天就

可以做出選擇、決定你要怎麼踏出第一步 —— 你要製作你的
「吹牛筆記」嗎？你要詢問親朋好友你最擅長的事嗎？你會想
辦法提升你現有的技能以爭取加薪嗎？無論你的選擇是什麼，
都要盡快採取行動。你可以在社群媒體上跟我分享你走了多
遠，我會為你加油打氣。

第七章

準備退休：像內行人一樣投資

目標：
達成60%
財務健全度

老實說，你的理財教育是不是省略了很多步驟，急著先從「投資」開始，而不是先把其他基本功練好？——我了解，很多人都是如此，因為投資是讓錢滾出更多錢的方式，誰不想趕快這麼做呢？

問題是，每個人都想獲得投資的成果，但卻未必都想經歷投資的過程。談起投資，人們往往會對這個迷人的話題高談闊論，但若真的談起細節，就像聚會上有個書呆子財務顧問喋喋不休地說明投資的風險和策略，人們很容易就因為覺得無趣而走開——香檳和魚子醬，我要；細節和數據，謝謝再聯絡！

但你不一樣，對吧？你必須確保自己真正了解投資的遊戲規則、你所做的選擇，以及達成目標的必要步驟。

所謂的「投資」，就是透過幾個在今天採取的步驟，去照

顧未來的自己——這確實是你可以做到，也是最棒的自我照顧行動。最棒的是，即便你起步得較晚、收入不高或者存款有限，投資對你的現在與未來都能有所幫助，你還是可以過上好日子！

在本章中，我會列出所有必備的投資知識，我們將逐項討論達成兩大投資目標的步驟，這兩大目標是：「為退休而投資」，以及「為累積財富而投資」。

為退休而投資：這種類型的投資目標，是要讓你的儲蓄持續成長至某個特定金額，如此一來，即使你不再工作，也能維持目前的生活方式。你之所以投資，是因為你想舒服地過日子，不必擔心你要永遠工作下去。

為累積財富而投資：這種類型的投資目標，是為了讓你現在（及將來）的生活升級，並留下一筆可惠及後人的財富。你想愉快地飛到某個私人島嶼上度假嗎？我也想要！那麼我們都要為了累積財富而投資。

當你細讀本章時，你必須牢記：金錢就像一株植物，它必須成長才能維持活力。「投資」不僅是讓你的錢活下來而已，還能讓你的錢成長茁壯。

第一個目標：為退休而投資

達成這個目標意味著，當你停止工作之後，你有一筆錢可以過舒服的退休生活。這個目標也代表，如果你的年紀超過傳統退休年齡（六十五歲左右）還想繼續工作，那是因為你想這

麼做，而不是因為你必須要這麼做。

　　無論是選擇退休或繼續工作，這些「選擇」不會因為你長得可愛、頭腦聰明，甚至因為你很成功就出現在你面前。為了讓未來的自己有所選擇，唯一的方法就是把「為退休而投資」當成你最優先的任務，在兼顧當下生活的前提下，盡可能地投入時間與金錢，累積投資收益。

　　把錢留到將來（也許是非常久以後）再花是一場持久賽，面對這種無形的目標，有時我們很難維持紀律。我的方法是，我會幫那個「未來的我」取一個名字，給她一個具體的形象，透過跟她的對話，讓她成為我在做財務決定時會記得要去照顧的人──那個老一點的我，名為「汪達」。汪達是一個時髦、活潑、愛管閒事的人，她喜歡坐在屋外前廊，她是社區裡的八卦中心，這是因為她的退休生活過得很舒適。

　　每當我要做決定、為將來的我存錢時，我就會想到汪達。我會想：這對汪達有好處嗎？我的工時還可以拉長，我還可以熬夜或早起，我還可以再開創一個新事業，但──汪達退休了，她想好好休息。即便她的身心依然很健康，但我不想讓她還有必須照顧自己的壓力，是我應該要照顧她才對。很多人都不明白這一點──**照顧年老的你，責任在於「年輕的你」**。

　　當我二十多歲時，我想在某次旅行中大肆揮霍（我沒有現金，只能刷卡），那時我突然聽到汪達在挖苦我，她說：「噢，巴黎好不好玩呀？哼哼。很好呀。因為我可是每天坐在這裡吃泡麵哪！不過沒關係，我很高興妳刷卡去了艾菲爾鐵塔，而不是把錢預留給退休生活。」就這樣，汪達總會及時把我拉住！

請花一分鐘思考：未來的你會是什麼樣子？你現在所做的每個決定都會對他造成影響。在你繼續往下讀之前，請把「他」放在心裡！

開始計畫「為退休而投資」！

目標：學習透過持續、自動化的投資，照顧未來的自己。

總歸一句：如果你沒有運用投資工具為退休做準備，就會讓你錢愈變愈少。這種情況經常發生，原因有很多。

有些人不知道可以利用公司的資源（對，我就是在講你），例如在公司舉辦「為退休而投資：了解你有哪些選擇」的講座時，你都藉故不參加，因為你認為那很無聊。另外也有些人認為自己還很年輕，不需要馬上考慮退休的事。並不是這樣好嗎！為退休做準備，永遠不嫌早，也永遠不嫌晚。

還有很多人認為，他們沒有足夠的錢來為「明天」的需要做打算，或者他們周遭沒有人在做這件事，因此沒有可供學習的榜樣。無論如何，為退休而投資的最大障礙是：你無法想像自己有辦法存到這麼多錢，所以你從來沒有開始做。

我寫這本書就是要說服你：這件事並不複雜，現在就開始做並不會太早（或太晚）；還有，你可以把我當作你學習的榜樣。最重要的是，我要改變你的心態，讓你知道該如何存到第一桶金，以及該如何用這筆錢來投資——事實上，你並不需要真的存下一大筆錢，而是只要埋下幾顆種子，它們就會自動長大。

還記得第三章嗎？你是一隻懂得儲蓄的精明松鼠，請把橡實想成是你的「錢」，假設你已經算出：你需要100萬顆橡實才能在六十歲退休。此時你可能會想：我怎麼可能收集到這100萬顆橡實，而且還要把它們藏起來留給以後用？但如果你把這個過程，想成是收集少量的橡實，然後把它們埋在土壤裡，讓這些橡實長成橡樹、產生更多橡實……這樣是不是變得更可行了呢？

我想告訴你的是，如果你把錢「種」在一個退休投資帳戶裡，錢就能長出更多的錢。就是這麼簡單！這一切都是「複利」使然，這點我稍後會進一步解釋。

> ⑤ **客座講師：凱文・馬修二世** ⑤
>
> 本章我要介紹我一個厲害的朋友凱文（Kevin L. Matthews II），他是金融網站Investopedia票選的全美最有影響力的100大財務顧問之一。凱文擁有漢普頓大學經濟學的學位，同時也擁有西北大學財務規劃及哈佛商學院破壞式創新證書。他會和我們分享關於投資的第一手消息。

❖ 開始行動

以下是達成「為退休而投資」目標的四大行動：

1. 確認你要為退休準備多少錢。

2. 認識投資工具。

3. 決定要把你的退休金放在哪裡。

4. 選擇你的投資組合／資產配置。

5. 設定自動扣款，並限制提款及借貸。

行動＃1：確認你要為退休準備多少錢

你必須先從儲蓄開始，或者說，要從掌握「儲蓄率」開始。

所謂的儲蓄率，就是指收入減去開支，以百分比呈現。例如，如果你的收入是1,000美元，存了300美元，儲蓄率就是30％。有兩個方法可以增加儲蓄率：（1）賺得更多；（2）花得更少。我在第二章已告訴過你該如何做到這兩點，而且我也分享過，儲蓄有一個最主要的目的，就是要把存到的錢拿去投資──你的儲蓄能力是影響你退休能力的一大關鍵。愈能儲蓄，就愈能投資，你就愈快可以退休。

❖ 如果你想早一點退休……

如果你想比一般人更積極地為退休儲蓄，並把退休的時間點提前，最簡單的算法就是把你的年度支出乘以25，在「4％原則」的幫助之下，這個計算出來的數字足以讓你過上舒服的退休生活。

所謂的「4％原則」，意思是：假設某人擁有一筆「年支出25倍」的退休金，若他每年只從帳戶裡提出這筆退休金4％（或以下）的金額來生活，那麼，這筆錢永遠不會用完，而且這甚

至已考慮到隨著時間推移所增加的通膨。這項推論是根據金融市場的投資報酬率而來——平均來說，年投報率會高於4%，過去三十幾年來大約在7%到8%之間。

換句話說，你每年的投資報酬率只要至少有4%就可以了。這樣一來，你就能完全依靠退休金的利息來生活，而不必動用到本金（實際的退休金）。如果你的年投報率超過4%，那太棒了！你可以將這筆收益再投資，去補足那些投報率不如預期的年度。

⑤ FIRE 浪潮 ⑤

如果你懷抱提早退休的夢想，並研究過相關的投資方法，那麼你對「FIRE」這個概念肯定不陌生。FIRE 是財務獨立（Financial Independence）、提早退休（Retire Early）的英文縮寫，它已成為一股潮流，就像燎原之火。

這個概念最早出現在《跟錢好好相處》（*Your Money or Your Life*）這本書，其基本要旨就是：你要拼命存錢，至少存下收入的70%，並把這筆錢拿去投資，直到它達到你目前平均年支出的30倍。當你達到這個數字之後，你就可以用這筆資金的4%（或4%以下的金額），作為每年退休生活之用。正如我前面所說，這筆錢永遠不會用完，因為市場的平均投報率是7%到8%。

當然，這並不代表你從此就能過著奢侈無度的生活，我認為FIRE還要再加上一個F字母，用以表示「節儉」（frugally），但我猜FIREF就不如FIRE這樣響亮了！

回到「提早退休」，如果你現在一年的總支出是5萬美元，你要把這個數字乘以25（年）：

$$50,000 美元 \times 25 年 = 1,250,000 美元$$

這個數字就是你必須要存到的退休金。假設這筆錢在你退休時每年能產生8%的收益，也就是每年能賺取10萬美元的利息（$1,250,000 \times 0.08$）——若你每年只花掉利息收益的一半（也就是4%），那剛好就是5萬美元！而另外的5萬美元，你可以將它滾進1,250,000美元的本金中，用以再投資。

---

⑤ 如果你要做一隻超級松鼠…… ⑤

如果你想存更多的錢，也可以把你的「年收入」（而不是年支出）乘以25（年），用這筆存款來投資退休金。採用這個方法的好處是：（1）相較於年支出，「年收入」的概念更明確，且便於計算；（2）年收入的數字更大，存下它的25倍，能帶給你更大的退休保障，但相對的，你也必須花更多時間才能達到這個儲蓄目標。

❖ **如果你不介意晚一點退休……**

如果你不急著想退休，或者你覺得不需要為此準備那麼多錢，那麼請把你目前的年薪（非年支出）乘以12（年），例如：

$$50,000美元 \times 12年 = 600,000美元$$

當然，你會希望自己退休之後能活得比十二年更久，因此你必須有策略的去動用這筆錢——這個計算方式需要你將退休的時間點延後，如此一來你可以獲得最多的社會保險金福利；你必須嚴格遵守4％原則，盡可能花得比4％更少；最後，如果你的投資收益超過4％，請務必要將這些收益做再投資。

只要你的儲蓄率愈高，就愈有籌碼投資你的未來，你的「汪達」就愈不會為了錢來煩你。

⑨ 退休後的開銷會變少嗎？⑨

當你退休之後，許多開支會因此減少，包括住房、通勤、治裝費等。你也能享受老年人的福利津貼與優惠稅制，這些省下來的錢都能讓你的退休金用得更久（大多數人只要花費退休前支出的75％到80％就可以過得不錯）。當然，並非所有的支出都會隨著漸長的年齡而減少，例如你的醫療保險費用就可能會增加，我們在保險那一章會再討論解決方案。

❖ 決定每個月存多少退休金

現在，你已經知道你的退休金目標，接著你必須思考該如何存到這筆錢，也就是說，你要從收入中挪出多少比例的金額存入退休基金？

這個嘛，如果你想在「退休投資」這門課拿到A+的高分，你最好能把收入的20％（或以上）撥進退休金帳戶裡──若你的年收入為5萬美元，每年就必須投入1萬美元（或每個月存833.33美元）。我知道，這聽起來很不可思議，但我會說明這是可以辦到的──我們要利用的是「複利」這個魔法（我曾在債務那一章提過這個詞，負債的人必須避免債務的複利，但對於要投資與儲蓄的人來說，則必須善用複利的力量。）

複利就是「錢滾錢」，你的錢會生出利息，利息又會再生出利息，這也是我先前提到「種橡樹、長橡實」的意思。你不必存下100萬顆橡實，只要埋下一些橡實，讓它們長成橡樹、產生更多橡實。換句話說，退休金並不是只靠存來的，而是一路錢滾錢而累積下來的。讓錢成長的，就是複利。

這裡我不會解釋過於複雜的複利計算方式，我要分享的是能幫助理解複利運作、觀察你的錢是如何滾出更多錢的「72法則」。根據這個法則，你只需要將某個特定的年報酬率除以72，就能計算出在這個報酬率之下，需要經過多久時間，才能讓你的本金翻倍？其算式為：

72÷年報酬率＝本金翻倍的年數

舉例來說，如果你想知道6％的年報酬率，需要多久的時間才能讓你的本金翻倍？那麼你可以將72除以6，得到12（年）這個數字。

換句話說，如果你投資1,000美元，年報酬率為6％，那

麼在十二年之後，這筆錢會滾成翻倍的2,000美元。或者，假設你一開始的投資金額是5,000美元，年報酬率為8％，那麼在九年之後，這筆錢會滾成翻倍的1萬美元（72÷8＝9）。

當然，知道你的錢要多久才會翻倍，跟知道你要花多久時間才能讓你的存款滾成你年收入的25倍，這兩者有很大的不同。我利用networthify.com這個網站上的「提前退休計算機」算出：如果我把收入的20％拿去投資，假設平均年報酬率是5％的話，我需要花多久的時間才能達到年收入25倍的目標？答案很恐怖（鼓聲請下……）—— 你必須花四十年以上的時間！除了我那個四歲的姪子以外，誰會有這種美國時間呢？

我之所以這麼說是為了告訴你：即便有神奇的複利幫忙，要達成退休目標還是要花很長的時間，而這也是為什麼你必須學會有策略地去投資的原因，而且必須現在就開始做！怎麼做呢？請繼續看下去。

⑤ 只要行動，就有收穫！ ⑤

嘿，看到這裡，你是不是覺得有點喘不過氣了呢？是不是覺得退休的目標遙不可及，存款永遠不夠多？不到十年前，我的感受也是如此。後來我下定決心，每個月都存下一筆錢。剛開始的時候，我每個月最多只存5美元，就這樣堅持了一年。

重點不在於金額，而在於養成「投資未來」的習慣。我告訴自己，有一天，我會從每個月存5美元，變成每個月存50美元，然後是500美元……

> 只要行動就能帶來收穫。我保證，你正在追求的目
> 標，它也在追求你。絕對不要忘記，你的目標跟你的能
> 量是一致的。當你充滿幹勁、拼命朝著目標前進，目標
> 也會拼命地朝你靠近；當你停下來，目標也會停下來。
> 你無須走完全程，因為夢想一定會在半路上跟你相會，
> 而你的工作就是繼續前進。

　　以下有六個祕訣，將有助於讓你獲得更多退休資金。

　　祕訣＃1：善用雇主的勞工退休金提撥或利潤分享計畫。
在美國，許多公司皆有提供401K退休計畫（非營利組織、學
校或政府雇員則是403B），這個計畫會針對你提撥的退休金，
提撥相應比例的錢到你的退休帳戶＊，這筆錢是免費提撥的，請
絕對不要錯過！你可以跟你公司的人力資源部門確認這筆錢是
否有如期進到你的退休帳戶，而當你思考要從收入中挪出多少
比例的金額為退休做打算時，也要把這個部分納入計算。例
如，假設公司提撥6％，你可以額外加碼14％，這樣就達到
20％的目標了！

　　除了這類退休金相應提撥，也有的公司是提供利潤分享計
畫，這意味著撥進員工退休帳戶的錢是由雇主決定，員工不需
要提撥退休金也可以享有，但要注意的是，如果你的公司在某

＊　台灣的「勞退基金」即是類似美國的401K退休金制度，雇主為勞工按月提繳不低
　　於其每月工資6％的退休金到「個人退休金專戶」，而勞工亦可自願提繳額外的退
　　休金。

幾年沒有賺錢，它就不會撥錢給你。

祕訣＃2：把退休金目標設在年支出的25倍（而非年收入的25倍）。 你的年支出應該會小於年收入，你可以把重點擺在年支出就好。這個目標很明確，它能讓你知道退休生活實際上要花多少錢，若你退休後能降低開銷，你的錢還能夠用得更長久。

祕訣＃3：把退休金目標設在年收入的12倍（而非25倍）。 如果降低目標金額，不僅現在能掏出更少的錢，也有助於讓你更快達到退休目標。許多專精於規劃退休的財務專家，最常提出的建議就是把退休金目標設在年收入的12倍。邏輯還是一樣，當你到了六十五歲左右的退休年齡，許多開支都會隨之減少，所以你根本不需要這麼多錢。如果你不介意晚一點退休，那麼你可以下修你的退休金目標。

祕訣＃4：試著賺更多錢來拉高儲蓄率。 賺得愈多，你就能存得愈多。我在第六章已告訴你如何在本業及副業中賺到更多的錢。

祕訣＃5：降低年收入中提撥給退休帳戶的百分比。 前面我曾說過，你可以把年收入的20％拿來存退休金，這是A++的退休計畫，確實如此。只不過，我們也要面對現實：你可能無法立即做到這一點，就連我自己也是最近才有能力辦到。相對的，如果你能拿出年收入的10％至12％來投資，這個B+的成績其實也很不錯了。以你能力所及的百分比開始存，就算是0.05％、1％或5％都沒有關係。你很快就會發現，隨著錢滾錢，你漸漸就能愈存愈多——關鍵是必須從現在就開始！記住：只

要投入的百分比愈高，你就能愈快達到目標。

祕訣 # 6：在找工作時，必須把雇主提供的退休計畫納入考慮。 有些雇主會為員工提供完善的退休計畫，不僅是前述的退休金相應提撥，有些公司還會跟員工分享盈餘，這些錢累積起來會相當可觀。假設你的年薪是 5 萬美元，雇主每年提供 3％的相應提撥及 6％的盈餘分紅，這樣加起來就是 9％，幾乎是理想目標 20％的一半！因此當你在求職或轉換跑道時，要考慮的不只是新工作的年薪，相關的退休福利制度也能把錢的價值放到最大。

＊　　＊　　＊　　＊

哇，我們做到了！現在你知道退休目標應該要存到年收入（或年支出）的 12 倍到 25 倍；你也知道每個月要從薪水中撥存給退休金的理想比例是 20％。最重要的是，你必須從現在就開始做，無論一開始你能投入多少錢。

你有前述六個祕訣能幫助你聚焦在最重要的事情上，把退休目標變得更清晰、更可行。

你的作業： 思考並規劃你的退休金規模，以年收入（或年支出）的 12 到 25 倍來計算──計算出你每年必須要從收入中撥存多少錢，然後再平均分攤到每個月。這筆錢包括你個人拿出來做退休投資的錢，還要加上雇主提撥的部分。你可以透過「72 法則」的算式，估算出複利

幫你把一筆錢翻倍所需的時間，還有你需要花多少年的儲蓄及投資，才能達到退休目標。

預算天后加碼重點：投資退休金是一場持久賽，過程是漸進式的。就像凱文說的，「一開始可以先從收入的10%或更少的比例開始，然後再慢慢增加。」你也可以設計幾個激勵自己的任務目標，把它和人生中的幾個里程碑結合在一起。例如，每年生日就增加1%的撥存比例，或者每次加薪時，就增加2%的撥存比例——把這些目標記在行事曆上提醒自己，就算只是增加0.5%也可以，就這樣持續提升到10%至20%。

行動 #2：認識投資工具

接下來，我們要釐清幾個重要的投資定義。

❖ 股票是什麼？

股票（或稱股權）本質上就是一間公司一部分的所有權。你可以把一間公司想像成是一棟由數百萬個積木所組成的房子，當你買進股票時，就是買下這棟房子一部分的所有權。

股票的價值有可能快速成長，但也可能快速滑落，因為股價的漲跌是被許多無法預測的因素驅動的，例如市場需求、該公司的產品是否成功、投資人的興趣，以及許許多多引發波動的因素。這表示，雖然持有股票可以期待未來股價上漲的空

間，但卻無法保證獲利，而且存在一定的風險。

❖ 債券是什麼？

　　債券是能帶來「固定收益」的投資工具，和股票不同的是，債券是一間公司或某個地方政府向投資人借的錢。如果你購買債券，就表示你把錢「借給」像沃瑪百貨或紐澤西州去經營、實現某個計畫，你可以想像它們對你說：「謝謝你借我這筆錢，我們會連本帶利還給你！」身為投資人，購買債券能保證一定的獲利，但獲利成長的幅度有限。

❖ 共同基金是什麼？

　　共同基金集合了各種不同來源的股票、債券及其他證券（「證券」是一個統稱，它包含了股票、債券、共同基金、ETF〔即指數股票型基金，稍後我會再詳細說明〕及任何可供買賣的投資項目）。

　　如果你購買並持有某檔共同基金裡的股票，你就是和一群人一起買進，所以它才稱為「共同基金」──你跟其他投資者成為這檔集體基金的股份持有人。跟股票不同的是，共同基金不能在交易日當天買賣，只能在每日股市收盤後買賣一次。此外，大部分的共同基金是由專業經理人管理的，他們把你與其他人的錢集中起來進行投資。

　　你可能會聽到共同基金被稱為「指數基金」（index funds），根據美國「Yahoo財經」的解釋，某些指數基金的結構跟共同基金一樣，但並非所有指數基金都是如此；有些共同

基金本身就是指數基金。事實上，有很大比例的指數基金是被稱為ETF，而不是被稱為共同基金。覺得很複雜嗎？以下讓我分別說明。

❖ ETF是什麼？

ETF又名「指數股票型基金」（exchange-traded fund），它有點像是股票跟共同基金的愛子。跟共同基金一樣，ETF集合了一籃子不同類型的投資標的，但它跟股票一樣可以在公開市場（股票市場）的交易時間內買賣，這點跟只能在每天收盤後買賣一次的共同基金不同。

❖ 指數基金是什麼？

指數基金是一種密切追蹤某一「市場指數」的基金，例如標普500指數、道瓊指數、那斯達克指數等──投資這些指數基本上也代表投資了某一部分的市場，例如投資標普500指數就代表投資美國500家大型公司的表現。

共同基金和指數基金之間的區別很容易混淆。簡單來說，共同基金指的是某檔基金的結構（由一籃子股票、債券或其他證券組成），而指數基金指的是某檔基金的投資策略，也就是那檔基金如何投資（在此是指反映某個特定市場的活動）。還是搞不清楚嗎？這些概念會愈來愈清楚的，我保證。

指數基金的目標並不是打敗市場，而是反映市場，或跟市場相配。因此，大部分的指數基金都是被動管理的（由電腦自動選擇投資標的，而不是由人為介入），這也代表它的管理費

（也稱為費用率）較低。

　　相對的，共同基金的目標就是要打敗市場，所以大部分的共同基金是由基金經理人來做主動管理，基金經理人每天（或每小時）的任務就是做出投資決定，正因為如此，共同基金的管理費會比較高。這樣懂了嗎？很好！

NOTE：有一個經驗法則是，投資牽涉到的人際互動愈多，你被收取的管理費就會愈高。

　　現在，我們來認識以下三個常常被搞混的詞彙：

1. **市場**：市場是用來描述股票買賣雙方的集合，以及買賣這些股票時所產生的交易。
2. **交易所**：交易所是指所有這些事情發生的地方，例如紐約證券交易所。
3. **指數**：指數的概念非常重要，它基本上就是把所有可供投資的上市公司，以統計方法所編製出來的一個數字。例如：
   - **標普500指數**：這是美國證券市場最具代表性的指數，它囊括了大公司中的大公司，包括百思買、克羅格（Kroger）、亞馬遜等公司。
   - **道瓊工業指數**：這是最廣為人知的指數，它由美國三十家最大的企業龍頭組成，包括Nike、微軟、迪士尼等，經常被視為是美國經濟的指標。其中，有幾家

公司同時出現在標普跟道瓊指數中，例如可口可樂。

- **那斯達克指數**：這個指數是由所有在那斯達克股票市場上市的公司組成，它們主要是科技公司及規模較小的新創企業。

當你投資指數基金時，你所投資的那檔基金會反映該市場指數的表現，例如若你買進連結標普500的指數基金，當該指數上漲，你的基金就會上漲；當該指數下跌，你的基金也會下跌。

行動 # 3：決定要把你的退休金放在哪裡

現在你已經定下退休目標，我們來談談要把這筆錢放哪裡。美國的退休帳戶有以下幾種類型，大部分人都適用。

❖ 401K 退休帳戶

401K是美國的公司提供給員工的投資帳戶，員工（也就是你）可以指定稅前薪水的某個數額提撥到這個帳戶。當你從這家公司離職時，可以選擇把這個帳戶留在原地，雖然你不再提撥薪水到這個帳戶裡，但裡面的錢會繼續孳生利息。你也可以把這個帳戶的退休金轉到別的帳戶，例如轉到新公司的退休帳戶，或是轉到個人退休帳戶（請見以下IRA一節）。

通常401K退休帳戶是由第三方管理的（例如大型投資公司或是福利金投資公司），無論是誰來做這項工作，你的選項

都包括把錢分配到金融市場帳戶（就是儲蓄帳戶）或是共同基金。如果公司提供的退休金方案是相應提撥或是利潤分享，這筆錢也會以你自己提撥退休金的指定方式拿去投資（也就是說，以你選擇的投資組合，存款、股票、債券或是共同基金等等）。在你退休時，你可以領出這些錢及孳息。退休時領出的錢都會被課稅，無論退休金提撥組合或其資金成長狀況如何，提領出來的退休金都會被課稅。

例如：假設多年下來，你和雇主在你的401K退休帳戶中放入的資金總共有10萬美元。這筆錢多年來以複利成長，變成30萬美元。當你把這些資金全部領出來時，你得要付稅金，以30萬美元計算。這麼一大筆錢被課稅，聽起來可能很嚴苛，但你要這樣看：價值10萬美元的橡實，成長為價值30萬美元的橡樹！而且還有一點好處是，除非你一次領出30萬美元（這會付出一筆可觀的稅金），否則你被課稅的部分就只是領出來用的那一部分。如果你一年只用3萬美元，就只有3萬美元被課稅，其他退休金都還在401K的帳戶裡繼續孳息成長。（以我們的比喻來說，就是長成橡樹的枝幹！）

還有另一項好處。你在職期間每年都提撥資金到退休帳戶裡，這樣做實際上會降低你在當年度的所得稅。假設你的年收入是5萬美元，每年提撥5,000美元進入退休帳戶，你的收入會被課稅的部分是4萬5,000美元，而不是5萬美元。提撥到退休金的5,000美元現在不會被課稅，退休提領出來時才會被課稅。不過這有好有壞。如果你的年紀還不到五十九歲又六個月，把錢從退休帳戶提領出來而且沒有轉入另一個退休帳戶，

那就是未到期提領，這會導致10％罰金（針對你提領的部分），再加上會被課以你現在適用的稅率。

401K退休帳戶最棒的是，它可存入的最高上限很高，比其他退休投資選項更高。以目前來說，401K退休帳戶，五十歲以下可以存入的每年上限為1萬9,500美元；超過五十歲者可以額外追加提撥6,500美元，總計2萬6,000美元。你的雇主可以為你提撥的上限是3萬7,500美元，連同你的部分總計最高是5萬7,000美元（五十歲以下）；五十歲及以上，總計最高是6萬3,600美元。所以，如果你年收入13萬美元，年紀在五十歲以下，那麼按照個人容許額的法定上限，等於是提撥收入的15％進入退休帳戶（130,000的15％＝19,500），這太棒了！要注意的是，這個法定限額是會改變的，所以每年一定要跟雇主或是專業理財人員確認過。

⑤ 什麼是追加提撥？ ⑤

「追加提撥」（catch-up contribution）可以讓五十歲或以上的人，提撥更多錢到401K或IRA退休帳戶裡，比IRS（美國稅務局）設定的每年上限額度還要多。原因是讓你有機會彌補某些年你沒有存進夠多退休金，可能是你比較年輕時，或是因為遭逢某些財務創傷。揮揮手～那就是我三十歲出頭時發生的事，如果你讀過序章就知道我的故事。

通常當你年紀漸長時應該會賺得更多，而且也會花更

多時間在你的事業上，因此追加提撥通常會始於五十歲。所以，如果你有額外的錢，利用追加提撥就很有道理。但是要記得詢問財務專業人員，因為追加提撥要看是哪種退休帳戶。如果你不認識任何財務專家，別擔心，我在第九章會指點你如何找到他們。

在退休金帳戶的投資，有一件重要的事必須考慮，那就是管理這筆資金的費用，也就是共同基金經理人為了管理這筆資金（買賣、交易或轉移）而收取的年費。基金經理人所做的任何決策是為了讓這筆資金表現更得好，這對你是有好處的，但是，你還是要避免付出高額管理費。這些費用可能是很高的！據估計，平均每個勞工的退休金會因為這些費用而減少20％到30％，這可能會讓你必須多工作三年才能彌補。所以你該怎麼辦呢？

第一件事是，要搞清楚你的401K退休帳戶投資選項的相關費用。從好的一面來看，要把退休帳戶裡的錢放在什麼投資選項，你一定都有所選擇。我建議你上FINRA.org利用FINRA基金分析工具（FINRA Fund Analyzer），輸入基金名稱，你就能看到它的相關費用。這也會讓你知道該筆基金的管理年費，跟類似基金比較起來，是位在平均以上、以下，或是差不多。

如果你覺得401K投資選項的費用太高，那麼你要跟人資或福利部門談，選擇費用比較不那麼貴的投資選項。

但要記得，即便費用感覺很高（或是高於FINRA報告的平均值），投資401K仍然是明智的選擇，特別是如果你的公司

有提供利潤分享計畫，或只要參加計畫就有相應提撥，那麼整體算下來投資401K仍然比較划算。

此外，比起傳統IRA退休帳戶或羅斯退休帳戶，你可以在401K中投資更多錢（請見下文），而這個好處也可能超過了它會向你收取的費用。不過，關鍵是要弄清楚這些費用到底是什麼，以及它可能對你造成多大的影響。整體而言，過去幾年的費用率已大幅下降。但仍要根據你個人的情況進行計算。

請先回顧一下**行動＃2**中的投資工具。401K退休帳戶有個潛在缺點是，大部分投資選項是設定好的，你不能客製化、不能指定買哪檔股票跟買多少。凱文說，「你不能選擇你要投資的項目，它就像套餐菜單，你得從這份菜單裡面點餐。如果菜單上沒有蘋果公司的股票，那你就不會買到蘋果的股票。就這麼簡單。而傳統退休帳戶（IRA）就提供比較多選項。」但對許多人來說，這不會是個問題——尤其是沒有興趣或沒有膽量去密切追蹤投資的人。稍後我們會看看你是不是這種人！

❖ 傳統個人退休帳戶（Traditional IRA）

傳統的個人退休帳戶（individual retirement account，以下簡稱IRA）就如字面上的意思，你自己設立這個帳戶，自己投入資金，然後在退休後提領。它最大的好處是你有比較多的投資選擇。凱文喜歡用一個比喻，傳統個人退休帳戶「比較像是Uber Eats，你可以跟任何店家點餐，愛吃什麼就點什麼。」

其他好處還包括：

- 當你離職時，任何401K帳戶裡的錢都可以轉入傳統個人退休帳戶，且沒有最高金額限制，但是同一個帳戶每十二個月只能轉一次。
- 就像所有401K帳戶一樣，傳統個人帳戶是延後繳稅的帳戶，直到提領時才需要繳稅。
- 當年度的退休提撥金可以在申報所得稅時扣除，跟前面提到的例子一樣，如果你年收入5萬美元，提撥5,000美元退休金，當年度報稅是以4,500美元來計算。

由於這些因素，傳統個人退休帳戶是存放退休金的好選擇，但是它有一個缺點：你可以放進這帳戶的金額，比401K或SEP個人退休帳戶（稍後我會再解釋）來得低。2020年，傳統個人退休帳戶的金額上限是：五十歲之內每年6,000美元；五十歲之後每年7,000美元。還有一個缺點，它跟401K一樣，如果你在五十九歲半之前領出會被收取10%罰金。

❖ 羅斯個人退休帳戶（Roth IRA）

羅斯是另一種擁有不同稅務結構的個人退休帳戶，你放進這個帳戶的錢，是已扣過所得稅的錢，這表示，未來當你退休要提領這筆錢的時候，你不用再另外繳稅。由於沒有人知道你退休時的稅率會是多少，許多人更喜歡以目前的稅率來計算，免去提領退休金時還要再被扣稅的麻煩。

此外，你可以提早領出一部分退休金（在一般年齡限制的五十九歲半之前），這麼做不用繳稅也不會有罰金。但要注意

的是，如果你提早提領，這個帳戶裡資金成長的部分（孳息、投資收益或任何超過你投入資金以外的金額），會被課以10%的稅。但如果你擁有這個帳戶的時間超過五年，而且你的年齡已超過五十九歲半，那麼你領出來的部分就不會被扣稅。

羅斯的另一個好處是，它開戶沒有最低年齡限制，只要你曾經就業、有收入就即可。就算你未成年，也可以開一個未成年的羅斯帳戶。有些企業老闆會雇用自己的小孩，並為他們開一個羅斯帳戶，讓小孩趁早投資自己的退休帳戶。而且羅斯帳戶不像401K、IRA或是SEP帳戶必須在七十二歲以後開始提領，以避免罰款，羅斯帳戶裡的錢，如果你不需要，把錢繼續留在裡面也無所謂，而且你的後代可以繼承這筆資金。

不過，跟所有聽起來很棒的事情一樣，這個很好的退休投資選項也有它的條件：若你的收入超過某個上限就不能把資金投入羅斯帳戶。目前規定的收入上限是個人年收入13萬9,000美元（有配偶且共同報稅者的上限為20萬6,000美元）。我認為這也不算是壞事，因為這代表你的年收入是相當不錯的六位數，恭喜！

❖ SEP個人退休帳戶（SEP IRA）

如果你是自雇者，不適用雇主提供的401K退休帳戶，你就有機會把資金放在SEP個人退休帳戶，SEP是simplified employee pension（簡式員工退休金）的縮寫。

如果你是個人創業者，唯一的員工就是你自己，那麼你的SEP某些規則就跟401K一樣，都有最高額限制；如果你的年

齡在五十歲以下，目前規定的限額是5萬7,000美元，或是你的公司的淨利25%以下（淨利是指公司的收入扣掉所有開支及薪水）。但是，如何達到這個限額的方式有所不同。在2020年，某個有401K退休帳戶的受雇者可以投入達1萬9,500美元的資金，而公司可以為員工投入的餘額為3萬7,500美元。但自僱者的SEP退休帳戶，只有你的公司可以為你投入退休金，所以5萬7,000美元就必須全部來自你的公司。

舉例來說：你創辦的家教公司「聰明家教」，老闆兼員工的你，想撥出資金來存退休金。你決定在某個基金代銷機構的協助之下（例如Fidelity、Vanguard或TD Ameritrade）開設SEP個人退休帳戶。

如果你的年齡在五十歲以下，「聰明家教公司」為你的退休帳戶存入的資金上限是5萬7,000美元，或公司淨利的25%，看哪個比較少。你自己不能為這個帳戶投入任何資金，一定要是利潤分享的形式，也就是你公司的營收減去所有開支之後所剩餘的錢（利潤）。

如果你的公司不只一個員工，你可能會考慮為你和你的員工設立401K退休計畫選項。這件事你沒辦法自己做，必須由第三方行政人員幫你設立、記錄、處理帳務。因為超過一個參與者的401K退休計畫必須通過「不歧視測試」（nondiscrimination testing），以確保所有參加的員工都受益，並且符合年度報稅規定。有些基金代銷機構會提供這些服務，例如Fidelity、Vanguard；你也可以找到提供統包服務的公司來設立這些退休計畫，例如Guideline或Employee Fiduciary等。

你可能會問：「如果我有SEP，我還能不能存入傳統個人退休帳戶及羅斯帳戶呢？」結論是可以。就跟401K一樣，只要符合條件，這些帳戶你都可以擁有——你的公司可以為你的SEP提撥，而你自己可以提撥到傳統個人退休帳戶或是羅斯帳戶，只要每個帳戶的金額都沒有超過個別上限。目前傳統個人退休帳戶和羅斯帳戶的總上限是6,000美元（五十歲以下）及7,000美元（五十歲以上）。舉例來說，「聰明家教公司」為你的SEP帳戶提撥到最高額5萬7,000美元，你個人則提撥4,000美元到羅斯帳戶、2,000美元到傳統個人退休帳戶，共計6,000美元，符合目前美國法規的最高提撥金額。

要注意的是，羅斯退休帳戶有收入限制。只要你個人（而不是公司）年收入超過13萬9,000美元，你就不再符合提撥到羅斯帳戶的資格。所以我建議你先利用羅斯帳戶的上限，因為你公司給你的薪水很快就會超過羅斯的上限囉！我在為你討這筆錢啦。總之，當你的年收入未達上限時，就先利用羅斯帳戶的好處。

*　　　*　　　*　　　*

呼，關於退休帳戶的資訊量有夠多，我先幫你整理、回顧一下上述的內容：

401K退休帳戶、傳統個人退休帳戶、SEP個人退休帳戶、羅斯個人退休帳戶，它們的差別在於：進入羅斯帳戶的資金已經被扣過稅了，所以當你退休提領時，本金跟孳息成長都不用再被課稅；而SEP則跟401K和傳統退休帳戶一樣，你投入的

資金是未扣稅的，這表示你現在的所得稅會繳得比較少，但當你提領這筆退休金時就會被課稅。

請注意：SEP、401K、傳統退休帳戶，提早提領會產生10％罰金（而且要按你提領時的適用稅率來課稅）；羅斯帳戶可以提早領出而不用被扣罰金，但這是指本金的部分，獲利的部分還是會被扣10％罰金。最理想的狀況是，你同時具有稅前及稅後兩種退休投資帳戶。你會希望退休時有不同收入來源──免稅的資金和會被課稅的資金，這樣就能幫你管理退休時的收入稅負。

接下來，我們來看看以下四種常見的情況。

- **情況1**：你有401K帳戶，而且雇主提供相應提撥方案。最理想的狀況是，你要開始投資到這個退休帳戶以取得雇主的相應提撥（如果有的話）。接下來再提撥到羅斯帳戶，盡量達到它的上限。如果你還有餘裕的話，那就再投入401K帳戶達到它的上限。

- **情況2**：你有401K帳戶，但是雇主沒有提供相應提撥方案。那就先把錢投入羅斯帳戶，然後再投入401K帳戶。

- **情況3**：你有SEP帳戶。但我還是會先投入羅斯帳戶，然後再投入SEP帳戶。

- **情況4**：你沒有401K也沒有SEP帳戶。可能是因為雇用你的是小公司或新創企業，而它們不提供401K，而且（或者）你不是自雇者。如果是這種情況就比較不幸，

你的選擇並不多。若是我，我會先提撥到羅斯帳戶，達到它的上限，然後開一個會被課稅的投資帳戶，開始為退休而存錢，當然，這個做法無法讓你資金的成長獲得延後課稅的好處，這個帳戶每年都會被課稅。

你可能會注意到，所有這些情況都牽涉到羅斯帳戶，而不是傳統個人退休帳戶，這是因為後者並不是理想的退休工具。羅斯帳戶具有稅務上的好處（你的投資在成長，而且退休領出時不會被課稅），所以是比較好的退休工具。而且傳統退休帳戶對於可以提撥的年紀也有限制（如果你的年收入在13萬9,000美元以下），這表示，如果可以的話，你要盡量運用羅斯帳戶的優勢。傳統退休帳戶的最佳用途在於，當你轉換新工作時可以從前雇主那裡把401K的錢轉來這個帳戶，如此一來就不會有提早提領的罰款或課稅等問題。

⑤ 更新退休帳戶的受益人 ⑤

在開任何形態的退休投資帳戶時，你都會被問到你指定的受益人。在你過世時，這些帳戶裡的錢就會由你的受益人繼承（一個或數個）。

我知道這件事可能會令你不太舒服，但你還是必須要思考這個問題。因為如果這件事不幸發生，就算你想換人也來不及了。你指定的帳戶受益人，其位階甚至超過你在遺囑上指定的受益人。沒錯，就是這樣！

如果你離婚又再婚，在你過世時，若這個帳戶的受益人還是前任配偶，那這筆錢就會交給前任。如果你有三個小孩，若你沒有把最小那個孩子納為受益人，那個孩子就拿不到一毛錢，除非其他手足願意公正地把錢分給他，但你不會希望事情變成這樣，我們都知道這會觸發家庭內戰！

當你的人生出現重要的轉折點，例如結婚、小孩出生、離婚，你都必須更新退休帳戶的受益人。不要拖，現在就做！

你的作業：退休帳戶可以選擇各種投資類型，請重讀前述行動＃2每一種投資工具的定義：股票、債券、共同基金、ETF，以及指數基金。

請記住，我要求你的只是選擇一項投資工具，然後開始提撥退休金到退休帳戶中投資，所以，不要告訴我你沒有時間。大部分的情況下，決定「哪個投資工具最適合自己」不會花超過二十分鐘。

預算天后加碼重點：你可能會拖延提撥資金到你的退休帳戶，因為你還在負債。凱文說，在你拿錢去還債之前，先找出你的優先順序是什麼。並不是每個目標都應該等同視之，例如學生貸款。如果你的學貸是私人高利率貸款，那麼盡快把它還掉也許比較明智；如果你的學貸是

聯邦低利率貸款，那麼比較明智的做法是一邊盡量投資退休金、一邊還債，因為這種學貸是可以展延的，而你的退休不能等。

⑤ 我應該先還掉債務還是先投資？⑤

許多人可能會認為答案很明顯，應該先還掉債務。但並不總是如此。你要考慮以下三個因素，再決定是否要優先付掉債務、而非投入退休金投資。

1. 你的債務是什麼類型？如果你的債務成本很高，像利率兩位數的信用卡債，那麼你要先付掉這筆債務，然後再努力投資。你用信用卡借出的錢，利息會比大部分投資利息還要高。基本上，如果你有高利率負債，那麼你在利息上損失的錢會比在投資市場上獲利的還要多，但這並不表示，不要把錢存到退休帳戶裡（畢竟「汪達」要吃飯），這只表示你的主要焦點應該放在擺脫高成本的債務。

2. 你目前的學習能量如何？我一向都說，聰明的投資者就會是有錢的投資者，意思是當你願意花時間學習如何投資，你就最有可能會看到資金成長。

投資並不難，但是就跟所有新技能一樣，你必須花時間學習及練習。你是否準備好要投入心力了呢？事實上，你正在讀這本書，這讓我相信你是準備好的。如果

你還沒準備好做投資，那麼第二個替代方案就是先專心擺脫你的債務。早點還清債務，也是一種投資類型。因為，沒有債務就表示你不再需要付利息，這就像立刻得到加薪一樣。

3. 你的財務目標是什麼？你的優先事項是有保障的嗎？還是你只是想要在下次高中同學會時炫耀而已？我不是要做任何道德評斷，但如果你現在想要比較繽紛亮麗的生活方式，那麼你就得冒著更大的風險，追求更大的（潛在）投資回報。如果你在乎的是不要再擔心錢，那麼你的正確選擇可能是擺脫債務（即使是低利率的債務），然後再拼命投資。

當你繼續學習聰明理財時，請把這三個問題放在心裡。記住：並不是要你選這項就不能選另一項，只是你要想清楚，現在要把理財重心擺在哪裡。

行動＃4：選擇你的投資組合／資產配置

在決定要把退休金放在哪裡之後，你可以把注意力轉向所謂的「投資組合」，技術上這又稱為「資產配置」，因為它描述了你資金的分配情況，你可以把投資組合想成是你的投資選擇。

為了簡便起見，我們只關注你可以投入退休資金的兩個部位：股票和債券。通常這是透過共同基金（結合了股票、債券及其他有價證券）。所以，你的組合就是指股票有多少、債券

有多少。了解投資組合是很重要的，因為基本上它是管理退休金風險最簡單的方式。

　　一般來說，股票跟債券兩者你都應該要投資，前者能讓你的資金具備成長動能，後者則提供緩慢但穩定的成長。我喜歡凱文用「腳踏車」來比喻這兩者的不同：

　　假設腳踏車是你前往財務健全之路的交通工具，那麼股票就像是這輛腳踏車的踏板，如果沒有股票，你哪裡都去不了，對吧？而債券就像是煞車。如果只有踏板卻沒有煞車，你肯定會在路上出車禍，而這正是發生在2008年金融海嘯那些沒有建立正確投資組合的人身上的事。同樣的，如果你只有煞車卻沒有踏板，那麼你也會動彈不得。你得先弄清楚你想騎多快，然後配置正確的踏板與煞車，這就是投資組合。

　　你會有基於各種因素的投資組合偏好，包括年齡、收入，以及你對風險和報酬的承受能力。然而，比較明智的做法是，你必須隨著年齡增加去調整股票和債券的比例。有一個名為「110法則」的策略，是用110這個數字去減掉你的年齡，然後用比較大的那個數字做為你持有股票的比例，比較小的那個數字做為你持有債券的比例。

　　舉例來說，如果你現在三十歲，110－30＝80，這表示你的股／債持有比例應為股票80％、債券20％。等到隔年你三十一歲了，這個比例就會調整為股票79％、債券21％。

隨著你愈接近退休年齡，減少股票持有比例是一種降低風險的策略。我已經可以聽到「汪達」在對我吼著，要我在每年生日那天都重新調整一次投資組合。汪達真是緊迫盯人哪！

❖ 如果你不知道怎麼投資——「目標日期基金」是很棒的解決方案

你是否在想，「蒂芙尼，我還是不知道怎麼做退休投資！」沒關係。有一些方式能讓退休投資變得簡單易行，即使你無法完全弄清楚這些概念。

其中一個方法就是投資「目標日期基金」（target date fund，以下簡稱TDF），它提供的是自動化的投資組合，你不用隨著年紀做加減，或是要求改變投資比重。

TDF通常是共同基金，包含股票、債券及其他投資，它的設計是透過投資組合提供一個簡單的投資方案，隨著目標日期漸漸接近而愈趨保守穩健（風險較低）。

基本上，如果你選擇目標日期基金，愈接近你的目標（也就是你想退休的年齡），你的資金就會被投資在愈安全的項目裡。例如，我爸爸現在七十幾歲了，所以他投資股票的比重較小，因為股票的風險較大。但是我現在四十幾歲，我離退休還有一段比較長的時間，我的TDF投資組合就可以稍微提高風險。

美國許多401K退休帳戶，以及大部分大型基金代銷機構，例如Vangard、Vanguard、Charles Schwab、Fidelity等都有推出TDF，這些基金的名稱通常會顯示它的年份，例如「2050基

金」就告訴你2050是這檔基金的目標日期。換句話說，這檔基金會根據這個預期中的退休日期，自動調整你的投資組合。這表示它會在你年紀漸長時把你的錢重新分配到比較保守的投資項目，這麼做很棒，不是嗎？

如果你無法找到跟你的退休年齡相符合的目標日期基金（很少有這種情況），那就選一檔最接近你預期退休年份的基金；另一個訣竅是把你的每次撥款自動化，這樣你就不用去想這件事。

有一個重點是你必須要考慮的：由於TDF是屬於「主動管理」的基金（許多共同基金都是主動式），所以一定會有管理費，也就是費用率。這筆費用的計算，是用該檔基金的營運開銷除以它的「資產管理規模」（AUM），這表示，這些費用可能會很高，因為主動式管理的基金，並不是由機器人來管理你的錢，你必須支付管理費給某個「人」。營運開銷會減少這檔基金的資產，對投資者來說就是「減少投資收益」。所以，注意基金的管理費非常重要。例如，假設你被管理的資金有10萬美元，你可能會被收取1%管理費（通常是0.5%），因此你會看到這筆資金一年的管理費是1,000美元。只不過，這不是說你會收到一張名為管理費的帳單要你支付，這筆費用會以「手續費」的名目在基金交易時扣除。

雖然我不喜歡這筆費用，而且TDF的管理費通常比其他基金來得高，但如果你想在制定好退休投資計畫後就讓它自動去執行，那麼繼續支付這筆錢有幾個重要的好處——當你花錢請人管理TDF基金時，你就是：

1. 卸下自己肩上的負擔——你不用擔心會犯下投資組合上的錯誤。
2. 避免做出任何不理性、情緒化的投資決策。

你可以把TDF想成是汽車的定速巡航功能，你可以利用它保持一定的行車速度，讓駕駛過程變得更簡單，但如果你想要，你也可以解除定速設定，讓車子的主導權回到自己手中。

❖ 如果你想自己做投資——掌握兩大基本原則

1. **運用110法則**：用110減去你的年齡，去計算股票和債券的投資比重。你要記得根據年齡每年調整比重：年齡愈大，股票占比愈少、債券占比愈多。TDF用的就是這種方法，你自己做的話，就在生日後一天做，這樣就很容易記得要重新調整你的投資組合。

2. **填寫風險承受度問卷**：網路上有許多免費資源，可以讓你評估自己的風險承受度。你可以把它想成是線上交友檔案或快問快答。在回答一些問題之後，演算法就會幫你算出你應該要在股票跟債券間各放多少比例，根據這些資訊，你就能思考自己的投資組合該如何配置。請記得每年都要再做一次問卷，確定你的投資組合比例是正確的——這個結果應該跟TDF基金的效果類似，也就是年紀愈長就愈要投資在債券而非股票上。

好了，我知道你準備好開始做退休投資了，但是且慢，在

把資金投入你的投資帳戶之前，你還必須了解幾個跟退休投資有關的原則。別急，終點就在眼前了！

你的作業：

- 使用「110法則」計算投資組合中的股票／債券比。
- 熟悉股票、債券、投資組合及目標日期基金（TDF）的涵義。
- 如果你能接受較高的管理費，你可以選擇投資到期日最靠近你退休年份的目標日期基金。
- 如果你的公司未提供TDF這個退休計畫選項，你也可以尋找基金代銷機構的TDF產品，比較它們的管理費。
- 如果你不想投資TDF，也可以試著擬定自己的投資計畫。

預算天后加碼重點：凱文提醒我們，「根據年齡及收入量身定做的投資組合，這是你必須做到的事，即使你投資的是TDF（它能為你自動計算、調整），你每年還是要親自確認這些資金的部位。但是不要太過頭，每年不要檢查或改變超過四次。一年一次就足夠了。」

行動 # 5：設定自動扣款，並限制提款及借貸

自動轉帳、自動轉帳、自動轉帳，先前我們已經說過很多

次，你真的要經常把它掛在嘴邊。自動轉帳永遠不會累、不會餓、不會無聊、不會喪氣。它不會有脾氣、也不會犯人類會犯的錯！因此，一旦你定出退休目標，計算出你每年有多少比例的收入要存下來，就能進一步算出每個月要存的金額，接著請設定自動扣款，讓這筆錢固定流進你的退休帳戶，如此一來，你就沒有忘記撥存的藉口。

現在，一旦你把錢存入任何類型的退休帳戶中，你的首要之務就是把你的手拿開——這些錢現在已經不是你的了，它屬於未來的你。未來的我叫做「汪達」，你呢？

當然，有一些狀況會讓你想把手伸進你的退休帳戶中，也許你必須支付孩子上大學的學費、支付購屋的頭期款、支付一筆預料之外的巨額醫療費；或者是因為你離婚了，昂貴的律師費快要把你拖垮，也或者是老問題——你想要擺脫某些債務……相信我，這些我都懂。這些費用都很驚人，但你真的真的要去別的地方（合法）籌到那些錢。老實說，你真的不能動用退休金，特別是為了短期計畫而動用它。

你要做的是，盡可能避免任何突發和重大的資金需求，這會迫使你把手伸進「退休基金」這個餅乾桶內。要怎麼避免呢？請做到以下這兩件事。

1. 盡可能（合理的）壓低日常開銷。要壓到多低呢？先看「住」這一項。你是否把收入的一半拿來付房租、房貸或物業管理費呢？如果是，這項開銷太高了。理想狀況是，住宅相關支出應該占你總預算的30％左右。所以，

也許你要考慮換小一點的房子，或是搬到離市區較遠的地方——光是這一項就會讓你有餘裕做別的事，例如擠出10％到20％的錢來存退休金！

2. **一定要存錢、存錢、存錢！** 理財並非是一次只能做一件事。如果你要還債，不表示你不能存錢；如果你想衝高信用分數，不表示你不能存錢。如果你不把存錢當成是優先事項，那等同於在意外發生時讓自己沒有其他選擇，你就會不由自主地去挪用退休基金。相對的，若你有充裕的存款，動用退休金就會是最後手段。

但假設你真的碰到困難，不得提領部分退休金來支應的話，有哪些方法能讓你避免這麼做，或是動用之後再補回呢？

你可以考慮用你的退休金去貸款，而不是直接提領它，因為直接提領會使你的退休帳戶被永久占用，而且還會涉及課稅及罰款的問題；貸款是相對好的選擇，因為當你還款之後，就能免去課稅及罰款，因此，仔細檢視你的貸款約定事項很重要。只不過，在某些情況下，如果你失去工作或辭職了，你就必須立刻把那筆借款還回去，所以若採用這個做法要非常小心。

此外，如果你真的必須因應緊急狀況而提領退休金，那麼後續在把錢補回去的時候就得更積極一點。假設你在提領之前是提撥10％到退休帳戶，那麼歸還時就要提高到12％至13％。歸還是重點！一定要盡可能把資金還回去。

你的作業：

- 設定自動轉帳，把錢撥存到你的退休帳戶。
- 不要碰這筆退休金。你的「汪達」會感謝你的。
- 如果你真的不得不從退休帳戶裡提錢，可試著用借貸方式來解套，但務必要弄清楚相關條款。

預算天后加碼重點：凱文強調，提撥的退休金不能動用，「一旦領出，就不只是把錢放回去或是加倍那麼簡單而已，因為損失的複利拿不回來了。你錯過這班列車，它不會回頭。所以，你一定要盡量放多一點、盡量放久一點。」換句話說，在汪達需要這筆錢之前，你可以放錢進去的時間就只有這麼多次！如果你現在不開始存退休金、而且還不時動用，那就是在搶劫未來的你。

投資課之中場休息：

請站起來走到大廳去（就是你家客廳啦）拿杯雞尾酒休息一下，再回來參加下半場的投資課，下半場是最令人興奮的表演！主演的是新竄起的明星，它的名字叫做「財富」。

第二個目標：為累積財富而投資

我認識的每一個人都想知道如何投資賺錢，也就是累積財富。現實狀況是，由於通貨膨脹持續在發生（物價上漲，你的錢能買到的東西變少了），因此學習「如何投資」並不是有錢

人才能做的事，而是一種必要的全民運動。

由於通貨膨脹，美國物價每二十年就會上漲1倍。這太可怕了！所以你會聽到阿嬤說，「我年輕的時候，買了某某東西，價錢才多少多少（低到荒謬的數字）。」阿嬤是對的，五十年前，許多東西的價格是現在的四分之一。哇！想想看，等你到了「汪達」的年紀，物價會是多少呢？

通貨膨脹也表示如果你只是儲蓄，基本上你的資產每一天都在縮水。你必須學習投資，不只是為了累積財富，而且是因為要跟上通貨膨脹的腳步。

幸好，投資並不是什麼高深的科學或醫療手術，你不必去上研究所或變成專家才能投資。但是，起步前你的確要具備基本的了解，還有要一個聰明而穩固策略。這兩項，我會協助你。

⑤ 客座講師：柯特妮・理察森 ⑤

柯特妮（Courtney Richardson）是在美國費城執業的律師，她創辦了常春藤投資公司（The Ivy Investor LLC）；她曾是股票經紀人，也是有豐富經驗的財務及投資顧問，她跟非營利組織「棕色女孩會投資」（Brown Girls Do Invest）合作，該組織專注為女性提供理財基礎知識。她很厲害，在累積財富方面是傑出的知識來源。從本章開始她會提供我們許多理財建議。

開始計畫「為累積財富而投資」！

目標：透過投資提升生活品質、累積財富並遺澤後人。

❖ 開始行動

準備好，因為你就要上一堂投資理財震撼課！我建議你拿出筆記本、日記或是電腦，就是我們一開始做預算那份檔案，做筆記會讓你吸收更多。現在請把狀態調整好，告訴你的腦袋：嗨，我的腦袋，我們等一下要來認真學一些東西了，要專心！

以下是達成「為累積財富而投資」目標的七大行動：

1. 投資之前，先顧及基本需求。
2. 設定投資目標。
3. 釐清你是哪種投資者：積極、被動，或是介於兩者之間？
4. 選擇最適合你的投資管理類型。
5. 選擇最適合你的投資工具。
6. 開始投資。
7. 設定自動扣款，然後放著別管它。

行動＃1：投資之前，先顧及基本需求

做投資之前，你必須先符合幾項條件。

1. 準時繳付帳單：這應該不需要我多說，但如果你知道有多少人在遲繳帳單、躲討債人時，竟然還想著要投資，你肯定會相當驚訝（我知道你一定不會這樣）。每一項投資都有風險，不保證你會賺錢，也不保證你能拿回投資的錢，別為了不確定的結果而不繳付目前的帳單。

2. 持續提撥退休金：為現在、為身後累積財富是很重要的，但不可以動用到「汪達」需要的開支。聽清楚了嗎？你應該至少能固定存下退休金，才可以做投資，如果雇主有提供相應提撥，你就要提撥至少相應的比例以拿到這項好處。

3. 最好存到六個月的「泡麵預算」：請回顧第三章或是看看你的收支表，確認你的基本生活開支是多少，你知道的，就是「泡麵預算」——如果只吃泡麵的話（顧及安全及健康），你每個月最少需要多少開銷？把這個數字乘上6，檢查自己是不是已經存下這筆錢了？如果有，你就可以開始做投資。如果沒有，那麼代表你還沒有準備好，因為你還沒有存下萬一失業你還可以生活的錢！

4. 你已經把高利債務還完了：過去一百年來，股票市場的平均年報酬率是10％。但在過去三十年左右，這個數字是介於7％到8％之間，這表示你的投資報酬率很難超過任何兩位數利率的債務（信用卡或其他）。換句話說，你藉由投資賺的錢不可能比卡債的成本高，因此你必須先還清那些高利息的債務，才能透過投資來賺錢。

5. 未來五年內不需要用的錢再拿來投資：你要給自己五年以上的時間，等待股票市場上的複利效應，雖說這不代表你

不能期待短期的投資報酬，但股價波動是市場的一部分，把時間拉長才能收穫更好的平均收益。因此，你不能把短期內可能會用到的錢拿來投資。

> **你的作業：** 要確定你能達到上述五個必備的條件，你才能開始執行「為累積財富而投資」。
>
> **預算天后加碼重點：** 有些財務顧問會建議先做足退休提撥後再去做投資。但柯特妮指出，萬一你在五十九歲半之前必須使用退休金，你會被扣罰金。「這表示，如果你認為你可能會需要在退休前把這筆錢用在別的地方，那麼你必須多付一些代價才能拿出這些錢。而你私人的投資帳戶不會有這種罰金。不過，如果雇主有提供相應提撥，你絕對不要錯過！」結論就是，你得要兩者都做，提撥退休金、同時也要為累積財富而投資。

行動＃2：設定投資目標

你知道的，每次去購物，本來只是想買一樣東西，卻總是多買了很多你不需要的東西。每次我去百貨公司購物都是這樣，我知道你也完全有同感。

假如你進入的這家店叫做「為累積財富而投資」，你心裡並沒有設定什麼目標，最後出來的時候也會是手上大包小包，都是你不想要或不需要的，而且在這家店所花的錢，一定會比

在百貨公司多。

　　所以，在你做投資之前，必須要設定兩個超級簡單的目標，請先想想以下兩個問題：

1. 我一個月想在投資帳戶裡投入多少錢？
2. 我為什麼要累積財富？

　　回答第一個問題，據此找出你的第一個目標，你要先看看自己的預算，我們在第二章已經做過，找出你每個月可以負擔多少錢來累積財富。開銷都付掉、該存的也都存下來、債務也照顧到、退休金提撥已設定自動轉帳，這樣你還剩下多少錢呢？如果你要設法縮減開支，這是最佳時機，這樣你才會有足夠資金做投資。

　　第二個目標是，你要很清楚自己的投資目的是什麼，方式就是回答第二個問題。答案因人而異，但我想提出一些很不錯的點子讓你從這裡開始思考。例如，你可能會說：

- 我投資是為了提升生活品質。
- 我投資是為了照顧下一代。
- 我投資是為了提升生活品質，而且還要照顧下一代。

　　為累積財富而投資，需要相當的耐力。找出你的目標，能幫助你保持在這條軌道上。

你的作業：拿出收支表，算出每個月你可以拿出多少錢來投資。然後穿上你夢想中的高跟鞋⋯⋯或是帽子、襪子，什麼都可以，只要它能讓你動動腦、激發想像力。

現在我要你練習想像，如果有多餘的錢，你要拿它來做什麼？我不是說中樂透得到好幾千萬，因為我們知道現實中這種機率小之又小。我指的是有餘錢讓你可以有選擇的自由，例如，度假時可以去住好一點的旅館，可以買一間度假用的房子，可以持續捐錢給最喜歡的慈善團體。為了得到明確的答案，你必須問自己：

- 提升生活品質，對我來說是什麼意思？
- 照顧下一代，對我來說是什麼意思？

預算天后加碼重點：要算出你可以「拿多少錢出來投資」，有一個簡單方式，是利用柯特妮建議的收入分配法：「把收入的70％用於生活開支，10％用於儲蓄，10％用於提撥退休金，10％用於投資。」在本章談退休的部分，我鼓勵你把收入的20％提撥到退休金帳戶。以柯特妮的公式來說，一旦你達到儲蓄目標（緊急預備金、買房買車的頭期款等等），你就可以把用於儲蓄的那10％，挪於投資使用。

此外，柯特妮建議我們要改變心態，不要認為當我們還在世的時候，要去滿足下一代的資金需求，她說：「你可以把要給孩子的錢拿去投資，未來他們會因此得到更

多。」她進一步解釋,「如果你投資股票,股票成長了,而你把這些股票轉讓給小孩,這會有課稅的問題;相反的,如果你把股票當作你的遺產,你的孩子既能享受到股價成長的好處,又不會被課到稅。」若你想盡力照顧下一代,就務必要小心地建立遺產。

行動 # 3:釐清你是哪種投資者:積極、被動,或是介於兩者之間?

了解你是什麼類型的投資者,可以協助你找出你必須使用的投資管理工具。基本上有三種類型的投資者:

- **積極**:你的重點是成長,希望盡快累積財富,即使必須承擔一些投資風險。
- **被動**:你的重點是安全,財富累積緩慢而穩定,如果投資獲利較少代表你比較不會賠錢,你願意賺少一點。
- **介於中間**:穩定成長是最理想的。你不會冒很大風險,但是如果長期下來會賺更多,你願意偶爾大膽一些。

透過這些描述,或許就能找出你適合什麼。但是在非常確定之前,還有一些其他因素要考慮。以下三個因素能協助你找出你的投資類型:你是否喜歡做研究;你願意花在投資上的時間有多少;你的個性。

請看下列描述，每個選項（積極、被動、介於中間）都附帶數字量尺（1-5），圈出符合你的數字，1是最不像你，5是最像你。

研究：你是否喜歡看投資評比，或是研究與比較不同版本的金融商品？

◆ **積極**：是的，我喜歡研究目前及未來可能的金融產品。1-2-3-4-5

◆ **被動**：呃，我寧願跟隨那些已經被驗證可以賺錢的投資趨勢。1-2-3-4-5

◆ **介於中間**：我做一點研究就可以投資很久。1-2-3-4-5

時間：你有多少時間可以管理你的投資帳戶？

◆ **積極**：我一週有好幾小時可以用來研究及管理我的投資。1-2-3-4-5

◆ **被動**：時間？那是什麼？我設定轉帳之後就不想管它。1-2-3-4-5

◆ **介於中間**：我有一點時間做研究和管理，但是我喜歡把某些投資設定為自動轉帳，這樣如果我沒時間，還是可以參與投資。1-2-3-4-5

個性：你是否有耐心讓財富緩慢而穩定的成長？你是否偏好安全而非刺激？

◆ **積極**：我是個貨真價實的計畫者，我不會輕易隨著市場

波動而起舞。一旦定好計畫，我會信任我的計畫，我會實踐我的計畫。1-2-3-4-5

◆ **被動**：嗯……我會情緒起伏，我比較容易感到害怕或興奮。股市上漲，我：耶！我賺錢了！股市下跌，我：噢，糟糕，我賠錢了，賣！賣！賣！1-2-3-4-5

◆ **介於中間**：我盡量不去看短期的波動，但是我一定會去注意長期或巨大的波動，而且我可能會因此採取行動。1-2-3-4-5

把你的分數加起來：

◆ 積極總分：＿＿＿＿＿＿＿＿＿＿

◆ 被動總分：＿＿＿＿＿＿＿＿＿＿

◆ 介於中間總分：＿＿＿＿＿＿＿＿＿＿

把分數加起來之後，看看總分，哪一項最高分，你就屬於那一型的投資人。在閱讀本章這個部分時，要記得你的類型。不過，這並不是超級量身定做的測驗，而是讓你有個適當的起步點。當你愈熟悉投資，你的類型也可能會改變。

> **你的作業**：找出你是積極、被動，或是介於兩者之間的投資者。利用上述問題來找出你的投資個性。
>
> **預算天后加碼重點**：柯特妮說，如果你有伴侶，而你發現你和伴侶的投資類型正好相反，那就採用「介於中

間」的投資類型。還有，不要害怕發揮自己的優勢。積極投資者就做研究做交易，被動投資者就注意整體財務位置的安全度。你的緊急預備金是否完全到位？你的高額利息債務是否已繳清？帳單是否都準時繳付？你拿來投資的錢是否在五年內都不會用到？

行動 # 4：選擇最適合你的投資管理類型

當你為累積財富而投資時，有幾項管理選項可以考慮。每個管理選項都有其優缺點，但是採用哪種方式，取決於你的個人偏好及你是什麼類型的投資人。

我喜歡把各種投資管理類型之間的差異，比喻成「你喜歡怎麼買衣服」。

如果你喜歡自己去服飾店而且討厭售貨員來幫你，那麼你可能比較屬於DIY，自己使用電子交易平台的投資人。

如果你希望有人幫你設定好，但是你喜歡獲得遠距協助，你可能會偏好機器人顧問。

如果你想要面對面的個人治裝助理，幫你把所有衣服都拿出來讓你試穿，那麼你可能會喜歡跟真人顧問一起合作。

這些類型或許不完全是平行的，而且人會隨著時間改變。但是，在考慮投資管理選項時，你對協助的需求程度、或說是獨立性，多了解會比較好。重要的是你要記住：就跟買衣服一樣，人員介入愈多，成本就愈高（管理費或手續費）。

目前，這些費用最低至0.03％（被動式管理），最高到2％或以上（主動式管理）。選擇投入哪種投資方式之前，了解這些費用的結構，是最重要的事項之一。如果以一生來說，手續費的差別可能高達數千美元。而且，不要假定管理費都是固定的。如果你選擇找專員為你服務，你可以跟對方協商這筆費用，因為對方會想要做你的生意。

為了協助你聰明投資，以下只聚焦在三種投資管理類型。

❖ 自己操作

如果你想自己購買共同基金，自己買賣個別股票和ETF，也就是本章開頭提到的投資工具，那麼你有兩個DIY選項：第一，尋找網路交易平台；第二，利用折扣券商或代銷機構。

如果找券商或代銷機構，你可以挑選自己想要的投資工具。代銷機構不會根據你的風險屬性幫你選擇，也不會自動幫你調整投資組合比例。你必須自己做每一件事。

如果你做了研究，你喜歡花很多心力去管理投資，而且也準備好自己操作買賣股票及ETF，那麼這種DIY方式可能就適合你。

> ⑤ **再次聚焦：ETF（指數型股票基金）** ⑤
>
> 在「為退休而投資」的部分，我提到了「共同基金」（結合一籃子股票、債券及其他投資產品），它只能在每天股市收盤後買賣。同樣的，ETF也是結合一籃子不同投資產品的基金，但是它可以在股票交易時間內做買賣。

操作股票或基金似乎很好玩很興奮，但是你必須記得，這不是在玩大富翁桌遊裡的錢，這些錢都是真的。如果你不花時間研究，這種短期投資副業最後可能會讓你的錢變得更少。

自己包辦的方式好處是成本低。開戶通常是免費的，因為許多基金代銷公司或券商，只要你拿出的資金足夠買至少1股的股票，就能讓你開戶。在美國，許多券商連手續費也不必收。

由於成本低、不需要理財人員經手，通常也表示比較沒有太多的花俏服務，你必須手動做大部分交易。大部分自己操作的帳戶功能很類似，但是每一家券商還是稍有不同。例如，有家公司可能提供比較好的研究或教育訓練工具，另一家則是交易平台比較好用，你自己要去比較、研究。要記得：

- **不要匆促挑選**：不要因為急著投資就匆促挑選，你要花時間選出基金代銷公司或券商，而且要符合你的目標。如果你試了一家然後決定把錢挪到另一家，得要付相關的手續費。

- **你的資金是有保險的**：在美國，代銷公司或券商會有SIPC保護（證券投資者保護公司）。這表示，如果發生了什麼非預期的事件，使得這家公司倒閉，你的資金是受到保護的，但這種保險並不會賠償投資損失的部分，損失原因可能是市場波動等等。

- **投資帳戶和退休金帳戶有什麼不同？**基金代銷公司或券商通常會提供課稅或節稅帳戶，就像我們先前提到的IRA或羅斯帳戶。為累積財富而投資，你要找的帳戶是

沒有節稅優惠的帳戶。

- **多快可以開始操作？** 在你用新帳戶進行交易之前，你必須先放一筆錢進去。從你的銀行帳戶轉帳到券商帳戶可能會花幾天時間。如果你選擇的是銀行旗下的券商，而你有存款帳戶在這家銀行，那就可以縮短轉帳時間。

⑤ 我可以只買一張股票的一小部分嗎？⑤

零股是某家公司或某檔ETF的一小部分。以前曾經規定，如果你要擁有某家公司的股份，你必須有足夠資金買下至少1股。問題是，許多績優公司的股票很貴，新投資人無法負擔得起1股；有些公司的股票甚至高達幾千美元！

現在，新投資人或是比較精算成本的投資人，如果要買他們最喜歡的公司的股票，可以透過券商，買下這個公司的1股其中的1%。

❖ 機器人理財顧問

機器人顧問，指的是由某間投資公司為你管理資金。它們可以協助你選擇投資項目，以及定期調整投資組合。

許多投資人喜歡用機器人顧問，因為這樣可以避免付出高額佣金給理財專員。機器人顧問也會根據你告訴它們的資訊，包括風險承受度、投資目標等等（通常是用問卷方式），為你降低風險、挑選適合的投資產品。我的網站有列出幾個知名、

有信譽的投資公司，以及提供機器人顧問服務的機構。

選擇機器人顧問，你所有的投資管理都是由電腦做的，精確說來是用某種演算法軟體來做交易或是管理你的資產。機器人顧問在2008年誕生，雖然是金融領域裡的新事物，但它未來一定會繼續存在。

這種類型的財務管理方式是設定好就不管它。你可以設定自動轉帳，接下來就由它們幫你做所有投資。這表示，你並不需要做什麼，也不需要花很多時間。

但缺點就是，它投資了什麼，你無法掌握太多。不過這一點已漸漸改變，因為有些機器人顧問公司在開發新方法，接觸一些特定的股票投資組合，例如有些產品是主打投資具有社會意識責任的公司股票。

記住：機器人顧問的費用，通常是按照你投資部位的某個比例來計費。目前大部分機器人收取的費用少於1％，比理財專員來得少，但是比券商收費來得高。

❖ 個人理財顧問

當你希望能有一個完全量身定做的財務計畫，不只是投資，還包括保險、債務管理、孩子上大學的基金規劃等等，並且能持續主動為你做資產規劃，那麼你要找的是個人理財顧問。警語是，這是另一個層級的服務，價格會比較高。要記住：

- **管理費用**：當你考慮對你最棒的選擇時，要確定並比較管理費用。只有你才能決定你想要什麼服務，以及你願

意為這項服務付多少錢。費用可能會高達你委託對方管理的資產的2%。但是，老實說，這個數字是光天化日的搶劫。管理費一般平均是1%，而且你甚至可以協商談出更低的費率。

要注意的是，並不是所有理財顧問的收費都是一樣的。例如，只收管理費的顧問是直接從顧客手上拿到錢，而以管理費為底薪的顧問，不只從顧客那裡拿到錢，也有其他收入來源，例如佣金（每賣出一個產品可拿到該產品價格某個比例的錢）。你可以選擇許多不同的方式來付費（這是好事）。

- **理財顧問的類型**：理財顧問是協助顧客管理資金的人，具專業證照的「理財規劃顧問」（CFP）是其中一種類型，他能協助你制定達成長期財務目標的計畫。按照CFP公會的要求，這類顧問必須通過嚴格的訓練，並具備三年以上的相關經歷（我在第十章會詳述更多理財顧問的選項）。

- **投資部位的最低限制**：大部分提供投資管理服務的個人理財顧問（無論是線上或面對面服務），都需要你拿出一定金額的資金，這是合理的，因為他們是根據你投資的資產來收費，這表示如果你投資的部位太小，你很難找到顧問來幫你。

一般來說，至少要有25萬美元的投資部位，才適合與這類專家合作。

行動＃5：選擇最適合你的投資工具

　　投資工具是你要用來讓錢滾錢的金融商品，雖說有很多其他的工具也能讓你的財富成長（像是不動產、創業等等），但本書要介紹的三大投資工具是：股票、共同基金、ETF。了解它們的優缺點很重要，因為這將幫助你決定哪一類投資工具最適合你的個性及目標。

　　我知道，這可能會讓你覺得自己是金融世界的外行人。我自己是在這個領域工作，但每當談到股票、債券、共同基金的

專業知識時，連我都覺得自己有點招架不住。但你知道嗎，我現在要說的，不過是幾個金融業的術語和專有名詞而已，如果你不知道它們代表的意思，當然會覺得它們很陌生。既然如此，我們就來認識這些術語和專有名詞代表什麼意思吧！

我的目標是協助你弄懂這三大投資工具，讓你有信心知道哪些工具適合自己，並採取行動。我在前文中已說明了這些工具的基本定義，現在讓我們再更深入一點，比較它們的差異。請記住：並非所有投資管理類型都支持你喜歡的工具，你必須同時考量兩者，才能得到最佳的選項。

以下是我要著墨的三大投資工具：

1. **股票**：也就是某間公司的股份，你可以在股市交易時間內買賣它。

- 適合：積極型投資者。
- 報酬潛力：高，但風險也比較高。
- 費用：沒有費用，除非是手續費（愈來愈不普遍）。*
- 取決關鍵：股票投資者的心理素質必須很堅強。

2. **共同基金**：涵蓋一籃子股票、債券或其他證券的組合，只能在每天股市收盤後買賣一次。

---

* 美國許多券商皆提供零手續費的服務且交易不扣稅，但交易台股會有券商手續費及證交稅兩筆成本。

- 適合：被動型投資者，因為不是把雞蛋放在同一個籃子裡（即多樣化、不只投資一家公司），這也意味著可以分散、降低風險。

- 報酬潛力：中等。基金所涵蓋的公司或標的必須要有顯著的漲幅或跌幅，才會影響你的投資收益，這表示，基金短期的漲跌並不是太重要。

- 費用：又稱費用率（即共同基金或ETF的投資成本）。共同基金的費用率通常會比ETF高，因為前者是由基金經理人積極操作。

- 取決關鍵：共同基金能讓你很容易就做到自動化投資，只要設定自動扣款就可以不用管它。耶！

3. **ETF**：有點像結合股票和共同基金的產物。跟股票一樣，ETF可以在股市交易時間內買賣。

- 適合：介於積極與被動之間的投資者。如果你想投資股票，但卻擔心股票的風險，那麼你就很適合投資ETF。

- 報酬潛力：類似於共同基金。一般來說，ETF的收益跟共同基金差不多，但它的風險比股票還低。

- 費用：買賣ETF可能會被收取一筆佣金費用，這取決於你的券商。維持一檔ETF運作的成本稱為費用率，你要避免這個比率過高，這會降低你的收益（一般來說，0.5％的費用率就算高了）。ETF的費用通常比共

同基金來得低。

- 取決關鍵：ETF也能做到自動扣款，但設定過程並不像共同基金那樣簡單，某些時候需要手動登入帳戶來進行交易。

◈ 從生活中觀察有潛力的公司股票 ◈

如果你知道股票是適合你的投資工具，但不知道該從哪裡著手，那麼你可以先列出一份觀察清單，寫下幾家你有興趣的公司。你可以把選股想成是逛街時在瀏覽櫥窗內的商品。你可能會在走過商店櫥窗時，愛上那件皮革外套，但是你還沒有準備好要買下它。

同樣的，你也可以用同樣的方式挑出映入眼簾的幾家公司，開始關注它們。你可能會在新聞裡聽到某間公司的消息，或注意到某間公司推出一個你認為很有潛力的新產品。當然，也可以是你經常消費支持的公司，這是建立這份選股清單最簡單的方式：看看你的生活中，有哪些公司是你會用錢來支持的。你的消費行為已經說了，「我相信你而且足夠信任你，所以我會購買你們家的商品。」那麼，你為什麼不擁有一點點這間公司的股票呢？

想想看，你是跟哪間公司買咖啡？你開的車是哪間公司製造的？你穿的衣服是哪一個品牌？也許你是星巴克迷，只穿NIKE，開TOYOTA的車，這樣就已經有三家

公司能列在你的清單上。這麼做的好處是，你已經以消費者的眼光在了解這家公司。投資股票有很多令人困惑的地方，但具備一點熟悉度就可以增加你的自信。

當然，這並不表示你會去買這份清單上的股票，因為一開始就買這些公司的股票可能太貴了，例如，每個人都很熟悉亞馬遜，但並不是每個人都負擔得起該公司的股票，目前它每1股的價格是上千美元。

如果你對投資股票有興趣，而且是一個積極型的投資者，我建議你可以深入研究兩本書：葛拉漢的《智慧型股票投資人》及彼得林區的《選股戰略》。

如果共同基金或ETF似乎比較符合你的風格，那麼你的投資選項就是積極管理型的基金（通常是共同基金），以及被動管理型的基金（通常是ETF）。這兩者的差別在於：主動型基金是由基金經理人來操作，目標是試圖打敗市場，而被動型基金可能是由機器人（會產生演算法的電腦）來操作，目標是反映市場。

你可能注意到了，在「為累積財富而投資」的這個目標，我並沒有納入債券投資。因為在前述「為退休而投資」時，你已經把部分的資金投入單一債券裡了。這裡我們應該要聚焦在股票、共同基金及ETF。

行動＃6：開始投資

這個章節我會塞給你許多資訊，現在請休息一下，也許是走走路，讓自己沈澱。如果需要的話，就再讀一次！以下是「為累積財富而投資」的摘要：

1. **決定投資類型：積極型、被動型，或介於兩者之間**

   你屬於哪一種類型？要看三個因素——研究、時間、個性。

2. **選擇管理選項：找券商自己操作，還是要找機器人顧問或真人顧問**

   這部分是有限制的，你可能無法接觸到所有投資選項。例如，目前你可能無法透過Robinhood（美國知名網路券商）的App自行交易共同基金，這就是為什麼你必須選擇一個以上的選項來滿足你的投資目標。

3.選擇你的投資工具：股票、共同基金或ETF

投資股票的風險較大，但報酬較高，此外也要考量個別工具的投資成本。

共同基金的風險和報酬與ETF類似，費用率會比ETF高，你可以設定自動扣款後就不去管它，但某些ETF無法這麼做。

ETF的風險較低，但它的潛在報酬通常也會低於單一個股；ETF的費用率也較低，但你必須確認買賣ETF是否會被收取佣金。

⑤ 指數型基金是最適合新手的投資工具 ⑤

大多數的ETF都是指數型基金，你可能還記得我在前面提過，這類基金會密切追蹤市場指數，例如標普500、道瓊或那斯達克指數。指數型基金的目標不是要打敗市場，而是要反映市場。因此，這類基金大多是被動式管理（自動選擇投資標的），這表示你要付的管理費用比較低。

指數型基金的另一個優點是，你不用花太多時間研究特定個股，只要選擇你想投資的「市場」，然後買進相對應的ETF。

投資「市場」最棒的一點是，隨著時間推移，指數一定會上漲。即便某些時候會有幾天、幾週、幾個月甚至幾年的時間走低，但歷史數據顯示，過去一百年來的指

數報酬率是10%、過去三十年來的報酬率是7%到8%之間。也就是說，如果你是中長期的指數型基金投資者，你一定會得到回報，而這也是為什麼你必須拿至少五年內不會動用到的錢來投資的原因——指數型基金是低成本的投資方式，你的財富會緩慢而穩健的成長。

❖ 真實案例：診斷你的「投資組合」

我知道你在想：看過前述的內容之後，如果能看到一些真實的投資案例，那該有多好。好的，接下來我們就來看看幾個典型的投資者類型，以及他們的投資選擇。

積極型：艾莉夏的投資組合

艾莉夏擁有一個連結到活存帳戶的證券戶頭，她每週都花好幾個小時研究股票、交易紀錄及管理自己的股票投資組合。

優點：她的財富可能因此而成長得比較快。

缺點：她虧損的風險會比較高。

被動型：派蒂的投資組合

派蒂不確定要從哪裡開始，所以她開了一個機器人理財顧問的帳戶。她做了該公司的問卷，釐清她的風險承受度及投資目標，演算法會自動幫她選擇投資標的。她設定自動扣款，每個月把錢投入那個帳戶中。

優點：資金穩定成長，能遺留資產給後代。她的帳戶屬於被

動式管理，所以費用很低。

缺點： 若想獲得可觀的報酬，至少要花五年以上的時間。

被動型：佩頓的投資組合

佩頓創立了一個很成功的企業，每年有六位數美元的進帳。她希望能做完整的理財規劃，但卻不知道從哪裡開始著手，而且她也沒有時間來做這件事。於是她雇用了一位理財顧問，把錢投資在ETF和股票上。

優點： 她有專人在旁逐步指導投資，此外還有保險規劃、債務管理、稅務管理、不動產規劃等等。

缺點： 她選擇的是根據資產規模按比例收費的顧問，而不是收取一筆定額費用的顧問。顧問費的比例是管理資產總額（AUM）的1.5%，再加上佣金（佩頓透過這個顧問而買的金融產品，例如保險，該產品價格的某個比例會做為顧問的佣金）。長期來說，這種程度的服務費用會使她的投資回報顯著減少。

介於中間：喬琳的投資組合

喬琳喜歡透過券商自行買賣ETF，這讓她能嚐到買股票的滋味，但又比買賣個股來得安全，因為ETF涵蓋了一籃子股票及其他投資產品，也就是說，她沒有把所有雞蛋都放在同一個籃子裡。

優點： 費用低，控制程度中等。

缺點： 能達到投資目的，但不一定能得到很大的報酬。

介於中間：夏琳的投資組合

夏琳沒有時間，她對自己的投資能力也沒有自信，所以她選擇積極管理型的共同基金（由專業經理人操作），希望長期下來能打敗市場。

優點： 把多餘的錢拿去投資，而不是放在儲蓄戶頭裡。資金成長的速度緩慢但很穩定。

缺點： 在她的巔峰時期可能無法有大筆收入進帳，她為求方便而支付了較高的管理費，而她挑選的共同基金，其績效不太可能勝過採被動管理的ETF——2019年，美國僅有29%的主動式股票基金，在扣除費用之後，績效勝過當年的大盤指數。

你的作業： 現在是採取行動的時候了！請把以下要點當作是你在做投資決策時的輔助：

- 釐清你是哪種投資者：積極、被動，或是介於兩者之間？
- 選擇最適合你的投資管理類型：自己操作、機器人理財顧問，或是個人理財顧問？
- 選擇最適合你的投資工具：股票、共同基金，或是ETF？

如果你認為你是積極型投資者且適合投資股票，那就去券商開一個由自己操作的帳戶，開始研究、買進那些具長期成長潛力的股票。

如果你是被動型投資者且適合投資共同基金，那就選擇一檔基金，設定自動扣款，注意費用率。雖然你可能是被動型投資者，但許多共同基金都是積極管理型（基金經理人會試圖打敗市場），因此管理費會比較高。

　　如果你是介於積極、被動兩者之間的投資者且適合投資ETF，那就選擇一檔能反映某個市場指數的ETF，例如標普500。記住：ETF通常是採被動式管理（由電腦挑選出該檔基金裡的股票組合），所以管理費會比共同基金來得低。

　　如果你不確定要從哪裡開始，而且你的投資金額達到25萬美元以上，那麼你可以考慮聘請專業理財顧問（最好是CFP，我會在第十章詳述）。付錢給理財顧問有許多方式，可能會很貴，以時薪或年費計算，或是投資部位的2％，也可能要加上金融產品的佣金（例如壽險）。

　　如果你希望得到理財顧問的協助，但你不想付那麼多錢，那麼也可以找機器人理財顧問。目前機器人理財顧問的費用，以你拿出來給它們做投資的總額，收費少於0.25％。你可以先去註冊、做問卷，找出你的風險承受度及投資目標，然後讓演算法為你投資。你需要做的就只是持續地把錢存進投資帳戶裡。記住：機器人理財顧問提供的是服務，而不是指導。它很適合投資新手，但若你的財務狀況變得更複雜，你可能會需要更多協助或更強的投資工具。

預算天后加碼重點：假設你對投資很感興趣，但就是無法踏出第一步，也就是真的把錢拿出來，這時該怎麼辦呢？柯特妮說，如果你不敢投資個股（因為股票的風險很高），你也可以先嘗試使用「股市模擬器」來練習交易，「網路上有許多模擬器，能讓你探索股市而不用投入真錢，」她解釋，「通常你會拿到一筆『玩大富翁的錢』，用虛擬的方式來交易股票。」但無論如何不要陷在虛擬投資裡，因為「假錢」在真實世界裡起不了作用。

柯特妮指出，「老實說，『不投資』並不是一個選項。如果你是新手或是容易緊張的投資人，建議你去買指數型基金（共同基金或ETF），因為它們基本上就是在幫你選擇股票、債券及其他投資。」

行動 #7：設定自動扣款，然後放著別管它

終於到了最後一步，也是最簡單的一步——把投資系統化或做好自動扣款，然後就不要管它！投資就像任何習慣一樣，如果你沒有建立一個能自動執行的系統，那麼就會有脫離軌道的風險。

柯特妮表示，「我常跟大家說，投資就像精熟某件事物，而精熟需要練習。所以，如果你的預算表中有一個固定項目是投資，那麼你就是把投資當成習慣。剛開始投資時，你可能無法一個月拿出1,000美元，但是，也許你可以拿出20美元來累

積財富，或至少放到儲蓄帳戶裡，時機正確時就可以拿出來投資。」

如果你選擇投資共同基金，你也可以把資金設定成自動扣款。如果你選擇股票或ETF，就設定一個系統來提醒自己什麼時候要做交易。

一旦你做好這些工作，設定好自動扣款或提醒自己定期投資，接下來就只剩下一件事：不要理會市場雜音。一旦開始注意投資世界的聲音，你就無法把它關掉。你會變成：等一下等一下，它們剛剛說NIKE的股票怎麼樣？電視開大聲一點！

你會發現，有關投資的新聞是永遠不會斷的。每當聽到投資新聞時，你不能反應過度，因為投資基本上就是起伏變動的，市場會改變會進化，有些日子會賺錢、有些日子會賠錢。

所以，你一定要記得一個事實，投資的錢至少要放五年。這表示，你不能就只是因為媒體播報了一個頭條新聞說你買的某檔股票那天下跌，你就像兔子一樣從市場跳進跳出。事實是，隔天這檔股票上漲了，但是媒體可能不會播報。

所以，你要幫自己一個忙，不要去理會那些雜音！

⑤ 透過「平均成本法」進場投資 ⑤

有一個好方法能幫助你無視「市場雜音」，那就是基於「平均成本法」（dollar cost averaging）去做投資，而不是試圖找到最佳的進場時機。

多數人都會試圖猜測進場時機，希望能做到「買低賣

高」。但是，某檔股票的價格究竟什麼時候才是最低點，只有事後才會知道！

歷史數據顯示，利用「平均成本法」，定期定額、持續提撥一筆錢來投資同一檔股票或基金，對你比較有利。例如，每兩週就固定投入50美元，無論你選擇的那檔ETF目前價格多少。這樣做，平均下來比起試圖猜測何時要進場，結果會更好。

你的作業：採用定期定額的扣款，把錢匯入你的投資帳戶，或是在行事曆設定提醒，告訴自己什麼時候該執行交易。別忘了，不要理會市場雜音！

預算天后加碼重點：雖然我要你忽視那些跟市場漲跌有關的雜音，但柯特妮也提出一個很棒的觀點——如果你投資的是單一個股，你應該要持續追蹤那家公司的新聞。「追蹤新聞，看看那家公司發生了什麼事。它在虧損嗎？它有可能會破產嗎？它即將被收購了嗎？或是它可能併購另一家公司？」重點是，如果你把蛋全都放在同一個籃子裡，那麼你就必須要盯緊這個珍貴的籃子，同時要保持冷靜！你要進攻，而不是防守。

複習

「投資」需要身體力行，你鑽研的時間愈多，成果就會愈

豐碩。正如本章的顧問凱文所說：「投資並非是有錢人才能做的事，只要有紀律且持續投入，你也可以透過股票市場累積財富，無論總統是誰、市場或經濟好壞。」

投資是每一個人都能做的事！請看看若每個月投入80美元（一週20美元），會發生什麼事呢？

以下是截至我在寫這本書的時候，每個月投資80美元到標普500指數的成果。

- 如果你從2000年開始，每個月投資80美元，總共投入1萬9,200美元（80美元×12個月×20年），至今它會成長到8萬美元！
- 如果你從2010年開始投資，總共投入9,600美元（80美元×12個月×10年），至今它會成長到2萬2,600美元。
- 最後，如果你在2015年開始投資標普500指數，總共投入4,800美元（80美元×12個月×5年），至今它會成長到8,200美元。

橡實是怎麼長成橡樹的呢？請開始投資，不－要－找－藉－口！

我為你感到興奮。你現在已經學到如何「為退休而投資」，以及「為累積財富而投資」，太棒了！

現在，你的財務健全度已經達到60％！這是很大的成就。請發揮想像力來犒賞自己，想像一下你未來的生活，因為現在的你已經開始照顧未來的你，而你的未來也會因此而改變。現

在你可以上前去跟你的「汪達」擊掌相賀。他一定很興奮，因為你的現在和未來看起來更加光明了。

第八章

保護你的資產：妥善保險

目標：
達成70%
財務健全度

　　保險是個棘手的題目，因為，當你需要保險但是沒有保險時，你可能會陷入大麻煩；但是，在你還不需要它時，你可能覺得那是浪費錢，因為你付了錢卻沒用到。確實，許多人會忽略各式各樣的保險，覺得自己不需要。在此我要告訴你：大部分的保險並不是在坑你的錢，而且在多數情況下，你絕對要有保險。關鍵在於「轉換心態」，不要認為保險是將來可以再考慮的事，你要把保險安排好，當作是若未來發生危機時保護自己及心愛之人的工具。

　　老實說，生命無常，你不知道什麼時候會發生意外、突然生重病，或是碰到某些威脅而使生命財產遭受損失。我們不願意談論這些事情，直到它們變成我們不得不談論的事。如果你經歷過，你就知道我在說什麼。

究其根本，保險是一種危機管理工具。你需要保險的理由是，萬一有什麼事發生時你可以保護自己。而且，花少少的錢可以買到一份很大的安心。

不過，雖然保險不難買到，但是要聰明保對險卻是個挑戰。你可能會覺得自己已經買了保障，但還是可能會有頗大的漏洞，如果任何意外發生時會造成麻煩。所以，如果你已經準備好，讓我們談談保險。包括保險類別、保障、該注意的事項，這樣你才能真的買到安心。

開始計畫！

目標：找出你的保險需求，制定四大保險計畫：醫療險、壽險、失能險、產物意外險。

⑤ 客座講師：安潔莉・賈瑞瓦拉 ⑤

安潔莉被《投資新聞》（*Investment News*）評選為 2019 年四十位四十歲以下的頂尖專家之一。她是一家全國性財務顧問公司 FIT Advisors 的創辦人，也主持了一個精采的 Podcast 節目「理財檢查」（Money Checkup）。安潔莉非常敏銳犀利，在幫助客戶擘劃穩健財務前景的同時，也致力讓他們實現人生目標——她是這方面的專家！

❖ 開始行動

要把保險規劃好,首要之務就是先評估自己的需求,確認你花的錢能以正確的方式保護你。買保險不是為了買而買,你必須完成以下四大行動:

1. 醫療險怎麼保?
2. 壽險怎麼保?
3. 失能險怎麼保?
4. 產物意外險怎麼保?

行動＃1:醫療險怎麼保?

在美國,多數人都是透過雇主得到醫療保險。不過,如果你是自雇者,你自己擁有一間公司,或你的雇主並不提供醫療保險這項福利,那麼你就必須自己去買私人醫療險。

醫療險的運作方式:雇主通常會提供幾個醫療險選項,你可以從中選擇哪個保險計畫最適合你。如果你是自雇者,或是你想找獨立的保險計畫,你可以找到相同類型的保障計畫,但是最大的差別是在價格。

最普遍的保險計畫是「高自付額」附帶 HSA、PPO 或是 HMO(後面我會逐項解釋)。保險計畫的差別通常是自付額、部分負擔,以及部分負擔上限。

在醫療險開始給付之前(也就是發生了保單所載事項,你

向保險公司要求理賠的費用），你要自己付的醫療費用，就叫做「自付額」。付掉自付額之後，通常還會有一筆部分負擔，那是醫療帳單的某個比例，是你必須自己出錢的部分。通常這個比例是20％。舉例來說，假設你一年的自付額是300美元，不管是看醫生、做檢查，或是醫療處置費，一旦你付滿了300美元，之後你的保險計畫會為你付醫療帳單的80％，你自己付20％（部分負擔）。假如你在該年度內已經付滿了自付額，接著有一次看醫生的帳單是200美元，那麼你要付20％部分負擔，也就是40美元，保險公司會幫你付掉剩下的160美元。

你要付部分負擔，直到累積到部分負擔上限（也就是在保單年度內、保單涵蓋範圍內，最多要付多少）。一旦達到上限，保險公司就會付掉100％的帳單費用。要注意的是，部分負擔上限是每年重新計算的，所以跨入新的年度就會重新計算。

保費計算方式：「保費」指的是你購買某個醫療險計畫，你每個月要付的錢，而不是付給醫療院所的錢。根據你投保的計畫、年齡、投保人數及你的狀態，保費各有不同。

有些雇主提供的醫療險計畫，會根據你自我提報的良好健康習慣，例如運動、飲食、不吸菸等而享有保費折扣。反過來說，如果你的配偶符合其雇主的投保資格，但你卻把他們納入自己公司的醫療險計畫，那麼可能會引發相關的罰則。總而言之，你必須仔細審視自己的保單條款。

❖ 認識不同類型的醫療險

以下是美國主要的醫療險類型。

- **高自付額醫療險╱HDHPs（High-deductible health plans）**：顧名思義，它的自付額較高，但好處是你可以把資金提撥到一個「HAS 健康儲蓄帳戶」（health savings account）中，這個方案對年輕、健康的人來說最划算，這些人在保險期間的醫療開支最少。此外，預防性的醫療服務（例如打疫苗、篩檢、健檢），通常會包含在這個保險計畫內。

- **指定院所醫療險╱PPO（Preferred Provider Organization）**：這種醫療險可以讓你自行選擇你想要的醫療院所，只要它們是在保險公司的簽約網絡中。這種醫療險很適合醫療開支高的人，可能是生病、已有健康問題，或是有容易受傷的小孩。這類保險的自付額，通常比高自付額醫療險來得低。因此，身為公司員工的你，這種醫療險的保費（月付額）通常會比高自付額醫療險來得高。而且，指定醫療院所計畫也不包含 HSA（健康儲蓄帳戶），但是你的雇主可能會提供 FSA（彈性支出帳戶）。

- **保健醫療險╱HMO（Health Maintenance Organization）**：這種保險計畫通常是人們最負擔得起的，因為它一般是由基層醫師來管理及指導你的醫療保健。這表示，基層醫生會聯繫所有你需要的醫療照護服務，為你追蹤所有的醫療紀錄、提供常規照護。如果你需要去看專科醫師，就要拿到基層醫師開出的轉診單，除非是緊急狀況。通常你不能選擇要看哪個

醫師（只限加入HMO網絡內的醫師）。保健醫療險不會給你HSA（健康儲蓄帳戶），但是可能會有FSA（彈性支出帳戶）。

⑤ FSA（彈性支出帳戶）與HSA（健康儲蓄帳戶）⑤

如果你透過雇主得到醫療險，你可能會聽到或看到FSA或HSA這些帳戶。我們來看看兩者的差異及相似性。

FSA彈性支出帳戶

- 透過雇主提供，不需要你加入任何類型的健康計畫就能使用。
- 你可以存下未被扣稅的資金，用來支付符合規定的醫療部分負擔。
- 你可以從這個帳戶裡提款而不被扣稅（也被稱為「分配」，distribution），只要戶頭裡的資金用於支付符合規定的醫療部分負擔，例如看醫生、自費項目、牙齒、視力及處方藥。
- 若是「不使用即失效」的計畫，你可以提撥未被扣稅的資金到戶頭裡，以支付醫療帳單，但如果在當年度沒有用到就會失效。

HSA健康儲蓄帳戶

- 只限於高自付額醫療險才有這個選項（請見以下描述）。

- 你可以存下未被扣稅的資金，用來支付符合規定的醫療部分負擔。
- 你可以從這個帳戶裡提款而不被扣稅，只要戶頭裡的資金用於支付符合規定的醫療部分負擔，例如看醫生、自費項目、牙齒、視力及處方藥。
- 如果是透過雇主提供，可以直接從薪資提撥到HSA帳戶。如果你選擇這種計畫，有些雇主，甚至有些保險公司也會提撥到你的HSA帳戶。如果你的保險公司有做提撥，那是透過所謂的「保費中轉提撥」（premium pass-through contribution），這表示你每個月付的保費裡，有一部分會自動轉帳到你的HSA戶頭。

HSA退休祕技

- HSA計畫有一個很棒的地方是，它可以讓你把錢投入到你的帳戶，這也是一個讓資金成長以備退休的額外好方法（汪達會說「太棒了」）。做法是，你要把HSA帳戶連結到一個符合資格的基金管理公司的帳戶，通常你可以透過HSA帳戶監管人來做（只有某些公司管理HSA資金）。
- 那麼退休祕技是什麼呢？因為HSA是另一個節稅帳戶，就像401K、IRA、SEP及羅斯帳戶一樣。HSA具有三重節稅好處——提撥進去的錢是未扣過稅的、資金成長的部分免稅、提出來的錢用來支付

符合條件的醫療帳單也是免稅。如果你在領薪水的期間不需要用到HSA，那麼這會是個很棒的退休工具，因為晚年醫療開支會比年輕時來得高。政府是很小氣的，它不會讓你有太多節稅的方法，但如果你年輕時沒有用到HSA裡的錢，那它就像是個合法而且具有節稅好處的退休帳戶。

- 更進一步，你可以為你的HSA帳戶指定受益人（你過世之後會拿到這筆錢的人），如果你沒有用到這筆錢，它就會留給你指定的受益人。
- HSA帳戶不像FSA，它永遠不會過期，而且當你離職時可以帶著走。

你的作業：檢視你目前的醫療險計畫及保費，算出未來幾年的醫療費用，看看是否應該在開放「特別加入時期」調整計畫。如果你以前是用高自付額，而現在懷孕了或是小孩出生第一年期間，你可以考慮改用PPO（指定院所醫療險），免去發生懷孕生產相關併發症的風險。

PPO計畫可以讓你去看任何這個保險網絡內的醫生，你會需要這種彈性。如果你的醫療險有HSA帳戶，那太棒了！請開始利用上述退休祕技，讓你的退休福利最大化。

預算天后加碼重點：如果你是自雇者，或是你的雇主沒有提供醫療險，你就必須自己找一個醫療險計畫，自己

負擔整個費用。你可以在美國政府網站healthcare.gov
搜尋醫療險計畫，看看哪一個最適合你及家人的需求。

自己購買私人醫療險會比較貴，因為沒有雇主幫你負
擔。但安潔莉指出，你付的醫療保險費，在報稅時可以
扣除，所以你會得到一些稅務好處，這也算是個好消
息，你還可以看看你所屬的專業組織是否有提供團體醫
療險計畫，這種團保可能會比自己買私人醫療險便宜。

行動 # 2：壽險怎麼保？

接下來我們要了解不同類型的壽險，讓我們先從基本定義
開始：壽險是一種契約，你是被保險人，保險公司是保險人。
你每個月付一定金額給保險公司，叫做保費。

你付了保費，交換到的是保險公司提供一筆保險金，稱為
死亡理賠，在你死後這筆保險金交給受益人（由你選擇可以領
到這筆死亡理賠的人）。只要你的保單是有效的，你的受益人
就會得到保單所載的承諾，不管你這輩子付了多少錢進去。

壽險會讓人害怕，因為它要面臨這個事實：有一天你會不
在人世。處理這種不舒服的現實，有個方法是轉換你的注意
力，不要去想死亡，而去想你不在世之後，你的壽險會提供給
受益人什麼。把焦點聚集在這些人，在財務上仰賴你的人，這
會讓你覺得比較好一點，對不對？嘿，我了解的。你可以假裝
自己是史上第一個長生不老的人，但同時也要確定你保護了那

些你心愛的人，好嗎？在評估個人壽險需求之前，請先了解幾個基本事項。

壽險的運作方式：買壽險需要經過一些手續。保險公司會要你填一些表格以收集基本資料，包括：年齡、性別、體重，以及某些特定醫療史（例如你是否抽菸、或有任何已存在的健康狀況）；保險公司會查核這些資訊，所以你不能謊報體重（瘦一點）或是年輕一點。

根據這些基本資料，保險公司會提出一個初步估價，告訴你每個月要付多少錢，以及它們會付給你的受益人多少錢。

拿到一份估價（或是有好幾份根據不同的死亡理賠金額的估價），你可以選擇最適合你的保險方案，然後再開始做更進一步的申請程序、填更詳細的表格，可能還要做健康檢查，像是量血壓、留尿液檢體、抽血檢查膽固醇和血糖等，保險公司也會看證據，看你是否有糖尿病、心臟病及某些癌症；根據實驗室報告，也可能會要求調閱病歷以了解你的醫療史。

這聽起來有點侵犯人，但是這是標準程序，保險公司必須了解它們同意提供保險者的真實狀況。而且往好處想，又不是要你做軍事訓練測試，例如計時跑步一英里，或做超級多下伏地挺身。沒有人會試圖浪費你的時間，或是拿你的數字在飲水機旁聊八卦——所有資訊都是為了特定目的，也就是為你的生命做保險。

你的資訊都被檢閱過之後，你會拿到一份真正的保單，上面有正式的數字：每個月要繳多少保費，你過世後理賠金額是多少。拿到保單，不表示你要馬上簽名然後設定自動繳款。在

此之前，你要詳細看過一次保單內容。我會教你怎麼看。

保費計算方式：保險公司用「生命表」來計算你的預期壽命，然後它們就知道自己的風險有多大，也就是你比一般人提早或延後理賠的風險有多大。當然，沒有人知道，健康又獨一無二的你，到底會活多久。但是「生命表」可以讓保險公司有個概念，因為這些表格是根據大量樣本做出來的真實統計數字。一般來說，你愈是年輕健康，每個月的要繳的保費就愈少。當你年紀漸增而且可能生病時，每個月的保費還是會跟當初簽約時一樣。所以，如果你需要買壽險（需不需要，後面再談），最好是趁年輕健康時買。你可以這樣想：申請貸款時，銀行會看你的收入、負債、信用歷史，根據這些資訊給你一筆貸款；而保險公司在考慮給你一份壽險保單時，也必須看你的年齡跟健康相關數字，根據這些資訊來決定保單內容。雙方都要注意各自的利益，衡量報酬及風險的比例。

❖ 認識不同類型的壽險

壽險有兩種：定期壽險和終身壽險（終身壽險又有終身險和萬能險兩種類型）。

定期壽險會保障你某段特定期間的權益，保單的所有的條件都建立在這段時間範圍內。例如，如果你買了一張為期三十年的定期壽險保單，這段期間你必須支付保費，若你在這段期間內過世，你的受益人會得到保單約定的理賠金額（死亡給付）；若三十年期滿時你還活著，這張保單就終止了，你不用再付保費，而你的受益人也不會拿到你過世的理賠。

有些人會糾結在這個「保單終止」的問題，他們會生氣或懷疑──付了保費但自己或繼承人卻可能拿不到一毛錢。這種感覺我懂，但你要往好處想，因為這表示你還活著啊！

說到底，壽險是一種風險管理工具，就像車險一樣。如果你從未申請過車險的事故理賠，你會對自己從未發生過車禍而生氣嗎？我想不會吧⋯⋯

有些提供定期壽險的保險公司，可以讓你在定期壽險到期時轉換成終身壽險。通常這個費用還滿大的，不過這是一個選項，如果你發現自己需要的是終身壽險（稍後再談），而且你預期保費在某個時間點之後會非常高（例如定期壽險到期之後），因為到時候你年紀大了且健康狀況不佳，或是你擔心到時候無法買到保險。

99%的人應該要保的是「定期壽險」（我就是在說你）！為什麼定期壽險適合絕大多數人？因為它通常價格合理（尤其是在年輕健康時買定期壽險），而且它在你賺錢工作的年紀，提供保障給你的受益人。

「終身壽險」顧名思義是終身都不會過期的保單。你每個月都要付保費，一直付到你過世為止，到時候你的受益人會收到這張保單所載的全額理賠金。

終身壽險的結構跟定期壽險不同，你每個月付保費，在死亡時拿到全額理賠，但是你付的保費有一部分也會累積成現金價值。所以，你得到的是壽險保障（給你的受益人），但是在有生之年，你也可以使用這筆現金。從這個角度來看，終身壽險保單的結構，可能會讓它似乎比定期壽險有利，因為你在世

時可以動用已放進去的一部分資金，而且只要你持續繳保費，這張保單就不會過期。

這些聽起來都很棒，但是，有人要跟你推銷終身壽險時，你要很謹慎小心，原因有好幾項。第一，銷售終身壽險保單本身就有利益衝突。推銷終身壽險的保險業務員，或是試圖說服你買這種保單的人，會得到佣金。也就是說，如果他們讓你買了終身壽險，他們會拿到報酬……而且還不少。而定期壽險的佣金則是少很多。那你可以猜猜看，哪一種保單是業務員最喜歡建議客戶買的呢？

我知道我說得這麼直白，會惹保險業務員生氣……抱歉我搞砸了他們本來可能拿到的佣金！我並不是說終身壽險不能買。如果你屬於非常富有的那1％族群，這種保單可能就適合你。所以，如果你是歌手碧昂絲，其他保護資產的方式都做盡了，而你的理財顧問認為買終身壽險很棒，那你就買吧。

至於我們這些普通人，請記住：保險是「風險管理工具」，我不認為它應該被當成一種投資工具。保險公司從事的保險業務，而不是投資業務。如果你要做投資，你應該把錢放在股票、共同基金與ETF上（第七章的重點），而不是把錢放在保險公司裡。

某些保險公司的話術會鼓吹你利用壽險來賺錢，但是當你為你的房子、車子、公寓，甚至是為寵物買保險時，你的初衷並不是希望能從這些保單中賺到錢，對吧？想想看：假設你有幫毛孩子買保險，難道你不希望牠一直活蹦亂跳的活著、撕扯你最心愛的鞋子嗎？難道你會期待這種保障可以讓你賺錢嗎？

以下讓我快速帶你做一次論點攻防，如此一來，若你真的成為像碧昂絲那樣的大人物，在考慮購買終身壽險時，就不會被保險業務員牽著鼻子走，而是懂得提問，做出對自己最有利（而不是對對方最有利）的決定。

如果保險業務員說：「買終身壽險就像延後繳稅，因為你繳了保費進去，這張保單可以用來借出一筆錢而不用繳稅。」

你必須知道：這個說法雖然沒錯，但並不表示它對你來說是最棒的延後繳稅方式。你要確認自己已擁有所有稅前延後繳稅帳戶的好處，例如前一章提到的401K或是IRA。終身壽險保單並不是稅務規劃的唯一策略，也不是最好的策略，而且還可能是最貴的！

如果保險業務員說：「終身壽險保單會累積價值，因為它有現金價值。」

你必須知道：有更好的方式來累積財富。你很快就可以算出——同樣理賠金額的定期壽險跟終身壽險，在同一年度的保費差異是多少？如果把這筆差額拿去股市投資，你獲得的收益會比保單現金價值更多。

我無法告訴你可能會多賺多少，因為投資報酬率會波動，但是《消費者報告》（*Consumer Reports*）指出，終身壽險的保單現金價值，平均年報酬率是1.5％。沒錯，就是這樣！我不知道你會在哪一年讀到這本書，但是這個報酬率比一些高利率儲蓄帳戶還要少。過去三十年來，股票市場的報酬率是7％到8％！所以再說一次，你買終身壽險多付的錢，可以投資在報酬率比這張保單更棒的投資工具上。

還要記得很重要的一點，通常你必須要花十年的時間才能打平這張保單的成本，只有到這個時候，你才會看到這張保單出現真正的現金價值。但你知道嗎？多數人在這個時間點之前就不想再繳保費了！

你可能會告訴自己：我非常負責任，我會一直支付這張昂貴的終身壽險保費。然而，根據美國精算學會（SOA）的報告，有45％的終身壽險保戶，會在頭十年內退保（不再付保費）。這表示，將近有一半的人繳了高額的保費卻永遠無法得到回報！

此外，如果你停止繳費，或是把終身壽險解約，你不僅會失去保單的保障，還會：

- 轉買定期壽險時可能會面臨更高的成本（因為你的年紀比原本買終身壽險時還大）。
- 損失你投入這張保單的多餘資金，或許你可以拿回一點退保解約金，但這筆錢通常會低於保單的現金價值（即保單累積的儲蓄與投資），因為保險公司會向你收取一筆解約金。保險公司真好賺！

如果保險業務員說：「無論你發生什麼事，你的孩子都會得到這張保單的保障。即便你沒有任何其他資產，至少還能留下這筆保險金給他們。」

你必須知道：這種保障必須付出巨大的成本，這對多數人來說是沒有意義的。你可以買成本較低的定期壽險，然後把省

下來的錢存起來或是用其他方式去投資，這麼做同樣能保障下一代，而且會更有效益。

⑤ 我買壽險得到的教訓 ⑤

我在二十七歲時（還沒結婚生子），買了三十年期的30萬美元定期壽險。當時我剛買房子，房價是22萬美元，我希望萬一我過世，這張保單能涵蓋到我的房貸（我一直都是個鑽研理財的怪咖。）

如果你讀過本書的序章就會知道，我在2008至2009年的金融海嘯時期失業（當時我二十九歲），我無法負擔大部分的帳單。但是，我可以負擔得起的帳單之一，就是這張保單。你知道為什麼嗎？因為那時的保費是每月23美元，而且到現在還是一樣。想像一下，如果我買的是超級昂貴的終身壽險呢？那我就一定得停止繳款，損失了所有繳進去的錢。雖然那幾年我的財務狀況不穩定，但至今我還是擁有這張負擔得起的定期壽險保單。

你可能還是會懷疑，認為自己是那1％的族群，覺得終身壽險比較適合你。好吧，如果你已經把每一個你能使用的稅前延遲繳稅帳戶都填滿了，而且還有很多存款，而且這些錢需要有個投資收益低的去處，那你可能是對的。如果你符合以上條件，那麼你就是那隻稀有的獨角獸，買終身壽險可能讓你在稅務規劃方面得到好處，但是要記得，它每個月的成本還是比較

高。

　　長話短說，我真心希望你買定期壽險的錢是浪費掉的，我希望你長壽健康，而且在世時有錢留給自己和你心愛的人（而不是攢出錢來買昂貴的終身壽險）。

　　現在，你已大致了解壽險的面貌，我們進一步仔細看看，協助你找出最適合的特定保險選項。請記住：在保險這個領域中，你是消費者——錢在你手上，而你要花錢買某個適合你生活的產品。清楚知道你要的東西什麼，能協助你得到你需要的產品。以下是你要問自己的四個問題。

❖ 問題1：需求——我需要壽險嗎？

　　壽險是保障你能賺取收入的那幾年，同時也保障你過世時可能留下來的債務。如果你是家中的經濟支柱，有人仰賴你過活（無論是不是直系親屬），你想確保萬一你提早過世，還能為他們留下一張「安全網」，這張安全網就是壽險，你買這張保單就是為了這個原因。

　　這也表示，如果你目前單身，或是沒有人在經濟上仰賴你，也沒有什麼債務是別人可能要為你扛起責任的（例如房貸），那麼對你而言，買壽險並沒有太大的急迫性。我知道，如果你還年輕、身體健康，此時買壽險會很划算，但假設距離你真正需要壽險的時間還有五年（你計畫要在五年後結婚生子），如果你現在就保壽險，你會多繳六十個月的保費（5年×12個月），而這筆錢的效益並不大。相對的，若你等到五年之後再保壽險，你的保費可能會提高一點點（年齡是影響壽險

保費的一大因素），但絕不會超過你在這段期間所繳的保費。
結論是：不要只為了一個假設性的未來而去買壽險。

　　但如果你有配偶、伴侶、小孩，有必須依靠你生活的眷屬或家人，或是你有龐大的債務要還，那麼你現在就要把壽險買好買滿。

🔄 我該為小孩買保險嗎？ 🔄

　　年輕與健康是影響保費高低的關鍵，因此小朋友的保單通常是最便宜的。但如果你正在考慮要為小孩投保，你要問自己的是：「我的小孩是否有罹患某種疾病或遭遇特殊狀況的風險，有可能會讓他們日後難以投保，甚至是無法投保？」如果你認為這個風險很高，那麼為他們投保就是合理的。但如果你只是為了買保險而買，那就不是最聰明的用錢方式。要是我，我會把這筆錢拿來存教育基金，或是用這筆錢讓他們現在的生活過得更多采多姿。

❖ 問題2：保多少——我真正需要的壽險投保金額是？

　　你需要保多少額度的壽險，必須考慮幾項個人因素：收入、家庭人數、每月開支、債務，以及你希望確保資金挹注的未來目標。

　　有一個通則可以協助你找出保單的起始投保金額：你的投保金額必須是年收入的至少10倍以上，最好是15倍。也就是

說，假設你的年收入是10萬美元，你的投保金額至少需要100萬美元。此外，你還必須考量其他債務或未來可能要盡的責任，也許你有房貸要繳，或者你有一個未來要上大學的孩子，那麼你就必須把這些需要花錢的因素納入你的保險需求中。

這裡有一個重點是，如果你很會賺錢，年收入超過30萬美元，那麼以你收入的10倍作為投保金額就可能太多了，因為成本會開始超過收益。如果是這種情況，你可以檢視一下你目前的開銷，以及如果你不在了，有哪些未來的目標是你想保障的。例如，假設你一個月的開銷是1萬美元，你可能要考慮買一張240萬美元的保單（一年12萬美元的開銷，乘以20年），以確保未來二十年的生活無虞。因為基本上，保險是根據你的需求而非根據你對生活的感知價值來規劃。至於在搞定壽險之後，剩餘的錢該如何運用呢？要用來投資（請見第七章）！

你需要的壽險投保金額取決於：年薪乘以至少10，再加上其他你想涵蓋的潛在義務，例如家庭責任及債務。

❖ 問題3：保多久──我應該買為期多久的保單？

這完全看你的目標，你要保障的是你能工作的這幾年，而且要假設你在退休時已經累積了足夠資產，所以退休時不再需要壽險。要把壽險想成是一座橋，你在累積財富時，壽險是用來保障你和你的家人，這座橋連結的是現在及可以退休的時候。目標是，一旦你累積了足夠的財富（最好是在退休前），你就不會需要壽險帶來的財務好處。

要做到這一點，你要更加連結你的目標。找出你何時想退休、你想留多少錢給受益人等等。如果你的年紀是三十五歲以下，我建議你買三十年期的定期壽險；如果你的年紀是四十五歲以下，買二十年期的定期壽險；如果你超過四十五歲，那就買到六十五歲。

你也可以考慮所謂的「定期分層法」，或者說，投保金額是你所需要的總數，但是這個總數會在你人生中某些時期減少。例如，接下來二十年你可能要買比較高額的保險，保障的是在你工作及孩子還小的這幾年，因為你想確定能保障到他們上大學的資金。但是，過了二十年之後，接下來十年可以降低投保金額。到時候你還是在工作，但小孩已經畢業了，你不用再擔心會有大筆支出。所以，你可以買三十年期的壽險，但降低最後十年的保障金額。

💰 退休期間的壽險規劃 💰

退休時還在保壽險其實是沒什麼道理的，因為壽險的目標是保障你的工作時期，如果你在工作賺錢時期過世，經濟上依賴你的人可以得到保障。退休時有壽險，在某些情況下會有幫助，例如你有永遠無法自立的特殊需求孩子，或是持續在財務上依賴你的成年子女。這時候比較好的方式就是買終身壽險，因為你買不到能一直持續下去的定期壽險，它總是會在某個時間點到期。換句話說，如果你一直都必須保障受益人，那麼終身壽險可能是最好的（如果你負擔得起）。

❖ 問題4：類型——哪種類型的壽險最適合我？

我先前說過，對大部分人來說，定期壽險最適合。終身壽險一定會有佣金，而且要維持這個帳戶需要額外成本，這個保險戶頭裡放的是你不想用到也通常不需要花掉的錢。

至於哪種類型的壽險最適合你呢？這樣說好了，我只推薦定期壽險，所以我相信這是對你最好的壽險類型（好啦，除了碧昂絲和歐普拉之外）。

❖ 如何買到壽險？

得到壽險估價很容易，只要回答幾個問題就好。我在我的網站上有列出一些很不錯的保險公司，它們會給你一些選項；另一個方法是，如果你有其他非壽險類的保險，而你滿意某家保險公司的服務跟價格，你可以跟它們聯絡要求壽險估價。但是要知道，壽險不會有合買打折方案。

如果你有任何已存在的醫療狀況，你應該考慮找保險經紀人，而不是在網路上找壽險，因為你可能需要個人化的考量跟建議。安潔莉的經驗就很能說明這種情形。她在初次懷孕之前有非常輕度的氣喘，但是懷孕之後氣喘變得很嚴重，嚴重到她後來用藥好幾年。氣喘是一種已經存在的健康狀況，它會被納入保費計算的因素中。

安潔莉說，「我買的是定期壽險，但是我希望再買另一張保單，因為我對壽險的需求提高了，所以我跟我的保險經紀人說，『現在我在吃這些藥，我的狀況是這樣，你怎麼想？』我

的經紀人幫我做了研究，然後幫我找了幾個最佳的保險選項，即使我有嚴重氣喘。」

顯然，相對於自己在網路上找壽險，保險經紀人的價值在於他可以讓你問問題，得到特定指引，並找出最適合你的保單（就像安潔莉那樣）。像這種狀況，有一個支持你的保險經紀人能跟你一起討論是很有幫助的。

你的作業：決定你是否需要壽險，然後選擇最適合你的類型（我會說是定期壽險）。決定你要的死亡理賠金額是多少，選出你需要的保險期間。想好你的受益人是誰，然後利用線上工具或是請保險經紀人幫你估價。定期壽險最棒的地方是，它受到高度監管，所以不管你找哪個經紀人，保費都不會有差別，只要是從同一家保險公司拿到估價，不管哪個保險經紀人回覆給你的保費都是一樣的。

你一定要確認的是這家保險公司的財務是否穩健可靠，畢竟要理賠的時候，這家公司必須還在！

保險顧問可以為你介紹這些保險公司的歷史和可靠度。你也可以自己做研究，看看某家保險公司在AM的評等。AM公司（AM Best Company）是信用評等機構，從1899年就存在了，它們很清楚「長壽」這件事。基本上它們是評量保險公司的財務健康狀況，根據這份評量做出評等。你要找的保險公司是AM Best評等至少有

A以上（最高級是A++）。

額外學分： 就跟401K或IRA受益人一樣，每當你面臨人生重大轉折的時候（例如結婚生子），一定要更新你的保險受益人。被你選出來放在保單上的受益人，你可以決定是否要告知他們。你要把這些資訊放在一個可以被家人找到的地方，而且至少要跟一個人說這些資訊都收在哪裡！

預算天后加碼重點： 如果你聽進了我對終身壽險的意見，現在你想擺脫終身壽險或是換成定期壽險，那麼我建議先不要解約，也不要讓它失效（不繳款）。安潔莉說，「首先你要先拿到新保單，然後再辦理舊保單解約。因為你不知道在醫療核保時會怎麼樣，不知道會有什麼狀況讓你變成無法被保險。每當我的客戶說『我們決定放棄終身壽險保單』，我們會先把新的定期壽險辦好，而且要生效，意思是要付款啟動這張保單。接著我們再辦理解約，也就是放棄索取任何理賠的權利。」

安潔莉也建議，如果你透過雇主提供的團體保險而保了壽險，你可能要考慮再買一張個人保單。「你的團保是跟雇主綁在一起的，如果你離開這家公司就失去雇主提供的保險。假設你真的離職，現在你可能比當初團保時的年齡再多五歲或十歲，那麼，比起一開始就買一張私人保單，現在才會買花比較多錢。」

如果你已經有終身壽險保單，現在想更弄清楚這張保

單的內容，你可以找一個你信任的保險或理財顧問幫你看，他們通常會幫你把費用列出來，顯示什麼時候這張保單可以打平。

「可靠的保險顧問也會給你其他選項，例如把原本的保單轉換到另一張比較節省成本的產品，」安潔莉說，「這些終身壽險的保單複雜得太過頭了（我想這是刻意的），所以你可以請專家評估是否要留著它，或解約比較有利。」

但如果你的終身壽險保單已經持有十年以上，你最好還是留著它會比較好，因為你可能已經打平它的成本。為什麼呢？因為你前十年繳的保費，大部分都是支付給業務員或保險經紀人的費用，而十年之後所繳的保費，則是這張保單的現金價值（也就是會用在你身上）。基本上，你已經繳了十年的保費，你可以繼續留著它。安潔莉說，「這時候你的年紀也比較大了，可能比較難買到另一張壽險保單。」

行動 # 3：失能險怎麼保？

失能保險是在你活著但無法工作時給你保險金，它是一個很重要的產品，但通常會被忽略。

失能保險就像其他類型的保險，如果有事情發生，而你沒有失能保障，那就不能再回溯去買這種保險。想像你自己說：

「你記得我沒簽的那張保單嗎？我現在想買了，因為我現在不能工作。可不可以？」不行。我的回答會是，「很抱歉，但是它不是這樣運作的。」

失能險的運作方式：「失能」兩個字就回答了這個問題，「如果我遭遇到什麼事而不能工作，怎麼有錢來生活？」如果你無法拿到薪資是因為生病或受傷，你可以透過失能險得到收入（若符合保單條款）。

許多人以為透過工作團保就受到失能方面的保障，或是以為，如果有需要可以靠國家的失能補助金。問題是，有時候即使你申請了每一個選項，錢可能還是不夠用（也就是保得不夠）。有許多情形會導致保障不夠──如果你付了團體壽險，它可能有一些限制，可能無法涵蓋你可以納保的全部金額。或者是，這個保險可能會讓你用別的方式工作，而不是目前的職位，因為你無法做目前在做的工作，而這可能會減少你能拿到的金額。

另一個要考慮的是，如果你的雇主持有你的失能保單，你能拿到的任何金額都是要扣稅的。如果你有私人保單而且在繳保費，你拿到的金額就是免稅的。

保費計算方式：失能險的費用取決於下列幾個因素。

- **年齡**：愈是年輕，費用就愈低。
- **性別**：女性的失能險保費會比較高，因為以過去歷史看來，女性申請理賠的案件較多（注意：懷孕和生產相關理賠是保費較高的部分因素，還有其他失調症狀女性會

比男性多）。在做保單比價時，你要找有提供不分男女費率的保險公司。

- **整體健康狀況**：保失能險要做健康檢查，而且可能比壽險要求的健檢更嚴格。

- **職業**：如果你的工作是屬於受傷風險比較大的，那麼失能險對你來說一定會比較貴。生活方式也是一樣。如果你會做極限運動，可能會影響你的保費，或是根本不能納保。最好四處比價不同保險公司的方案，看看你的生活方式是否能投保。

- **收入**：你的收入比較高，表示保險公司可能要負擔比較高的理賠金額，因此這會增加你的保費。

- **是否抽菸**：就跟壽險一樣，如果你抽菸就要付更多保費才能得到保障。

- **領取保險金的時間**：潛在的理賠期拉得愈長，你要付的保費就愈高。

- **保單所載的失能定義**：若保單定義的失能是指你不能從事你目前的工作，相較於不能從事任何工作的保單，前者保費會比較便宜（這點我之後會再解釋）。

❖ 認識不同類型的失能險

失能險的類型有很多，但我們會聚焦在兩大類：短期失能險及長期失能險。

「短期失能險」（STDI）保障的是你短期因生病、受傷或請產假（以及跟寶寶建立感情的時間）而產生的需求。它能提供

你收入的80％，請領保險金的平均時間為三到六個月，最常可持續一年。

通常你可以透過你的雇主得到這種短期失能保障，你可能要自付部分（或全部）的保費。在美國，自己買STDI是比較不常見的，因為自己買會比透過公司買還要貴。安潔莉的專業意見是，私人STDI的費用跟你能拿到的保險金相比，會很不划算。如果你想獲得涵蓋長期失能時「等待期」（請見下文）的保障，最好是用充裕的緊急預備金來因應（第三章有教你怎麼存到這筆錢）。

至於「長期失能保險」（LTDI）保障的是比較長時間的收入損失，保障時間可長達數年（平均LTDI理賠年數接近三年）。LTDI通常會有一段「等待期」（elimination period），也就是在你開始領保險金之前會有一段空窗期，此時你可能就要靠短期失能險或緊急預備金來生活。長期失能險能提供你收入的40％到60％。你的雇主可能會提供這種保險給你，同樣的，你可能必須自付部分保費。

接下來，我們來看你對失能險的特定需求。這裡我們只談長期失能險，因為自己買短期失能險是比較不划算的選擇（它通常會由雇主提供）。只不過在某些情況下，州政府有可能會提供這種保障（例如加州有提供短期失能險）。請先了解你能從公司那裡獲得多少失能險保障，看看是否有保障不足的部分，然後再做加保！

❖ 問題1：需求——我需要失能險嗎？

一句話：需要！如果你有能力工作賺錢，你要保障這個能力及它帶來的財務穩定度。你可能已經有這份保障，要看你的雇主是否提供。

如果你是自雇者，你應該考慮自己買一張失能險保單。許多專業組織工會都有為會員提供團保，涵蓋失能險的部分。你也可以請保險經紀人買一張比較全面的失能險保單。

要符合個人需求，可能表示要透過雇主提供的保險來得到好處，然後再額外買一張保單來補足需求差距。

如果你有收入、正在累積財富、有經濟上依賴你的眷屬，那麼你現在就需要失能險。

❖ 問題2：保多少——我真正需要的失能險投保金額
##　　　是？

考慮失能險的保額，必須視你收入可以保的最高金額而定。如果你的預算可以付這筆保費，那就保最高金額；如果保費太高，拿出「泡麵預算」來看一下，設法擠出錢來繳付（請見第二章）；或是降低保障金額，讓保費落在你可以負擔的範圍。失能險必須要能符合你的財務狀況。

雇主提供的失能險，和你自己買的失能險，兩者有個頗大差異：透過私人保單拿到的理賠金，你不用繳稅。但若是透過雇主的團體保險，而且是雇主付保費，在申請理賠時，你就必須要繳稅。

需要多少失能險保額，要看你的收入。通常你會希望全額保障，也就是收入的60％，如果這樣算下來的保費太高了，那就調整其他開支（咳咳）、取消某些固定支出（咳咳），或是考慮降低保障到你可以負擔的保費。

❖ 問題3：保多久——我應該買為期多久的保單？

一般來說，無論長短期的失能保單你都可以買到，但是也有例外，假如你從事專門技術工作（例如木匠、水電工等），保險年數可能會有限制。

長期保單要付的保費會比短期保單多，一直保障到你退休為止，這聽起來很棒，但是費用可能會過高。

保險年數要看你的年紀。你可以買五至十年期的失能保單，但是，買長期一點的失能保單，保費並沒有高出很多。所以，可以保到退休年紀最好，大概是六十五或六十七歲，你知道的，就是「汪達」的年紀。

❖ 問題4：類型——哪種類型的失能險最適合我？

這就必須再講一次失能險的定義，它分成兩大類：任何職業類別及自己的職業類別。這部分超級重要，所以要詳細了解。

任何職業類別：這種保障是有限制的。如果你還可以做其他工作，即使它是跟你目前不一樣的工作，就不在它的保障範圍內。

自己的職業類別：如果你生病或受傷讓你無法繼續做現在的工作，即使你可以在不同職業類別中找到工作，這種失能保

險還是會給付。

　　如果你是任何領域裡的專業者，例如醫療，你要找的失能險必須能保障自己的職業類別。你要確定失能險能保障你的特定專才，因為你可能已經投資了很多時間跟金錢接受教育訓練。就算你不是像醫生這樣的專業人才，但我還是建議你找一張可以保障自己職業類別的失能保單，除非它貴到你負擔不起。

　　如果你沒辦法負擔能保障自己職業類別的失能保險，那麼，任何職業類別的保單會比較便宜。但它不是很理想，因為只要你還能工作，即使不是你目前的專業，那麼你可能還是無法拿到全部或甚至任何理賠。這樣你知道為什麼我說這個部分很重要了吧。

　　該保什麼類型的失能險，要看你的職位有多專門，還有你花多少時間、金錢接受訓練才能做目前的工作。能夠保障自己職業類別的失能險是最理想的，尤其是接受大量訓練及教育的專業人士。

你的作業：如果你是公司雇員，第一步是就是釐清你公司的團保是否已涵蓋了失能險的保障，然後弄清楚它的條款。你要確認的是：

- 當你需要申請理賠的時候，你可以拿到多少錢？
- 在哪些情況之下，你可以申請理賠？
- 這張失能險保單可以給付多長的時間？
- 申請理賠之後，你要等多久才能拿到第一筆理賠金？

以我的經驗來說，最後一點尤其重要。過去我先生曾經因為要做血管瘤手術，有四個月的時間無法工作。由於他的失能險保單中有所謂的「等待期」，這讓他直到回到工作崗位時都還沒拿到第一筆理賠金，這絕不是一個理想的狀況。

　　如果你發現這段等待期太長，你要做的是檢視你的緊急預備金——如果這筆錢難以填補這段青黃不接的時期，你最好加買一張能迅速辦理理賠的短期失能險保單。先前我曾提到，這種短期失能險的保費可能會很貴，這就再次提醒我們：要準備充裕的緊急預備金，以便度過這段「壞日子」。

　　接著，你可以再看看長期失能險，它可以補上原本由雇主提供的失能險缺口。如果你是自雇者，這也是你唯一的失能險。請利用上述四點來決定保單內容。

預算天后加碼重點：在美國，你可能會以為自己不需要失能險，因為美國有社會安全險（Social Security）。確實，這是政府提供的保障，但是安潔莉解釋，「要符合社會安全險的失能條件還蠻難的，而且如果你有申請社會安全金，有些私人保單會減少你能拿到的理賠金額。所以，你一定要有一張失能保單，它能夠給你完整的理賠金額，沒有任何附加條款。」

　　如果你搞不清楚哪張保單最適合你，安潔莉再次強調要找到一個好的保險經紀人。「他可以幫你做足保障，

盡量減少（或完全）沒有例外情形，」她說，「我看過許多很糟糕的保單條款，尤其是對女性，像是生產過程併發症會被視為例外情形。想一想這其實很誇張，例如因為胎兒狀況而必須緊急剖腹，這種情形不應該被列為未來失能理賠的例外才對。確實會有一些無法避免的例外，但這是可以避免的，一個資訊豐富的保險經紀人會幫你確認，你的保單裡不會有這些可以避免的例外情形。」如果你的職業是屬於專門工作，那麼找到有同樣客戶的保險經紀人也很重要。例如，醫生應該要找的經紀人是擅長為醫生做失能保單的，因為做一般保單的經紀人可能沒有注意到一些醫生會需要的保單細節。

不確定怎麼找到好的經紀人嗎？請看第十章。要記得，保險經紀人是靠佣金賺錢的。你不是直接付錢給他們，他們是從賣給你的保單中抽取某個比例的佣金。

行動＃4：產物意外險怎麼保？

產物意外險可能是你最熟悉的兩個保險類別，它簡稱為「P&C保險」（property & casualty insurance），這個涵括式名詞用來描述一般為房子或車子買的保險，或是其他任何休閒交通工具也算，例如船、滑雪摩托車、RV、拖車或機車等。雖然經常被綑綁在一塊，但這類保險提供的保障應該分成兩個部分。

「產物險」的保障對象是你擁有的實體物件，可能是車子、

房子、手機……不管是什麼，它都是可實際碰觸到的東西，包括家中收藏的珠寶、牆上的畫作、車子裡的超炫音響系統等。至於「意外傷害險」是因為某個意外，你在法律上必須為另一人受傷而負責，它可以涵蓋你的賠償責任。

在此我只著墨汽車和房子，因為這兩項會影響大部分的人。如果你是租屋者，不要以為房子不屬於你的關注範圍，因為我也會給你一些重要建議！聰明保對產物險和意外傷害險，絕不是只買個保障而已，而是要確定你擁有足夠的保障。

❖ 汽車險

美國幾乎每個州都要求車主為汽車買保險。即使沒有這項要求的三個州：維吉尼亞州、新罕布夏州、密西西比州，發生車禍意外你還是有財務責任（如果沒有保險就必須自己負擔費用），只是不會因為沒有買汽車保險而被罰款。

所以，這代表什麼？如果你擁有汽車，最好確定你有保險。因為如果沒有保險，我們在第二章提到的收支表，上面一定會出現修車費用這個項目！

汽車保險的運作方式：買汽車險來保障意外發生之後的各種財務需求。

保費計算方式：提供汽車險的保險公司會根據你的年齡、駕駛紀錄、車款、住家地點、車子如何停放、每年開多少里程，來決定你的車險保障範圍。

另外要考慮的就是自付額，也就是保險公司給付賠償金之前，你必須自己拿錢出來賠的額度。如果你的保單自付額是

500美元，這表示如果發生意外產生帳單，你必須先付500美元，剩下部分才會由保險公司理賠。高自付額的保單，保費會比低自付額保單來得少，但如果你要用到保險理賠，你付的錢會比較多。

❖ 認識不同類型的汽車險

車險的類型有很多，但主要的保障是：

- 撞擊：也就是損壞你的汽車。
- 全險：包括竊盜、車子被毀損等等。
- 個人傷害保護（PIP）：跟身體受傷相關的醫療開支，無法工作的薪資損失。
- 沒有保險／保險不夠的車主：如果對方沒有保險或是沒有足夠保險以賠償修理你的車。
- 責任：如果在某個意外中你是必須擔負責任的那一方，這部分是用來涵蓋你必須賠償對方的金額。

購買車險時，你會拿到一張聲明書，上面載明每一項你買到的保障。你要注意以下幾點，確認它們都有獲得適當保障：

約定駕駛：確認每一個開這輛車的人都有受到保障。

車輛資料：車輛資料正確嗎？保費會根據你車子的年份和型號來決定。

身體傷害：當車禍的肇事責任在你時，若造成另一個人受

傷，這個條款能讓你賠償對方。

產物損壞：讓你賠償因車輛肇事而導致他人財產的損壞。

醫療保障：無論肇事者是誰，如果有人在車禍中受傷，它可以幫你支付駕駛和乘客的醫療費用。

如果肇事駕駛沒有保險：如果肇事責任在對方（某些州也適用於肇事逃逸），而對方沒有保險，這項保障會涵蓋你車子的駕駛、乘客、家庭成員的人身傷害與死亡。這項保障通常也會涵蓋你和有投保的家人在乘坐別人的車，甚至是騎自行車、步行時的交通事故傷害。

郵遞區號：你的居住地會影響你的保費。在美國，每一州、每個城市、每個鎮的車險保費都不太一樣。

年度里程數：你車子的里程數也會影響你的保費。美國消費者基金會（CFA）發現，如果車主降低每年車輛行駛的里程數，平均可以省下5％到10％的保費。

預算天后加碼重點：安潔莉說，「許多人的汽車責任險保得太低了，如果你只是達到州政府規定的強制要求，那真的非常非常低，不足以保護你。」

你要注意兩件事：（1）責任險上限，也就是保險公司理賠的最高金額是多少，它是否足夠；（2）若對方沒有保險或保險不足，而肇事責任不在你，你買的車險是否能保障自己？

安潔莉解釋，「有個情況很重要，若有人撞了你，你

的車毀損了，而對方的車險無法賠償你修車所需費用。
如果你的車險沒有涵蓋這個部分，它就無法幫你彌補發
生意外的後果；如果你有保到這部分，就能讓車子回復
到之前的狀態。」

❖ 房屋險

房屋險（屋主保險）跟汽車保險的不同之處是，它不是法
律規定必須要保的。但是，許多房貸銀行會要求你為你要買的
房子保險，否則就不貸款給你！所以，除非你是用現金買房，
否則你就必須買房屋保險。大部分房貸銀行會要求你買一個最
低限度的房屋險（有時候就只是火災險），老實說這是好事，
因為，你真的要買房屋險，一分鐘都拖延不得。

房屋險的運作方式：屋主保險保障你的實體資產，包括房
屋及房屋裡的個人財物，以及可能在房屋裡受傷而導致的責任
（例如有人在你家樓梯滑倒，控告並要求你要賠償他手臂骨折
的相關開支）。

保費計算方式：申請屋主保險時，保險公司可能會看幾項
因素來決定出險時的賠償金額。這可能包括屋齡跟地點，也就
是說，人口密集的地方、容易發生水災或火災的地方、房屋的
電路和水管系統的類型、整修、過去的理賠紀錄等等。保險公
司在估價時也會考慮你的信用歷史（沒錯！你擔心自己的信用
分數嗎？請再看一次第五章）。你買的保單額度及自付額也會
影響保費。

❖ 認識不同類型的房屋險

在美國，有八種類型的屋主保險，以各自的表單數字來命名。例如HO-1、HO-2、HO-3等等，不同之處在於房屋類型，是獨棟或連棟透天、公寓或移動式的房屋，以及保險的災難型態（任何事故、狀況、或是意外而導致房產損毀）。有些災難是一般房屋險都會涵蓋的，例如火災和竊盜，而像高風險地區的地震或水災可能就會被排除在外。但你通常可以透過購買附約（加入、刪除、或排除保險項目），或是另外買一張保單來涵蓋一般房屋保單排除的災害風險。

> ### ⑤ 租屋者注意：你也必須保險！
>
> 如果你是租屋者，你要保的是HO-4這種保險。它保障的是如果有人闖進來竊盜，或是火災、水災、暴風雨造成損失，它能保障你在租屋處的物品，以及如果某事發生而你必須搬到旅館生活的開支。租屋者保險非常重要！它可以保障你不必爭論用房東的房屋保險來彌補你個人物品損失。跟你能得到的保障相比，它通常是相對便宜的。

預算天后加碼重點：安潔莉說，「如果你擁有昂貴的珠寶、藝術品或任何有價值的東西，你應該在房屋保單裡另外加保一張珠寶附加險，為你的貴重物品建立額外保

障。我通常會看到人們為訂婚戒指買保險，因為如果只靠屋主保險，遭遇竊盜時，給珠寶的標準理賠上限通常非常非常低。

她也建議可以詢問你的保險經紀人：你所住的區域是否會被排除在某些自然災害理賠之外？「例如，沒有任何房屋保險會對發生在加州的地震做理賠，許多保單也不會理賠佛羅里達州的颶風損害。我建議人們另外投保來涵蓋你擔心的自然災害。你可以選擇高自付額，將保費盡量壓低。例如，加州大部分人會保自付額10%至15%的地震險。」

跟車險一樣，你保房屋險的主要目的是要確保你擁有足夠的保障。房屋險保單也會有一張聲明書，你要仔細確認它夠明確且涵蓋所有你需要的保障。這張聲明書也是你的保險證明，或是若保單到期時你可以用它來比較新的保單。以下是聲明書的內容：

被保險人的姓名：包括在這張保單之下所有被保險人的姓名。如果你未婚，但有共同生活的伴侶，一定要確認他們的名字有列在上面。

保單有效期間：包括保單的起始及終止日期，能讓你確認這張保單提供的保障是否有效。

其他關係人：包括保險經紀人的姓名及提供這張保單的公

司。若你保的是房屋險，房貸銀行的資訊也會列在上面（如果你有房貸，房貸放款人會被列為損失受款人）。

自付額：當你申請理賠時，你要負責支付的金額。

保險額：通常會分為五到六種不同的類別，包括住宅、其他結構、個人財產、無法使用的損失、個人責任及賠給他人的醫療費用。

賠償限制：詳細說明承保範圍和每種理賠類型的最高賠償額度。這裡通常會有兩個數字，第一個數字是每次出險的理賠額度，第二個數字是整年度的理賠額度。

折扣：如果你的住宅有裝設保全系統或中央火災警報系統，那麼你的保險公司可能會提供保費折扣；如果你擁有該公司其他的保單，也可能會享有折扣。

你的作業：找出你想投保產物意外險的物品，如果你沒有你所需的房屋險或租屋險，可以考慮著手申購。如果你有房屋險保單，請仔細閱讀聲明書上的內容，確認你的需求有受到保障。同樣的，好的保險經紀人很重要，他可以滿足你的需求。

預算天后加碼重點：當你的資產或收入提高時，安潔莉極力提倡要隨之調整你的產物意外險。有一個保護自己的方法是買所謂的「雨傘保單」（umbrella policy），「在你原有的房屋及汽車保險責任限制額度之上再延伸，假設你的車險保額是50萬美元，你再買一個100萬美元

的雨傘保單，這100萬美元會加在原本的50萬美元之上。所以，如果你要申請交通事故的理賠，而且弄到最後你被告上法院，這張保單就可以真正保障你。」

你可以買到不算貴的雨傘保障，我買了一張100萬美元的保單，一年的保費只400美元！雨傘保單也是保障你未來的賺錢能力。如果你收入很高，你會繼續累積資產，而且你要保護這些資產。不幸的是，美國是一個非常好訴訟的國家（美國人動不動就打官司），因此，「雨傘保單」是一種簡便且划算的保險方式，讓你擁有額外的責任險保障。

複習

你會不會覺得自己現在已經像一個真正的大人了呢？我在寫本章的行動要點時，就是這麼覺得的。現在你已經了解你必須花心力關注的保險類型：

- 醫療險。
- 壽險。
- 失能險。
- 產物意外險（特別是汽車和房屋）。

你知道這代表什麼嗎？

我為你感到驕傲，因為你的財務健全度已經達到了70％，
終點就快要到了！

第
九
章

———

計算並增加你的「資產淨值」

目標：
達成80%
財務健全度

　　「資產淨值」這個詞聽起來似乎高不可攀，但若你認為這是億萬富翁專屬的字眼，那麼你就大錯特錯了！因為每個人都擁有自己的資產淨值。

　　檢視自己擁有的資產淨值，就像是測量體溫一樣，如果體溫竄高，你可能要去找醫生做檢查。測量資產淨值的溫度也是如此，只不過，令人擔心的並不是數值太高，而是數值太低（尤其是負數），你必須深入了解、診斷問題出在哪裡，例如可能是沒有存款，或是高額學貸導致你的資產淨值變成負數。資產淨值的數值愈低，你的財務健全度就會愈差。

　　如果你的資產淨值非常高，那麼，你要不是碧昂絲，就是做對了某些事（至少在金錢方面）。至於我們這些普通人的目標，就是要達到「正淨值」，即便是正100美元、正200美元、

正1,000美元都好。

以下我將帶你探討資產淨值的組成要素、計算方式，以及如何達成你設定的資產淨值目標。

開始計畫！

目標：達到正資產淨值，並設定目標及策略來增加淨值。

資產淨值是一個數字，把資產減去負債即是淨值。這個數字不像信用分數那樣會讓你有任何特殊待遇，但它仍然是一個重要的財務指標——它表示你的財務狀況是正面的，表示你已經累積了財富、而且還在持續累積中。淨值為正數可能表示，你可以靠著你所賺的錢生活、存錢，還能為退休和累積財富而做投資。資產淨值並不是一個穩定的數字，透過你的各種財務決定，你可能會把這個數字推向正或負的任何一方。

❖ 開始行動

以下是幫助你評估資產淨值並使之成長的四大重要行動：

1. 計算自己的資產淨值。
2. 接受自己目前的資產淨值。
3. 設定資產淨值目標，然後找出可達成目標的步驟。
4. 在做財務決策時要優先考慮的事。

行動 # 1：計算自己的資產淨值

淨值是一個獨立數字，代表你的基本財務健康狀況，它不會透露出你的成就、個性或成功與否，不會顯示你是哪一種職場女性、是媽媽或是廚藝如何，也不會顯示你是否會在婚禮上磨壞那片跳舞的地板。淨值數字就只是一個數字，你可以把你的財務資訊填進以下算式：

資產（你擁有的東西）－負債（你欠別人的東西）＝資產淨值

根據你填入這個簡單算式裡的資訊，可能會得到正數或負數淨值，甚至可能淨值為零。重要的是，算出來的結果可能跟你賺多少錢沒有關係。你可能會比其他人賺得少，但是淨值比較高，因為你的負債比資產來得少，而其他人並不是這樣。

例如，我剛開始教書時，我有一個朋友是律師，即使她賺得比我多很多，她的資產淨值卻比我少很多，因為她的負債比我多。稍後我會再解釋這兩個例子。

當你在盤點自己的資產淨值時，你要確定把所有事情都計算進去，如果你漏了什麼，你的淨值圖像就不準確，這樣就沒有意義了。我們在整本書裡都談到資產及負債，但是為了確定你知道每一個項目的意思，以下我列出完整的清單，這些是計算資產淨值時要包括的每一個項目。

❖ 資產（你擁有的東西）

現金顯然是資產，但是資產不是只有現金。資產是任何你擁有的有價值之物。你可以把資產想成是可以把錢放到你口袋裡的東西，例如：

- 股票。
- 不動產（價值）：住宅、商用，或是未開發的土地。
- 汽車（大部分的汽車都是會貶值的資產，它的價值會隨著時間愈來愈低）。
- 珠寶、藝術品、收藏品。
- 存款（現金）。
- 貴重金屬。
- 設備。

❖ 負債（你欠別人的東西）

負債是談起來比較不愉快的部分，但是它的重要性與資產相同。負債是你欠某人或某個機構的東西，你可以把它想成是會從你口袋裡把錢拿走的項目，例如：

- 銀行借貸。
- 學貸。
- 車貸。
- 房貸及房屋淨值貸款。

- 信用卡債務。

- 所得稅債務。

- 未繳付的帳單（例如醫院帳單或個人借款）。

此時你應該已經用心算大略估算出一個數字了。也許你會想「噢，天啊！結果怎麼是一個很大的負數……」，或者可能是「啊，我有一個正數小寶寶……」，或者你認為自己是一個「長得還不錯」的女孩，所以妳懷疑自己的資產淨值應該屬於另一個「更高的層級」才對。

無論你怎麼想，都不要再想了。這就像一直凝視著體重計可就是沒有真的站上去，根據一個你並不確切知道的數字，先發制人地在那裡喊高或看低。而且，用「猜測估計法」算出來的資產淨值通常會悖離事實，因為大部分人根本沒算過這個數字。不管是什麼情況，最好是放下所有的假設，讓數字自己顯示出真正的狀況。

所以，現在開始列出你的資產和負債。你要利用資產淨值表（請見附錄）把它們寫下來。做好淨值表之後請放在手邊，以便你可以隨時查看。

❖ 列出你的各項資產

找出資產和資產價值時，以下是一些訣竅和你可以問自己的問題：

- 為了容易上手，先從最明顯的資產開始，那就是現金。

只要檢視你的儲蓄帳戶就可以了，不要看活存帳戶，因為活存帳戶裡的數字上上下下，那是你每天進出的錢，所以不完全是安全而且存得下來的資產。

- 你有沒有收集郵票、硬幣、娃娃，或甚至是古董車牌呢？我就是這些瘋狂收集迷其中之一，我有一批相當可觀的硬幣收藏品，那是我六年級的時候跟一個小孩買下的，他是個外派軍人子弟，這些硬幣是從他住過或拜訪過的國家蒐集來的。那時候不知道為什麼我就是覺得我應該把這些東西買下來。他以20美元賣給我。這麼多年之後，我還擁有這批收藏，現在價值上千美元，因為其中有些國家已經不存在了。並不是所有收藏品都有價值，但是有些具有價值的收藏品，你要把它想成是你的資產。如果你從來沒有把收藏品拿去鑑價，現在該是時候了。

- 你是否擁有珍貴的珠寶？藝術品？你花多少錢買下這些東西？如果是繼承而來，現在它們價值多少？

- 如果你有股票，拿出最近一次對帳單，記下目前市值。

- 如果你擁有動產／不動產，例如汽車、房屋，你要知道這些資產的價值，愈接近市價愈好。汽車可以用凱利藍皮書（Kelley Blue Book）*查看市價。房屋的部分可以上網找房屋估價工具。這些方式得出的估價不會超級準確，但是你可以得到一個正確價格範圍。使用網路房屋

---

* 美國的汽車估價與汽車研究機構，擁有近百年的歷史。

估價工具的好處是，它會考量附近區域類似房屋最近賣出的價格。你要知道的是如果你今天就賣掉房子，你會拿到多少錢。

把這些資產的全額寫下來，不只是你持有的部分而已（稍後在估算負債時，會把你在這些資產欠的錢記錄在負債欄位）。

❖ 列出你的各項負債

現在來到負債部分，我們必須承認它不像資產加總那麼有趣。你只要記住：你的負債本來就有一個數字，你不知道這個數字並不會改變事實，但是知道這個數字能讓你做出改變。步驟是：

- 開始思考你欠什麼人或什麼機構多少錢，基本上就是有餘額未清償的地方，即使你沒有收到對帳單。這可能表示以前你向父母借一筆錢來還款，可能表示你生產時或拉傷背時欠醫院一筆錢，可能表示三年前買的車還有欠款……這些都是債務。
- 每個月固定要繳的帳單並不屬於債務。例如水電瓦斯網路費，這些不算是負債。這條規則的例外是，如果你的帳戶有逾期未繳或累積結餘，這些數字就會算作是負債。
- 任何信用卡債也是一樣，如果你付掉每個月的卡債，那就不算是你的負債。但如果你只付掉結餘的一部分，還沒有付清的錢就要計入負債表。

如果你有房貸，你要把目前還沒有付完的貸款算進負債中（不是原本借貸的金額，除非這筆貸款是全新的，而且你還沒有開始付款）。目前還沒付完的部分，放在負債欄裡可能是個大數字，但是要記得，你在資產表中也列出房子的估價。所以，房價減去尚未還完的貸款，這筆帳面價值就可以貢獻到你的資產淨值裡。同樣的道理也適用在汽車上。

⑨ 房地產及淨資產 ⑨

你知道財富的基石之一是擁有房產嗎？沒錯！根據美國不動產協會的報告，平均而言，擁有房地產者的資產淨值，比租屋者的資產淨值還高出41倍。

這表示，你還貸款買房所累積的帳面價值，隨著時間經過，可以完全轉換成你的資產淨值。例如，我九歲時父母買下我兒時的家，價格是25萬美元。三十年後，這間房子付完貸款，價值大約是70萬美元。光是這棟房子，淨值就增加了45萬美元，它是一件買得很好的資產。

❖ 如何計算自己的資產淨值？

雖然計算淨值時有很多項目要考量，但實際上就是數學上的減法而已。以下我會用兩個例子告訴你這有多簡單，而且結果也會讓你大吃一驚。這兩個例子是二十四歲的我，以及先前我曾提到的那位律師朋友。

案例1：二十四歲的蒂芙尼

　　當時的蒂芙尼是一位老師，她每年都獲得調薪，她的年薪一開始是3萬9,000美元（二十一歲時），到後來是4萬5,000美元。她擁有一輛二手車，以5,500美元的現金購入。她沒有學貸債務，因為她上大學時是通勤，而非住校，所以學貸金額很少，已經還完了（那時候我還沒有念碩士的5萬2,000美元學貸）。她沒有信用卡債，因為她每個月都會付掉全額卡費。她會提撥退休金到401K帳戶裡，她的退休帳戶裡有2萬美元，儲蓄帳戶裡有3萬美元（因為她像「超級松鼠」一樣存錢）。

資產

- 汽車：5,500美元
- 401K退休帳戶：20,000美元
- 儲蓄帳戶：30,000美元

　　總資產：55,500美元

負債

- 信用卡：0
- 學貸：0
- 房貸：0

- 總負債：0

蒂芙尼的資產淨值為：55,500－0＝55,500美元 *

---

* 這個數字看起來很棒，但你還記得嗎？這些資產在我在二十六歲時因為被詐騙而全都泡湯了！傑克大盜的故事請見序章。

案例 2：珍妮佛

　　珍妮佛二十五歲，她是一位新科律師，一年賺 15 萬美元。她的學貸大約是 10 萬美元（她上的是普林斯頓大學及法學院，部分學費由獎學金支應）。她有一輛價值 2 萬 5,000 美元的新車，但還欠銀行 2 萬美元的車貸。由於她的學貸金額很高，因此她還無法提撥退休金到 401K 帳戶。由於工作的關係，她必須要打理治裝費，所以她有 3,500 美元的信用卡債。此外，她的存款為 5,000 美元。

資產
- 汽車：25,000 美元
- 401K：0
- 存款：5,000 美元

　總資產：30,000 美元

負債
- 信用卡：3,500 美元
- 車貸：20,000 美元
- 學貸：100,000 美元

　總負債：123,500 美元

珍妮佛的資產淨值為：30,000－123,500 ＝ -93,500 美元

　　老實說，珍妮佛的律師工作比蒂芙尼有更高的收入潛力。

如果她在增加資產的同時也謹慎處理負債，一段時間之後她的資產淨值就可以超越蒂芙尼。但是，蒂芙尼很懂得透過副業增加收入，而且她即將成立自己「預算天后」的事業，因為她熱愛個人理財也具備教學能力。無論是哪種方式，這兩個女人的資產淨值潛力，完全取決於「增加資產」和「降低負債」的能力。

> **你的作業**：請將你的資產和負債條列出來，然後計算出你的資產淨值（資產減去負債）。把這份資產負債表放在手邊，之後我們會用到。
>
> **預算天后加碼重點**：我知道你有多想拖延這項作業，但這件事真的不能拖、不能躲。你應該要在接下來的24小時內，至少做出一份資產淨值表的草稿。計時開始！

行動#2：接受自己目前的資產淨值

雖然這個行動很小，但它非常重要！

無論你的年齡或收入等級，檢視自己的資產淨值都是一個很有價值的行動，但這不表示，你把自己擁有的東西減去自己欠別人的東西之後，你對這個數字會感覺良好。大部分的人都不想知道自己的資產淨值，我知道原因是什麼！

我希望你了解，無論你的淨值是多少，都沒有關係。你可能會有3,000美元的存款、1萬美元的學貸，這表示你的資產淨值是負7,000美元。沒有關係的。或者你可能會有比較大的

負債數字，就像珍妮佛那樣——資產淨值為負9萬3,500美元。這也沒有關係！

要記住：計算你的資產淨值只是要看你現在處於哪一個位置，只是說「我要量量體溫，知道現在的財務健康狀況如何，這樣我才能清楚知道接下來我要採取什麼行動。」

⑤ 工作的意義是什麼？ ⑤

最近我在一個Podcast節目上，聽到饒舌歌手Jay-Z之前的商業夥伴Dame Dash說了一段話，讓我不禁停下手邊正在做的事。他說，「我希望更多人了解工作的真正意義。工作的意義是『擁有』。而且你擁有的東西會成長，有一天會讓你不用再工作。」

哇！這對我來說真是意義深遠。我們很多人都以為工作是為了付帳單、享受小確幸、存點錢度過壞日子。其實，如果你翻轉心態，你也會翻轉你的資產淨值和負債，讓你的財務更健全。

你要努力工作付帳單、享受小確幸、存錢應急，但是不要忘記，你工作的目的是要「擁有資產」。如果這件事做得對，最後你可以靠工作所得的資產來生活。

你的作業：算出你的資產淨值之後，請跟自己好好相處一下。你是否對這個數字感到失望或沮喪？你是否在跟別人做比較呢？例如「我猜我姊姊的資產淨值比我還要高——可惡！」別難過，你現在算出來的數字還需要有一個計畫來改變它，而我會幫助你達成這一點。

預算天后加碼重點：如果你的資產淨值是負數，可能有許多原因：

- 也許你才剛開始工作，所以你還未還清某些債務（很可能是學貸）。

- 你可能才剛開始投資，所以你的錢還未成長到足以超過負債。

- 你可能才剛買了一個很貴的東西，例如車子，你剛開始付車貸；或是剛買房子，你還沒有足夠的時間讓它增值。

- 你可能過度借貸了。你是否背了很多卡債及其他借款呢？請不要自責，也不需要做道德評判。我也曾經是這樣，而且我還為了這件事寫了一本書，呃，就是你現在看的這一本。

好消息是，以上這些原因都可以扭轉，只要你有良好、穩固的目標，以及為了達成這個目標所採取的行動。

行動#3：設定資產淨值目標，然後找出可達成目標的步驟

你要接受你目前的資產淨值，但也要對它抱持更多期望。為什麼呢？因為「正淨值」的威力非常強大，它可以讓你沒有壓力的退休、在你旅行時不會有罪惡感、讓你帶家人外出用餐時不必錙銖必較等等。

但是請記住：擁有正資產淨值並不等於「擁有很多錢」，如果你欠的比你擁有的東西還多，那麼無論你賺多少錢，它都會是負的。有些人一年賺100萬美元，但資產淨值是負1,000萬美元，這不會是你的目標！

你的目標應該不僅僅是賺更多錢。你希望你的目標是每一年都多擁有一點？或是每一年都少欠一點？或者兩者皆是呢？這就是聰明的資產淨值思考，是不是比較有策略，而不是只是說「我要賺更多錢……」呢？

❖ 設定你的資產淨值目標

一個理想的資產淨值目標應該是具體、符合現實的，並且有行動步驟來支持的目標。相較於模糊的目標，一個具體的目標更能激勵你。為此，你必須思考一個特定的金額及時間框架，你可以選擇專注在負債、資產或是兼顧兩者上。這是什麼意思呢？請看以下的示範：

- **資產淨值目標**：我希望接下來的兩年，讓資產淨值增加

1萬美元。

- **專注在負債**：我希望接下來的兩年付完車貸，讓負債減少1萬美元。

- **專注在資產**：我希望接下來的兩年透過家教的副業存錢，讓資產增加1萬美元。

設定具體、符合現實的目標才能讓你慶祝成功，而不是迎來失望。一個數十億美元的目標對你來說是天方夜譚，對吧？

這時，你要再拿出我們在第二章做過的收支表，還有前幾章探討過的存款、債務清償，以及投資目標。你應該已經做好這些計畫，把這些計畫當作工具，協助你找出具體的資產淨值目標，然後把目標稍微再提高一點。請問問自己：如果我存更多錢或投資更多錢呢？如果我賺得更多呢？如果我更快把債務還完呢？這些選擇對我的目標會有什麼影響？

請記住：一個具體、符合現實的目標，不代表它不能是一個大目標，只要有相對應的做法來支持它就可以了。我喜歡也相信更大的目標，但你必須把大目標分解成數個小目標，使它更容易達成，你也不會因中途受挫而氣餒。

理想的做法是，你至少要有兩套專注在資產或負債的行動步驟（或也可兼顧兩者）。最重要的是，這些目標及步驟應該要隨著你的生活變化而不斷調整、優化。

以下是幾個例子：

案例1：珊卓的計畫

具體目標：我希望在五年之內擁有10萬美元的資產淨值。

現實是：當珊卓開始進行這個計畫時，她的資產淨值為5萬美元，因此在行動方案的支持之下，這個目標看起來是實際可行的。

支持珊卓達成目標的行動步驟是：

1. 我將使用第四章的「滾雪球式還債法」，還掉1萬美元的學貸。
2. 我剛拿到另一個學位，所以我要利用第六章「增加收入來源」的訣竅要求公司加薪，或是找到一個薪水更高的工作。
3. 我在房價持續上漲的地區擁有一間房子，我打算自己動手做一些低成本的房屋裝修的工作，這麼做預計可以讓房子的價值增加3萬美元。
4. 我要開始在網路上經營我的顧問事業，而且我已經有一些透過介紹而來的案源，我估計這項事業一年可以讓我多賺1萬美元。

案例2：艾柏妮的計畫

具體目標：我希望在二年半之內增加1萬美元的資產淨值。

現實是：艾柏妮開始進行這個計畫時，她的資產淨值為負1萬美元，而增加2萬美元的目標是可以做到的，因為她有行

動方案的支持。

支持艾柏妮達成目標的行動步驟是：

1. 我要在今年之內付掉剩餘3,000美元的車貸。

2. 接下來的兩年，我要利用「滾雪球式還債法」付掉7,000美元的卡債。

3. 我要開始一個新兼差（為部落格主寫文章），收入大約是一個月1,000美元。我要把這筆錢的一半拿來儲蓄，另一半拿來付掉債務。

4. 在我的公寓租約到期之後，我要搬到一間小一點的套房，這樣一個月能省下200美元。在我的卡債清償之後，我要用這筆省下來的錢做投資，而且還要存下至少三個月的緊急預備金。

你的作業：把具體的資產淨值目標寫下來，然後制定實際可行的步驟來實現它，包括「增加資產」和「降低負債」的方式。

預算天后加碼重點：在讀過珊卓及艾柏妮的行動步驟之後，你可能會想：「嗯，看起來她們都讀過我手上這本書！」這是因為在很多方面來說，「資產淨值」的概念等於是將所有聰明理財的元素集合起來。也就是說，要想增加資產淨值，你就必須了解預算、儲蓄、處理債務、提升信用分數、增加收入、投資等本書前幾章的內

容,並透過保險來保障你的財富。請記得重溫那些跟你資產淨值相關的章節,你也可以利用以下的表格,快速找到你需要複習的內容。

快速導讀：增加資產淨值的關鍵要素

增加資產的方法

- 制定預算→第二章
- 增加儲蓄→第三章
- 增加收入→第六章
- 加薪談判→第六章
- 開始做副業→第六章
- 開始做投資→第七章

減少負債的方法

- 整合債務→第四章
- 制定債務清償計畫→第四章
- 利用意外之財加速還掉債務→第四章
- 管理信用分數→第五章
- 保障財富→第八章

行動＃４：在做財務決策時要優先考慮的事

現在,你已經知道資產淨值的運作方式,還有制定目標及實現它的相應步驟,基本上,你已經掌握了提升資產淨值的知識基礎。

從很多方面來說,你要做的就是這件事。只不過,這些還

只是在紙上談兵而已，你腦袋裝的都是數字和策略，但一旦到了真實世界中生活、呼吸、面對各種讓你花錢的誘惑時，會發生什麼事呢？當你聽到：申辦百貨公司聯名卡可以省下20％，外加「只限今天再省10％」……你腦中那些淨值數字恐怕都會被拋到九霄雲外了。

所以，本章的最後一個行動就是——從現在起，當你在做任何財務決定時，請務必要想到你的資產淨值，特別是要注意債務累積的速度會有多快。

通常債務會透過「分期付款」而迅速累積，當你分期購買電視、冰箱、食物調理機、沙發、邊桌……你就是在借貸，這些東西都會滾成一筆未清償的結餘，成為你負債表上的其中一行，然後「砰」的一聲——你的資產淨值就往下掉了。

事實上，你可以透過存錢、付現來購買大部分的東西，如果你想得到信用卡的飛行哩程、紅利點數或其他優惠，最好是等你擁有能全額支付的現金之後，再去刷卡消費，這樣就能避免產生利息。

所以從今天開始，每當你有機會「新增」一筆負債項目時，你都必須停下來想一想，問問自己：這麼做值得嗎？你可能真的很想要那台嶄新亮麗的食物調理機，但你真的需要它嗎？它會導致一筆你沒辦法馬上付清的卡費嗎？如果你能存錢買，那就存錢買，把這筆錢一次付清！因為若不這樣做，你就是在借錢，而且是跟未來的你、未來的收入在借錢，你的「汪達」絕對不希望你這麼做。

⑤ 利用你的資產來負擔你應付的款項 ⑤

你喜歡好東西嗎？我也喜歡，所以我想出一個支付那些昂貴物品的絕佳方法——我利用我的資產來負擔應付的款項。還記得嗎？資產是把錢放到你口袋裡的東西，而負債則是從你口袋裡掏錢的東西。

有一個現成的例子是：那次當我計畫去希臘的聖托里尼島度假時（那是我去過最美的地方），我不想讓信用卡把我的債務變得愈來愈多，因此我積極地去接洽能支付我費用的演講活動，我把這些收入存進我的旅遊基金帳戶（存款帳戶裡的現金就是一種資產），我用這筆錢付掉了那次有史以來最棒的旅行費用！

這個做法一方面讓我保持積極，同時也讓我的資產淨值持續成長，而你會怎麼運用這個方法呢？

這裡有一個重點是：我並不反對分期付款，它確實有它好用的地方，但通常僅限於以下四種情況：

- 買房子。
- 支付醫療費用。
- 支付教育費用。
- 買車（雖然我大力提倡用現金購買經過認證的二手車，但這並不適用於每個人）。

除了這四種情況，我鼓勵你從現在開始練習，在掏出信用卡、使用分期付款之前，先按下暫停鍵。我記得以前，我在溫蒂漢堡刷卡購買雞肉三明治是我的本能反應，我壓根也不會想到刷卡買三明治居然可能會影響我的資產淨值，但它就是會！每次當你刷卡時，你就是在借錢，想想看，你居然借錢來買一個三明治……但現在我的本能反應不一樣了，我會考慮我的負債、我的資產淨值目標，然後我會說「不，謝謝」（我還是會去溫蒂漢堡啦，但我現在是用現金付款）。

你的作業：不管你走到哪裡，一定要把資產淨值放在心上！你也必須要改變你的心態，告訴自己「你不是消費者，而是累積資產的人」。請重讀本書第三章，練習「有意識」的花錢，問自己：我是需要、熱愛、喜歡，還是想要它？這能幫助你判斷支出的輕重緩急。如果你現在在消費時的本能反應是掏出信用卡，請務必思考不同的支付選項，包括存錢購買，或是用現金一次付清。你的未來值得你這樣做！只要問問「汪達」就知道了……

預算天后加碼重點：你知道「現金為王」嗎？當我好不容易擁有自己的房子，前往一家獨立經營的家具店添購家具時，由於我付現的關係，店家特別給我20%到30%的折扣，因為付現通常意味著店家能因此省下一筆信用卡處理費，而消費者就有較大的折扣空間（對規模較小的店家來說，這筆費用對營收會有更大的影響）。

使用現金支付還能保護你的資產淨值，因為有研究指出，使用現金而非信用卡，將有助於減少開銷。

複習

所謂的「資產淨值」，是將你擁有的東西（資產）減去你欠別人的東西（負債）。如果這個數字是正數，表示你可以對你的錢放心，但這個數字並無法直接反映你賺了多少錢。

關鍵是要記住：沒有必要為了你目前的資產淨值而苛責自己。只要掌握數字、設定目標、找到步驟實現，別忘了，這件事由你主控！你的作為會直接連結到你的淨值。學著儲蓄、學著降低負債、學著投資、學著賺錢，做就對了！

最後，你必須每隔六到十二個月追蹤一次你的資產淨值，也就是更新收支表上的數字，看看是否有任何空間能調整你的淨值目標。

好了，現在你的財務健全度已經達成了80％，你擁有一個數值為正、或即將由負轉正的資產淨值；如果你有任何看上眼的東西（負債），你可以用存款（資產）去負擔它，而且你還有至少三個月的緊急預備金，買下它並不會讓你脫離你的財務目標，那麼就買吧！讓你的資產來負擔這筆錢。

第
十
章

建立你的財富管理團隊

你需要一個團隊,確切的說,是需要一個「財富管理」團隊,這個團隊是幫助引導、影響你財務決定的支援系統。

根據你財務狀況的複雜程度,這個團隊的成員會有所不同。如果你的財務狀況較單純,例如你是上班族,且擁有雇主提供的401K退休帳戶,你的房子是租來的,而且有一點點積蓄,那麼你的財富管理團隊成員可能是由你的伴侶、同儕,以及一個金融教育者——像我這樣寫書或開課的人擔任(我很高興能加入你的團隊)。

但如果你的財務狀況較複雜,例如你有自己的公司且雇用了其他人,你有自己的房產,也有房貸要繳,那麼你的財富管理團隊就需要加入會計師、律師、具專業證照的理財規劃顧問,以及記帳人員。這些專家能根據你的狀況提供個人化的指

導。

由於專家提供的是個人化服務，你必須支付較高的費用。如果你是某個領域的門外漢（即便是我，也需要理財顧問和其他專家的協助），而你能找到一個可信任且專業知識豐富的人，那麼這筆錢就會花得非常值得。在這一章，我會介紹五種最常見的財富管理團隊成員，每個在不同的財務階段的人都會需要他們的協助。

開始計畫！

目標：組建你的財富管理團隊，幫助自己達成財務目標。

要組成一個適合自己的財務管理團隊，關鍵在於把你的財務目標寫下來，然後釐清若要達成目標，你會需要哪些協助？當然，你還必須找到有哪些人可以提供你需要的協助。

例如，如果你的目標是賺更多錢，你可能會需要一位談判或業務教練。負擔不起嗎？不要擔心，你可以先找一位符合你需求的公眾人物，透過網路聽他們的訪談、看他們的影片、在社交媒體上訂閱他們的頻道。要得到對你有用的協助，並非一定得與專家「面對面」才能辦到。我的財富管理團隊裡有許多人，我都沒有親自與他們見過面，而是透過他們提供的免費線上資源來學習。

如果你有預算可負擔個人化的理財協助，我也會教你幾個訣竅，讓你順利找到你需要的團隊成員，包括如何與他們面談及測試——每一個步驟所花的心力，都是為了找到對的人。如

果讓錯的人圍繞著你、為你工作，會讓你步入歧途。就像你有可能受到揮霍無度的朋友影響，讓你過度消費而偏離財務目標，同樣的，你的理財顧問若教你使用不符合你財務目標的投資策略，也無法把你送到你想去的地方。

❖ 開始行動

如果你需要以下這些專家的協助，本章的行動方案將會非常適合你：

1. 責任夥伴（Accountability partner）。
2. 有證照的理財規劃顧問（CFP）。
3. 註冊會計師（CPA）。
4. 資產規劃律師。
5. 保險經紀人。

我希望你採取的行動，是反覆熟悉這五位專家的定義，然後記住有誰是你現在需要納入團隊的人，隨著你的財務狀況愈來愈複雜，你的需求可能會改變，而這些人就會派上用場。

一旦你確認了你需要的對象，你就能進一步去聘請專家，無論是透過網路、請人推薦，或是直接約對方面談都可以。本書附錄的「理財生活範本」能協助你跟這些財務專家面談。

行動＃1：找到你的「責任夥伴」

責任夥伴是你財富管理團隊中唯一必備的成員，這個人能協助你達成目標，而你也會協助對方。

由於這個人是「夥伴」，因此你要找的是能支持、鼓勵你的人，而不是會貶損、潑你冷水的人。許多人可能會優先考慮自己親朋好友，這是一個好的開始，但如果你身邊沒有這樣子的人呢？我認為你也可以考慮親朋好友以外的人，特別是某些太熟識的人可能會對「什麼才是對你最好的東西」有太多意見，他們或許是好意，但同時也會過於頑固，無法客觀看待你的目標——你的目標就是你的目標，找責任夥伴的目的並不是要評判你的目標。

我認為責任夥伴應該要具備以下特質：

1. **目標明確**：他們是否對自己想實現的目標有一個明確的方向？就算別人反對、不支持也能不改初衷。
2. **態度積極**：雖然這並不代表他們是樂天派，但他們對自己設定的目標有把握嗎？他們有信心能讓夢想成真嗎？他們是否能自信地說出「我可以……」、「我有能力……」、「我將會……」？
3. **有令人敬佩的敬業精神**：任何人都可以努力工作，但他們是否願意去做那些「必須做」的工作——是否能持續努力，直到達成目標？
4. **能互相提升彼此**：他們會花時間跟哪些人相處？他們的

朋友圈都是哪些人？是那些能激勵彼此的人，還是那些無法讓你尊敬、讚賞的人——你會希望圍繞在你責任夥伴的身邊的人，是一群你也想親近、接觸的人。

具有上述特質的人，我稱之為「捕夢者」。他們會支持、賦予你追求財富的力量——許多這類型的人都加入我的社交媒體行列，你的周遭也有「捕夢者」嗎？吸引捕夢者最棒的方式，就是讓自己也成為捕夢者！

> **你的作業**：找出生活中有誰可以成為支持你的夥伴或是「捕夢者」，然後詢問對方是否願意成為提升彼此能力的責任夥伴。這段時間要為期多久由你們決定，但關鍵是一定要定期給予對方支持、鼓勵，並更新彼此的財務狀況。
>
> **預算天后加碼重點**：找不到「捕夢者」嗎？別擔心，我認識的捕夢者超過一百萬人，真的，你可以在我的網站上找到他們。

行動 #2：找到你的「理財顧問」

我喜歡把通過認證的「理財規劃顧問」（以下簡稱CFP）當作是財富管理團隊中的隊長，由他來協調團隊中的其他成員。

CFP能幫你處理任何跟提升「財務健全度」有關的事

情——可以跟你一起制定預算、管理債務，還有規劃退休金、大學學費、遺產、稅務、風險管理，以及其他財務目標。他們未必要精通每一個領域，但他們具備一定的知識基礎及人脈，能協助你達到想要的成果，必要時也能幫你找到其他專家。

⑤ CFP與其他理財顧問有什麼差別？ ⑤

「理財顧問」可以是任何幫客戶管理金錢的人，儘管這個職稱並不一定經過認證。相對的，CFP是通過認證的理財顧問，他能協助你制定計畫以達成長期的財務目標。一名合格的CFP必須接受嚴格訓練，且至少要具備三年的業界實務經驗，才能通過美國理財規劃顧問認證協會（CFP Board）的認可。此外，要拿到CFP的證書還必須通過資格考試，且要擁有高度的道德標準。

要注意的是，某些理財顧問也可能會使用類似的頭銜，如果你想找的是擁有CFP資格的顧問，一定要確認他有通過官方的認證（請見finra.org）。

無論你找的是CFP或其他理財顧問，請切記不要急。為了掌握你的狀況，那個人會問你許多私人問題，包括你的存款帳戶有多少錢？你每個月在特定支出上花多少錢？你每年賺多少錢？你的房子值多少錢？……你們的關係可能會因此變得有點緊張。在本質上，這個人應該是要「和你一起變老」的人，你不會想每隔幾年就換一個新顧問。

一旦你決定了人選，你們就能決定要以什麼形式會面。可

能是親自面對面，或是以視訊、打電話的方式洽談。剛開始時，你們會面的次數會較頻繁，你的理財顧問會掌握你所有財務面的細節，將你導向正軌，接下來你們可能每季或每年才會見一次面。

　　儘管我自認自己的財務相當健全，但我還是聘請了一位CFP。我喜歡她是因為她不會亂賣我東西，但她會指出我財務上不足的部分。例如，最近她指出我與我先生的保險保得不夠，但她沒有賣給我任何保險產品，而是要我打電話給原來的保險公司增加保障。你在找人的時候也要這樣，你要找的是真正能為你最佳利益著想的人，而不是為了他們自己的利益著想。

　　一個好的理財顧問會檢視你的資產，聆聽你的目標是什麼，然後讓你的行動與目標保持一致。聽起來很簡單，對不對？但這確實是一門藝術！

　　當你在尋找理財顧問時，必須考慮三個關鍵因素：

　　1.是否需要：何時才是找理財顧問的最佳時機呢？大部分的專家都會說愈早愈好，因為他們希望協助你盡早打好財務基礎，而不必幫你改掉不良的財務習慣。

　　但是，該不該尋求理財顧問的協助，這是非常個人的決定，取決於你的收入、職業和資產。例如，如果你在校所學的專業，能讓你在畢業後馬上賺到錢（例如醫生），那麼盡快尋求專業人士的協助就是明智之舉，這能讓你為成功做好準備。相對的，如果你即將退休，卻從未找過任何顧問幫忙，那麼你也需要盡快尋求即時的協助。

如果你善於對自己負責，財務狀況也還算簡單，那麼你也許你就不需要理財顧問的協助，因為你能自行打理所有正確的理財步驟。

有些理財顧問也是投資顧問，我在第七章提過，除非你要投資的錢超過25萬美元，否則不用考慮找專業的投資顧問，而且由於這會涉及較高的費用，透過低成本的指數基金來投資其實會更具成本效益。

但如果你的財務狀況較複雜，或是你繼承了一筆可觀的遺產，那麼理財顧問就能幫你很多忙。請記住：你可以視你的需求，按時薪支付顧問的費用，請對方針對特定項目給予建議，如果你需要特定建議但無法負擔一整年的顧問費用，這會是比較可行的做法。

2.收費方式：為財務建議所付出的諮詢費用可能會抵銷你在投資上的獲利，所以你必須要弄清楚理財顧問會花你多少錢，他們是怎麼收費的呢？常見的收費類型包括：

a.固定費用（Fee-only）：即直接由客戶（你）付款來買理財顧問的服務。你可以選擇不同的付費方式（這是好事），例如支付他們時薪，也可以預付一筆顧問費用（通常是一年數千美元）。我的CFP也是收固定顧問費，我每年會支付她一筆預付金（按月付款）；若他們幫你做投資，則是按操作該筆資金的百分比收費，也有按固定費用收費的，這完全取決於你所挑選的顧問。

如果你的顧問是以幫你投資的資產總額比例來收費，

這個比例平均會落在1%左右，且通常是按照階梯式費率來收費，這部分就具有和對方議價的空間。

這類只收取「顧問費」的專家，並不會從推薦給客戶的金融商品那裡得到佣金或其他報酬，他們是所謂的「受託者」（fiduciary）——在法律上必須以客戶的利益為優先。

b.固定費用加抽佣（Fee-based）： 除了向客戶（你）收取基本的顧問費之外，他們也會從其他管道收費，例如賣出某個金融產品（共同基金或保險）的佣金，這筆費用是由發行該產品的機構支付給他們的。

雖然他們會收取佣金，但他們的主要收入還是來自客戶的固定費用（計時收費或按投資資產的某個比例收費）。我訪談過幾位這類型的顧問，他們為客戶制定財務計畫的費用平均為1,000至1,500美元，執行計畫時則會再額外收費。

c.佣金制（Commission-based）： 這類型的顧問不會直接向你收費，而是從他們賣出的金融產品中獲取報酬，因此，客戶（你）做愈多交易或是開愈多帳戶，他們的收入就愈多。這種顧問就不一定是「受託者」（有義務為你的最佳利益著想），這也是我最不喜歡的收費方式。

重申一次：如果你打算聘請一位理財顧問（最好是CFP），我建議你選擇收取「固定費用」的顧問，一來他們的收費方式較彈性，二來他們不賣產品，由於少了利益衝突，他

們更能針對你的財務狀況給出中肯的建議。

正如我父親所說，「誰付錢給風笛手，誰就能決定他要吹什麼曲調。」也就是說，付錢給 DJ 的人可以挑選自己想放的歌——當你選擇只收「固定費用」的顧問時，他們就必須按照你的意思，播放你想要聽的內容，他們有義務要為你的最佳利益著想。這樣懂了嗎？

⑤ 負擔不起理財顧問的費用怎麼辦？ ⑤

過去，理財顧問的費用讓很多人望之卻步，但現在這已不再是有錢人專屬的服務，無論你從哪裡開始起步，你都能找到替代方案。

本書第七章提到的「機器人理財顧問」，就是一種取代真人的數位金融服務。它的運作原理是：當你填寫完相關問卷之後，電腦演算法會根據你的風險承受度及財務目標，為你建立一個投資組合。由於過程是自動化的，所以機器人理財顧問能提供你低成本的投資管理服務。目前，這類服務的費用從0%（如果你投資的資產總額不高）到0.50%不等，相當於真人顧問費用的一半！

如果你在財務上還沒有準備好要尋求專家協助，還有另一個選項，就是好好利用你手上這本書，提升自己的財務健全度。你已經踏出重要的第一步，只不過，理財知識永遠學無止境，如果你能持續學習，你就會更有能

力為自己做出更棒的選擇。

　　在聘請理財顧問之前，你知道得越多愈好，這樣你就更能積極參與決策過程，為自己整體的財務未來投入更多。

　　3. 個性是否契合：你要跟理財顧問揭露許多個人層面的事。老實說，如果有任何消息，你在跟別人說之前，可能會先告訴你的顧問。愈是能自在的跟對方分享訊息，這段財務規劃的經驗就愈好。

　　在你決定顧問人選之前，必須試著跟至少三個人面談，尤其是你從來沒有合作過的人。因為每個顧問的風格都不一樣，如果沒有跟不同的人談過，你就無從比較。

　　有一個方法可以確認你是不是找到對的人，那就是做一份非常完整的自我介紹，找幾個口袋名單中的對象，在面談前先跟對方分享這份資料。本書附錄有一個「理財生活範本」，你可以把它當作範本，讓對方瞭解你的財務概觀和需求。

　　我自己在找理財顧問時，把這份資料秀給幾位顧問人選看過——好啦我承認，我總共面談了二十個財務顧問！

　　聽來很多對吧，這表示我很認真看待我的錢，而你也應該如此！不過，我很確定我把其中幾個人給嚇跑了，因為我很確定我要的東西是什麼，但話說回來，這是因為過去我曾有不愉快的合作經驗，所以在重新開始之前，我必須要能夠信任對方才行。

你的作業：根據你的收入、能夠負擔的程度、目前的財務目標，決定你是否需要找一位理財顧問，並決定你要與哪種類型的顧問合作。我建議找經過認證的CFP，或是機器人理財顧問。

如果你決定找真人理財顧問，那就填好附錄中的「理財生活範本」跟對方分享，並了解對方的收費結構。最好是找只收取固定費用的顧問。你可以請親朋好友推薦人選，或是透過網路論壇，請有經驗的網友推薦。

你甚至能找到針對特定職業或特定個人生活狀況的理財顧問——有些顧問專門協助教師、離婚婦女、單身者及其他特定族群。要記得多面談一些人，確認對方擁有相關證照且信譽良好。

預算天后加碼重點：某個理財顧問之所以適合你，可能是因為某些事前沒有預料到的細節或共同點，例如我是奈及利亞移民的小孩，而我的CFP安潔莉也是來自印度的移民小孩。所以當我跟她說，我要幫父母付清房貸且每個月都得匯錢給他們時，她不會說，「噢天哪蒂芙尼，不要這樣做。這些事不應該出現在妳的預算裡。」她能理解我為什麼要這麼做，因為替長輩（尤其是父母）負起財務責任也是她文化裡的一部分。

雖然這並不是我跟她合作的唯一原因，但「個人相似度」對我來說很重要，因為我不必跟她解釋某些事，她就能懂。當你準備好要跟某個顧問面談時，也要考慮你

> 的人生跟別人不一樣的地方。有人能夠了解你，可能也
> 會對你意義重大。

行動 #3：找到你的「會計師」

會計師（最好是註冊會計師，CPA）能幫你做稅務規劃、評估降低稅負的方法，當然也會幫你報稅。

我第一次跟我的會計師卡羅斯碰面時，他問了我一些問題。他問我是否有自己的房子、有自己的公司、有要撫養的眷屬、結婚了嗎……當時我單身，是一個租房子的幼教老師，所以我的回答都是「沒有、沒有、沒有」，他說，「好吧，你知道你需要的是什麼嗎？你需要的不是會計師，而是報稅軟體！」

換句話說，只有在稅務狀況很複雜，或有某些因素導致你的報稅程序很繁瑣時，你才需要會計師。否則，基本上你要做的事只要用報稅軟體就可以完成了。但如果你擁有一間或數間公司，或是擁有多筆房產，你就必須考慮聘用會計師。找會計師要注意以下幾點：

1. **擅長領域**：如果你在某個專業領域工作，或是需要特定稅務專業服務，一定要找具備該領域知識的會計師。例如，卡羅斯很擅長跟中小企業主合作。
2. **專業認證**：在美國，處理稅務的會計師都有自己的稅務識別碼（PTIN），你可以上美國國稅局的網站查詢，確

認你合作的會計師有經過認證。

3. **服務項目**：對方提供的服務有哪些？是否符合你的需求？你是要找人幫你報稅就好，還是要做節稅規劃？或是希望整個報稅年度都有人指導你？卡羅斯為我個人及公司報稅，同時他也會跟我的CFP、我公司的財務長及法務一起見面開會，他能為我和我的公司制定最佳稅務策略。

4. **收費方式**：會計師的報稅工作通常是收取時薪或一筆固定費用，你必須事先知道這會花你多少錢。

你的作業：要不要找會計師，取決於你每年報稅的複雜程度。如果你未婚、沒有小孩、沒有房產、只有單一收入來源，名下也沒有公司，那麼你只需要報稅軟體就可以了。如果你需要會計師的協助，必須確認對方有經過官方認證。

預算天后加碼重點：如果你財富管理團隊的成員有會計師及理財顧問，那麼你一定要介紹他們兩個人認識──他們需要知道對方在做些什麼，這樣才能共同制定出對你最有利的計畫。

行動＃4：找到你的「資產規劃律師」

這個人會協助你處理重要的法律文書，例如你的遺囑、醫

療處置意向、授權書、信託等等。這類律師的角色非常重要，因為他們會幫你照顧你身故之後的家屬；如果你失去處分資產的能力，他們也會代為處理你的資產事務。

如果家中有人過世，資產（遺產）規劃律師可以協助當事人處理遺產稅、收入保全、資產保護及家庭保全（讓兒童能跟家人待在一起）等，或是依照當事人的決定排除某人的繼承權。很驚人吧！但這些事確實可能發生。

如果你要找資產規劃律師，必須考量以下三個重要事項：

1. **信譽**：要找這種專業人士，口碑非常重要。沒有當事人會真的知道某個資產規劃律師有沒有把工作做好，通常只有還在世的親友才能告訴你他們的專業度如何。儘管如此，有聘用經驗的人還是可以告訴你包括合作是否順暢及費用等細節。此外，不要害怕利用社交媒體，你可以透過許多網路群組或論壇尋求大家的推薦。

2. **能力**：如果你要設立財產信託，你就需要對設定信託有經驗的人。遺囑也是一樣。授權書或醫療意向書可能沒有那麼複雜，但仍然需要一定的處理經驗。你也必須確認對方是合法的資產規劃律師，而不是一般律師。你應該詢問對方的執業經驗，以及是否具備相關的證書。

3. **收費方式**：這類專家的費用差異很大，端看你的需求及居住地。事先確認收費範圍是必要的。

行動#5：找到你的「保險經紀人」

你可以透過保險業務員買到保單，業務員是某間保險公司的員工，但保險經紀人就不一樣，他們並不是為特定保險公司工作，所以他能為你審視各種選項，協助你購買對你最有利的保單，從租屋、壽險到寵物保單都有！關鍵的區別在於，保險經紀人和保險業務員所代表的對象是不同的，前者代表的是你，後者則是代表一家（或多家）保險公司。

同樣的，要找到好的保險經紀人，口碑很重要，你可以先尋求大家的推薦。你會希望跟你合作的保險經紀人夠了解保單細節、確定為你做足保障。就像「保險」那一章提到的，理財顧問能推薦保險經紀人的人選給你，但你也可以超前部署，自己找到適合的人。

尋求口碑推薦的另一個理由是，保險經紀人可能同時對客

戶及保險公司雙方都有責任，這表示他們在為你的利益著想時，也會著眼於保險公司的利益。如果你的親朋好友對某個保險經紀人有正面經驗，至少你不會完全未知！

在美國，每個州都會要求保險業務員或經紀人必須擁有執照才能銷售產品，根據你的居住地，你可以查詢保險從業人員的執照編號和執業狀況。

一旦找到符合資格的對象，你就必須與他們面談，包括對方能提供哪些計畫？續保方式？會涉及哪些費用（是否有任何佣金）？還有拿到保單的程序如何？我絕對會想知道的是：該如何為我的保險計畫設定自動轉帳（每種保險類型都不太一樣）？還有，我應該要多久檢視一次我的保障？（請見第八章）

你的作業：請重讀「保險」那一章，找出符合你自己的保險需求，包括醫療、壽險、失能、產物意外險（房屋及汽車）等。你覺得自己的保障不足嗎？你認為你的保險狀況需要特殊協助嗎？如果答案是肯定的，那麼你可以考慮聘請一位保險經紀人。如果你沒有理財顧問可以推薦人選，也可以利用人脈網絡找人面談。

預算天后加碼重點：擁有專屬的保險經紀人很棒，但還有一個選項是尋求「數位保險經紀人」（digital broker）的協助，我的網站有彙整相關資訊，這種線上工具能幫助你比較不同的保險方案。

團隊力量勝過單打獨鬥

本章對我來說有特別的意義。過去，我因為沒有慎選財富管理團隊的成員而損失了好幾萬美元。還記得我在序章中提到「傑克大盜」的故事嗎？但現在，我的團隊成員涵蓋了本章介紹的五種專家（外加記帳人員和律師），他們每個人都經過我的審核且表現傑出。結果就是，我的財務狀況和生活徹底改變、變得更好了。非洲有句諺語說，「如果你想走得更快，就得獨自上路；如果你想走得更遠，就得跟別人一起走。」我希望走得更遠，希望你也是如此。

複習

在你通往財務健全的路上，你不能低估財富管理團隊的力量，實現目標最有效率的方式，就是獲得專家的指導和建議，讓你得到支持。你想賺愈多錢，就愈需要得到協助。

如果你事先做好功課，就愈能從團隊中受益——跟錯誤的人一起合作，最糟的後果很可能是毀滅性的。關鍵是：一定要做功課。這樣能讓你避免做白工，或付出更多不必要的代價。

現在，我覺得自己是一位驕傲的媽媽，因為你的財務健全度已經達到90％了！你可以透過社交媒體分享你的成就，現在你只差最後一步了。

第
十
一
章

———

做好資產規劃：讓你的錢遺澤後人

目標：
達成100%
財務健全度

　　我在本書中已談了很多保護自己的內容，現在終於來到最後階段——確保你能為自己，特別是為你所愛的人提供最終的保護，也就是建立一個完善的資產（遺產）計畫。

　　「資產規劃」這個詞通常會引起兩種相當不同的反應。第一，當你真正去想這是什麼意思，你會覺得有點詭異。第二，你會想：我又沒有「資產」，為什麼要去「規劃」一個我沒有的東西？

　　先讓我們談談第一個反應。資產規劃確實是一個計畫，是用在當你過世或失去處置能力時，告訴他人該如何處理你、你的物品、你的眷屬，以及你的財產。我不喜歡報告壞消息，但除非你長生不死，否則我們終有離世的那一天。對此，你最好

事先做好準備，這樣才能避免到時候讓你心愛的人受到雙重打擊。

至於第二個反應，在這裡所說的「資產」（estate）並不是其原意所指的莊園豪宅，只是借用這個字來描述你的財產，也就是計算資產淨值時的「財產」。確切的說，就是你儲蓄帳戶裡的現金，或衣服、珠寶、房產、汽車等等。若資產規劃的目的是遺澤後人，你也必須算進數位財產、企業利益，以及任何你想繼續捐助的慈善事業。

這兩種解釋是否能說服你，在人生中的某個時間點開始思考資產規劃呢？我知道你點頭稱是。那很好，以下我們就來談談該如何聰明地做好這件事。

◉ 客座講師：東妮・摩爾 ◉

本章我將邀請東妮（Toni Moore）來跟我們分享資產規劃的業界知識。東妮是一名律師（她擁有法律碩士學位，專精於稅務法規），她也是企業策略專家，擁有超過二十年的企業重整、資產保護及資產規劃經驗。有她的協助會令我們獲益良多！

開始計畫！

目標：確認、制定、執行（簽署）並為你的資產計畫挹注資金。

總有一天，你必須決定該如何處理你一生中創造出來的事

物。當時候到了，要由誰來做決定？你會希望某個人（或某個組織）做出違背你意願的決定嗎？我想不會吧。所以，要由誰來決定該怎麼處置你擁有和創造的事物呢？答案就是你自己。只要按照本章的步驟走，你就能做到這一點，你必須確認——你不僅是你人生的主宰者，而且還是你遺產的主宰者。

你可能會覺得制定資產計畫是一個大工程，大到你不知道該從何著手。有一個很好的入門方法是：你可以把它想成是一個「五年人生計畫」。為什麼是五年呢？因為你很難預測未來二十年或三十年之後的事，但想像五年之後的事就容易多了，你可以想出一套計畫來保護它。別擔心，我知道你不只是想要再活五年而已（我也是），但你必須每隔五年就要重新審視並更新你的資產計畫，藉以反映你的新生活及接下來的幾年。

在這個五年計畫中，你可能會有幾個目標，例如買房子、結婚、搬到另一個城市或另一個國家。許多人會為這類夢想或計畫建立一個「願景板」（Vision board），上頭可能貼了許多符合你夢想的圖片，然後把它放在你每天都能看到的地方，藉此激勵自己朝目標前進——如果你能經常看到它，夢想就會成真。同樣的，你可以把資產計畫看成是你幫「願景板」買的保險，它會在你過世後派上用場。想想看：我想留給孩子什麼東西？誰要承擔我的債務？我的配偶或伴侶會得到什麼？如果我比爸媽先走，那他們怎麼辦呢？我的狗呢？我希望牠跟誰一起生活？

你明白五年計畫的重要性了吧？如果你有小孩，而你制定了一個長達二十年到三十年的資產計畫，你可能會將計畫中的

小孩視為成年人，但事實上，當資產計畫真正啟動（你不幸過世）的時候，他們可能還未成年。

　　本章的要點是，把你生活中各項值得保護的事物都設想一遍。在你進行本章的行動方案時，要把這些事物放在心裡；畢竟，制定資產計畫就是一個愛的行動！

⑤ 制定資產計畫會花多少錢？⑤

　　資產規劃令許多人卻步的原因，是因為人們認為這要花很多錢。它確實會花你一些錢，但這筆錢實際上是取決於你的個人因素，包括你的資產水平及遺產方案的複雜程度，在美國，甚至連你住在哪一個州都會影響費用。

　　無論你是跟律師合作還是透過線上服務，資產規劃的費用都是根據你資產的某個比例收費，或是單筆收費。前者可能是資產總額的2.5％到5％，後者則沒有一定的標準，價格端看你是使用線上工具、自己規劃或是尋找正式的法律顧問（請參考第十章的「資產規劃律師」）。

❖ 開始行動

　　以下是達成「資產規劃」目標的七大行動：

1. 指定受益人。
2. 指定監護人（照顧未成年子女或有特殊需求的家人）。
3. 預立遺囑。

4. 預立醫療指示（生前預囑和持續性的醫療授權書）。

5. 思考長期照護計畫。

6. 設立生前信託。

7. 執行計畫。

　　你不必一次就做完這些。通常我會建議你應該試著每三到六週做其中一項。話雖如此，如果你身為父母，你真的真的不能不為小孩做監護人的規劃。我也強烈認為，如果你的伴侶關係是沒有正式結婚的狀況，而且這段伴侶關係是認真的，認真到你會希望是這個伴侶為你做決定，那麼你必須做好預立醫療指示，這樣你的伴侶才能在你無法為自己做決定時，合法的為你發聲。

行動 # 1：指定受益人

　　這並不是資產規劃裡最重要的部分，不過它是最簡單的，所以就從這裡開始！就像要躍入池水之前先浸浸腳趾，我知道你一定可以做到浸浸腳趾吧！

　　我曾在前面談投資及保險的章節提過受益人，這裡我再講一遍：受益人是指一個人或多個人，在你過世時，會因為你的保險或信託而收到保險金或資產分配金額。如果你知道這一點，但還沒有指定或更新受益人，那麼我猜你過去一直都在說：「好啦好啦，我之後會處理。」如果你還沒在相關的文件上簽名，請馬上就做！我們已經來到所謂的「之後」了。

正式被你列為「受益人」的那個人，其效力會勝過你寫在遺囑裡的那個人。這表示，如果你的受益人寫的是你的前夫，當你再婚時忘了更新這個人，那麼你現在的配偶雖然是你遺囑中某些帳戶的受款人，但因為你沒有將其改為「正式受益人」，所以當你過世之後，拿到錢的人會是你的前夫！

你的作業：請確認你所有帳戶的受益人都是「對的人」！我們來看看有哪些帳戶可以指定受益人（開戶時必須要填寫），以及如何檢查、更改這方面的資料：

- **銀行／高利息儲蓄帳戶：**有受益人選項的銀行帳戶，被稱為「死亡時可提領的帳戶」（金融業的用字都很精準）。請檢視、更改或增加你的受益人，如果是有實體銀行的戶頭，你可以打電話或親臨分行，或者可能有線上辦理的選項；如果是限定網路操作的帳戶，你得要登入它們的網站，找到管理受益人的連結。

- **員工福利：**詢問你公司的人資，了解特定福利計畫的細節，並要求加入或更新受益人。

- **壽險：**跟你的業務員討論，或直接詢問保險公司如何更新你的受益人資料。

預算天后加碼重點：東妮提醒我們，「如果你是工會成員，有可能可以領到死亡給付，這個部分需要填寫受益人。其他需要指定受益人的福利金，還包括退休計畫、甚至是paid-time-off計畫。請務必檢查、確認你的受益人符合現狀。」

行動＃2：指定監護人

如果你有未滿十八歲的小孩，做好指定監護人計畫一定是比較好的。如果你發生什麼事，這個計畫會指定「誰能合法照顧你的小孩」，他們能協助你的小孩註冊入學、協助他們做醫療或法律上的決定等等。

想到要離開你的孩子就覺得很可怕，這一點我知道，所以，選擇監護人是一件大事。這個人（或這些人）必須愛你的孩子，能給他們住、吃，以其價值觀和宗教信仰來養育你的孩子等等。有很多因素要考慮。

如果你的家人有某些特殊需求，而你是主要照顧者，那麼考量也是類似的。如果你出了什麼事，誰能取代你照顧這位家人呢？誰能協助他們服藥、護理或接送他們就醫呢？

一旦你找出可能作為監護人的人選，你要跟他們討論。很多人可能會認為這是一種榮譽，但是被你選中的人也可能會說，「我愛你的小孩，但我不認為我能負起那種程度的責任。」這並不少見。顯然，這是你現在就必須知道的事，這樣你才能做出調整。

> **你的作業**：找出你想指定為「監護人」的人選，並跟對方面談，確認其意願。實際的監護權是透過遺囑指定的，你可能會希望由律師來幫你起草（請見行動＃3）。我把「指定監護人」當作一個獨立的步驟，是因為這很

可能是影響你遺囑內容最大的因素之一，如果你能在遺囑起草之前先把這個問題的答案想好，將有助於後面的行動。

預算天后加碼重點：東妮提醒，「如果你沒有為小孩指定監護人，就會變成是由法院來幫你決定，而你不會希望你孩子的命運是用這種方式來決定。」如果你跟配偶分開，或是你擁有孩子的單獨監護權，指定監護人這一點就格外重要。

東妮說，「生父或生母是法律上推定的實際監護人，只需提出出生證明，你的前夫就能獲得小孩的監護權。如果禁止對方接觸小孩的法院命令還有待決定時，這當然會是個問題。而且，如果你的小孩在滿十八歲前要有金錢上的收入，你就必須指定監護人。如果未成年的小孩沒有監護人，那麼你可以指定還在世的父母一方，以及另一個人或金融機構擔任孩子的共同監護人。但無論如何，只要是由法院來幫你決定的話，就會有行政上的假設及限制。」

行動 # 3：預立遺囑

遺囑，又稱為遺言或遺書，是一份在你離開人世後為你發聲的文件。你可以把它想成是你靈魂的化身，它會站上法庭為你辯護，並證明誰可以拿走你財產中的哪一個部分。

遺囑可以包含很多部分，但最重要的部分是清楚交代你的遺產要如何處置，以及小孩的監護人是誰。再說一次：如果你有小孩，做好某種形式的遺囑這件事就不能拖延，即使只是非常簡單的交代也好。

遺囑包括的指示還有：要由誰來處置你身後的事務，也就是說，你可以指定一個遺囑執行人，這個人可以作為你小孩的受託人，還要處置你所擁有或是你所欠下的任何資產。

⑤ 遺囑上的兩個關鍵人物 ⑤

遺囑執行人：在你離開人世時，這個人基本上就是你的個人代表。遺囑執行人的工作是處置你的資產，其他責任包括付掉你的債務、稅金，以及確保剩餘的資金能交到你在遺囑中指定的對象手中。這是一個重要角色，一定要慎選你的執行人。

受託人：這個人在法律上是你交付信託的資產之擁有者（稍後我會再說明信託的部分），他負責管理你交付信託的任何資產、要為這個信託基金報稅，以及根據你的信託計畫而配發資產。受託人必須只為受益人的利益而運用信託資產。

如果你已經在「資產淨值」那一章盤點過你的資產及負債，那麼這兩者的清單你都已經有了。我們來複習一下。你擁有的資產可能包括：

- 不動產。
- 投資，包括股票、債券等等。
- 可以領出的資產：壽險、退休金。
- 汽車、珠寶。
- 智慧財產：著作權、商標、專利。
- 權利金。
- 展延繳稅的所得收入（Tax-deferred income）。
- 名下的公司。

你的負債可能包括任何類型的債務：

- 銀行借貸。
- 學貸。
- 車貸。
- 房貸及房屋淨值貸款。
- 信用卡債。
- 積欠的所得稅。
- 未清償的帳單（例如醫療費用或個人借貸）。

　　一般來說，你的資產必須優先支付給債主，剩下的才能分配給繼承人。例外情況是，你可以指定資產給某個受益人，這可能可以避免債主要求拿走這份財產，但在美國，這必須要符合各州法規的原則，而且必須要由律師來辦理。

你的作業： 在你的預算範圍內，找一個律師立遺囑。如果是基本遺囑，你也可以參考網路上的資源，但這麼做並無法因應某些較複雜的狀況，例如遺產稅、保有收入所得、資產保護、家庭保全、不讓某些家人繼承等等，任何細微的財務或家庭狀況，跟律師討論是比較明智的作法。

預算天后加碼重點： 東妮分享了兩個步驟的策略，對預立遺囑非常有幫助，我強力推薦你用以下的策略著手。

第一步： 找出哪些人是你在做資產規劃時應該考慮進去的。想想最親近的家人，誰是你的家人？誰應該從你的資產中受益？也許是你的配偶、小孩、兄弟姊妹或父母。

如果你沒有親近的家人，那麼你要考慮的是其他家族親人，或者是像家人一樣的好友。這包括任何家族成員，「如果你不去考慮應該把資產留給哪一位家人，相信我，一定會有家人來找你的！」東妮說。你也知道我們都有不知從哪裡冒出來的表親會說，「嘿，我聽說這裡有些沒有人認領的錢對吧！」

如果你有自己的公司，你也要考慮在你過世之後要由誰來承接你的責任。你的事業夥伴會繼承你的客戶嗎？或者反過來說，你過世會導致任何你和夥伴之間的任何安排失效嗎？

東妮建議要仔細思考你曾經承諾過的事，「你是否曾

經口頭答應過哪個表兄弟姐妹，你會永遠支持他？你是否有一個最好的朋友，她的小孩都會來你家幫忙，而你想留給他們一些東西表示感激？你是否答應過任何人，在某個時間點要為他做些什麼事？現在就是時候，請想想你曾經答應過的事，你要怎麼履行這些承諾？你想要如何被人們記住，就要看你是否記得你的承諾。」

最後，請想想是否有任何公益慈善方面的受益人，或許你每天或每個月都捐獻10美元給他們，或者你會固定向某個教會捐款。東妮說，多數人在做資產規劃時都會忽略這個部分，但你現在知道要考慮到這一點了。

第二步：盤點財產。在東妮的經驗中，多數人都沒有清楚列出自己的財產，通常人們會說：「噢，我一無所有！」但如果深入訪談的話，其實我們都擁有一些東西。財產包括：

- 有現金價值的保單。
- 股票或債券的利潤。
- 共同基金。
- 定存單。
- 專屬產品（你專屬的某個構想或物件，例如專利、商標、著作權）。

如果你未婚但有一個一起生活的伴侶，你希望伴侶在你過世後能得到你所有（或一部分）的資產，那麼你一定要立遺囑，因為你不知道你的家屬在你過世之後是否會承認這段未受法律保障的關係（東妮看過太多這類例子了）。

東妮回憶，「我記得有一對沒有結婚的同性伴侶。其中一方過世後，他的家屬把他的伴侶趕出兩人共同的家。因為沒有遺囑，法律（和家屬）把他當作是普通朋友（而非終生伴侶）。」

「至於未婚夫／妻，在法律上也是兩個無關的人。我最近碰到的案例是，男方在與未婚妻正式結婚之前過世。他的家人突然介入，不讓女方擁有任何財產，甚至把男方的手機和密碼拿走，並禁止女方在社交媒體上發布任何跟男方有關的訊息。他們是一對共同生活的伴侶，但女方甚至連哀悼他都無能為力。」

請確定你做好相關的計畫，避免掉進這種意料之外的陷阱！

行動 #4：預立醫療指示

這項關於醫療照護的指示，只有在你失去自主能力時才會使用到。我會把重點放在兩項你應該事先準備好的指示，也就

是「生前預囑」和「持續性的授權書」。

生前預囑：與遺囑不同的是，生前預囑會在你尚未離世前生效，當你面臨疾病末期治療或陷入永久性昏迷時，生前預囑能讓你清楚表達你想接受什麼類型的醫療。在生前預囑裡，你可以指定是否要使用維生系統、疼痛控制藥物、復甦術急救、插管治療、餵食管，以及當你過世後是否要捐贈器官或身體組織等。

我知道考慮這些事情可能會讓你嚇到，讓你覺得自己比想像中還要脆弱，但我們沒有一個人喜歡想到自己會陷入無法為自己發聲的狀態。

要知道：沒有預先把這些事情交代清楚的風險，就是你必須迫使自己心愛的人為你做這些困難的決定；或者，你必須迫使醫生把這些事攬在手裡，而醫生必須遵守法律規定——他們必須盡一切可能來搶救你的生命，就算你不想要這麼多醫療介入，他們也得做。

在你的預立醫療指示裡，你可以指定一個中間人，負責確認你的指示皆有被遵守。指定這個人可不能隨便，這個人必須是你真的信任、能託付生命給他的人。*

持續性的授權書：授權書（POA）能賦予某人在你失能時（通常是醫療因素），在法律、醫療及財務方面代你處理相關事宜。而「持續性的授權書」（durable POA）是一種特殊類型的授權書，它允許你指定的人在你失去行為能力之後，持續擁有

---

* 在美國某些州，你必須指定一個「醫療代理人」，法律上賦予這個人有權為你發聲。

代你處理事情的權力。

　　只不過，即便有「持續性」一詞，也不代表你永遠放棄你的權利。這只是暫時的，如果你重獲健康，能再度處理自己的事務之後，這種代理權力就會消除。例如，你指定弟弟在你失能時當你的代理人，後來你不幸發生車禍、昏迷了好幾週，在這段時間內，你弟弟有權為你做決定，但是當你重獲意識、腦袋清楚時，決定權又會回到你手上。

　　在很多情況下，你可能會指定同一個人在你失能時為你做醫療決定及管理財務，但這端看你的情況而定，或許你認為由兩個人來擔任你的代理人會比較好。例如，如果你在晚年時再婚，你可能會希望已成年的子女或直系親屬來幫你做醫療決定，另外則指定你現任的配偶擔任你的持續性代理人，或者反過來也可以。也許你覺得另一半不擅長處理金錢，所以你要確保配偶不得經手你的財務。

　　現在請暫停片刻，如果你已經做好所有角色的安排，請想想萬一你發生了什麼事，你會讓他們受到哪些影響？你是否能把帶給親人的傷害程度降到最低呢？

⑤ 你的事業要交棒給誰？ ⑤

　　如果你有自己的公司，你也需要指定某人擔任你無法繼續掌舵時的代理人。請想想如果你失去行為能力，誰能夠取代你的位子呢？你的親朋好友或你心愛的人並不一定具備經營你事業的能力，而有能力的那個人會是誰呢？

你的作業：準備好要做這個最成熟的決定了嗎？立下遺囑，指定持續性代理人。寫清楚生前預囑的內容，還有幫你確認醫療決定都有被遵守的中間人（例如家人）。在你簽名之前，你要跟這些指定人談過。生前預囑跟代理人都可以透過律師來做，我的網站上也整理了幾個你可以運用的網路資源。

預算天后加碼重點：東妮告訴我，「我知道這在情緒上很困難，有些人就是不想去思考自己失能或臨終的事。但相信我，你要這麼做，你必須這麼做，在你的心智、身體都還健康時，在法律上把這些事情交代清楚。不要讓人猜測你會想要怎麼做。如果你對維生系統有強烈意見，就把你的意見寫下來。要不要做復甦術急救？把你的意見寫下來。」

指定持續性的代理人，東妮建議要跟銀行或其他財務機構確認，你在文件上所使用的文字和格式是可以被它們接受的。東妮說，「這個人被允許可以介入，而且就等於是你本人一樣。所以這些金融機構並不會接受隨便寫的非正式文件。我會要大家去問銀行：『我的持續性委任代理人文件應該要是什麼樣子？像我寫好的這份草稿你可以接受嗎？你們有沒有表格可以讓我用？』跟銀行問清楚，這樣到時候你的代理人要去銀行為你辦事時，才不會有遭受延遲或繁瑣的程序。事先把文件送去核准，可以讓人再鬆一口氣。」

行動＃5：思考長期照護計畫

資產規劃還包括要制定長期醫療照護的指示，還記得我建議你在閱讀本章時，要把它想成是一個五年人生計畫嗎？不過，對於長照這項行動，我希望你還要想得更遠。

針對長照所做的指示將會明確指出：如果你在日常的基本活動中需要協助，例如進食、洗澡、穿衣服（這不一定只會在晚年發生），你希望能得到什麼程度的照護？例如，你想盡可能待在自己家裡，希望聘請到府服務的照護人員嗎？或者你更想待在一個能得到及時照護、有其他同伴一起生活的機構中嗎？

你可能會說，「無論如何，到時候再決定就好了……」但是，在我們心智、身體都還健康時，先把這些問題想清楚有一個顯而易見的好處——你不必等到遇到嚴重的殘疾、疾病或老化時再來做這些決定。

還記得我在「投資」那一章提到的「汪達」嗎？她是七十歲時的我。當我想到長照，我就想到汪達，我不希望年邁的她還得費心做選擇，我希望她已經有了一個完善的計畫，這樣她就能安穩地做一個寧靜祥和的老太太。

事實上，未來的你可能和現在的你完全不同，想要的東西可能也大異其趣，但了解長照的前景，並預先做好對未來的想定，還是會對你有所助益。至於在費用方面，你可以透過以下兩種方式來準備：

1. **長照保險**：這種類型的保單可能會非常昂貴，而且沒有固定費率的選項，這表示，保費可能會隨時調漲。即便所費不貲，有些單身者或沒有小孩的夫妻，基於要保障自己的未來，可能會購買這類保單。

2. **個人準備**：這並非保險的一種，而是你在評估未來長照的成本之後，將這筆費用事先納入你的財務規劃之中，也就是說，你必須開一個專門支應長照費用的帳戶來存這筆錢。

你的作業：如果你的年紀已超過四十歲，你可以開始思考自己理想中長期健康照護的計畫；如果你超過五十歲，可以透過保險經紀人和律師的協助，研究對你最有利的長照方式及各種不同的選項。

預算天后加碼重點：東妮說，「現代人住在長照機構超過五年的情況並不罕見，因此盡早擬定自己的長照計畫是必須的，你可以藉此了解自己想要的東西是什麼。你可能會說，我不想住在安養機構中，我想找到府服務的公司，或者我要找一位居家看護。」重點在於，有錢才能使你的計畫成真，這就需要運用第七章「為退休而投資」的技巧，如果有需要，請回頭重讀一遍！

行動 ＃ 6：設立生前信託

這個行動並不是每個人都需要，但了解你有哪些選擇絕對不會是壞事！

預立遺囑和設立信託，這兩者都是按照你的意願去支配資產的法律手段，不同之處在於使它們生效的時間點。

遺囑必須在你過世之後才能發揮作用，它記載的是你希望自己過世後的各項事務要如何辦理。你必須指定一個執行人，確認你遺囑記載的每件事都有做到。

至於信託則是在你簽署相關文件之後就會立即生效＊，也就是說，這筆資產不必等到你過世之後才能分配出去，而是現在就可以。當你還在世時，你也可以自己負責處理你的信託，做你自己的受託人（trustee）。

如果你至少擁有價值10萬美元以上的資產，那麼設立信託就是可行的，但若你的資產價值低於10萬美元，就不值得你花時間、精力這麼做。當然，若你的資產價值高於50萬美元，那麼設定信託絕對是必要的！原因有很多，但最重要的是它能確保你的繼承人避免經歷一段遺囑認證（probate）過程。

所謂的遺囑認證，是指在法院的監督之下執行你的遺囑。如果你已經指定好你的受益人，遺囑認證過程會確保你的遺願被實現、受益人得到他們應得的東西，但如果你生前沒有指定受益人，那麼遺囑認證法庭就會變成一個按次收費的拳擊場，

＊ 以美國為例，信託設立者會分配到一個聯邦EIN稅號，並開設一個銀行帳戶或理財專戶，專門用來持有信託資產。

每個參加者都會在此爭奪他們想得到的東西。

只不過，即便你已經指定了受益人，要把你的資產轉移到繼承人手中（遺囑認證過程）依然是一件耗費時間而且很花錢的事，尤其是當你資產眾多的時候。

遺囑認證過程一定都是公開的，因為遺囑在死後會成為一份公開紀錄，而信託則是只有受託人和受益人會知道你的資產總額。你可以把信託想成是一輛有深色玻璃的裝甲車，它可以保護你的資產，並確保你的遺願被順利執行。

信託有兩種類型：可撤銷信託（revocable trust）及不可撤銷信託（irrevocable trust）。前者是最常見的信託類型，顧名思義，只要你還活著，你可以隨時改變心意，對信託內容做出任何調整，例如賣掉某個資產，把它從信託的資產列表上移除。這些改變不必徵求任何人同意，你就是你信託的老闆。

相反的，如果你想變更「不可撤銷信託」的內容，就必須取得所有信託受益人的同意。這表示若你要設立這類型的信託，就必須非常謹慎，而這類信託通常是資產價值超過50萬美元的人才需要的，因為設立的費用不便宜，通常包括律師費、房地產契約轉讓費，甚至還必須先為此成立一間公司才行。

你的作業：如果你已做完資產淨值的統計，確認你擁有價值超過10萬美元的資產，那麼你可以跟律師（他也許是你財富管理團隊的成員）討論，設立信託是否對你有利？

如果你打算鑽研細節，你必須先把下列的資料準備好：

1. 你的資產清單，包括股票、債券、房產、壽險保單、有價值的藝術品、珠寶、公司股份、專利商標等等。
2. 上述這些資產的繼承人名冊。

你的律師會讓你知道設立信託需要準備的文件，但上面這兩項資料一定是必備的！

預算天后加碼重點：「設立信託時，你還必須考慮你要找誰當你的受託人。」東妮說，「許多人會當自己信託的受託人。但如果你這麼做，一定要指定一個繼任者，確保當你過世之後這個信託還能夠順利運作。」

行動 ＃ 7：執行計畫

前面我所提到的資產規劃，皆包含兩個部分：第一是制定計畫，第二是執行計畫。後者也就是正式簽署，讓該計畫具備法律效力。

請想一想：遺囑、信託、受益人清單、監護人計畫，難道你真的想讓這些只停留在紙上作業嗎？這樣會讓你所愛的人必須花很長時間懇求法院的認證，你確實有上述的意圖只是沒有簽名而已。法院喜歡看到簽名，而不是接受懇求。所以，簽下你的名字吧，這樣你才能百分之百的完成資產規劃！

你的作業：一旦你準備好資產規劃相關的法律文件，你要做的就是簽署它們，否則這些文件基本上毫無意義。如果你要設立信託，必須跟會計師確認有哪些資產基於稅務上的考量，應該要轉移到信託之中；如果你名下有公司，還要與律師商討保護你商業利益的最佳解決方案。

預算天后加碼重點：東妮分享說，很多人會卡在資產規劃的最後一關，也就是在簽名欄止步不前。「人們好像覺得，一旦執行這些計畫，他們就會被砍頭，就好像死神在等著你簽名的墨水乾掉一樣。」她說，「有人把遺囑準備好了，但他們遲遲不肯簽名；有人設立信託了，但沒有把資產移轉到信託中……」要知道，如果你希望發揮資產規劃的效益，你就必須要執行它，就像東妮說的，「不要光是有計畫，而是要啟動它，因為我們人類是很脆弱的。」

複習

無論你現在幾歲，做好資產規劃都會讓你感受到身為一個成年人的痛苦，即便你可能已經做了很多「大人」的事，例如買房子或生小孩。資產規劃會讓你邁入生中的下一個階段，它甚至會召喚出你內心深處那個還沒長大的小孩，他只想說「我就是不要」，然後，就沒有然後了。

要知道，你現在在做的是真正成熟大人會做的事，包括閱

讀你手上的這本書，努力實現財務健全、做自己的主人、掌握自己的金錢。你做得到。我知道你可以。

恭喜你！

哇，你知道你現在的財務健全度已經達到100％了嗎？是真的！

所謂的「財務健全」是指：你生活中所有跟錢有關的面向都能為你的最大利益、最佳福祉與最富足的生活協同運作。如果你讀完這本書，你就已經對下列十個打造健全財務的步驟了然於胸：

1. **建立個人預算**：你已經做好「收入」及「支出」的預算表，而且會利用自動扣款功能（自動轉帳、帳單自動扣款等）管理你的錢，而且已經開了幾個必要的活存及儲蓄帳戶來協助將預算分流。

2. **像松鼠一樣儲蓄**：你已經存下至少三個月的基本開銷（泡麵預算）當作你的緊急預備金，而且把這筆錢存在只能透過網路銀行才能動用的儲蓄帳戶中。

3. **整合負債、擺脫債務**：現在你已經還清債務，或者能清楚地掌握你到底欠下多少債務，並記下每筆債務的組成內容（金額、利率、到期日等）。你已經制定並執行債務清償計畫（例如「雪球法」），並會利用銀行的線上扣款功能做自動繳款（至少要部分自動化）。

4. **衝高信用分數**：你已經申請了免費的FICO信用評分報告，也掌握你過去十二個月的信用分數——你的分數已經達到740分以上，或者已經找出影響信用分數的關鍵因素，並為此制定了衝高分數的計畫。

5. **開拓副業、增加收入來源**：你已經列出過去幾年你在工作上貢獻的價值，你有自信以此要求加薪或升職。或是你已經有幾項不同來源的業外收入，或是知道如何利用你的現有技能及進修資源來增加收入。如果你想賺更多錢，你也知道該如何制定行動計畫。

6. **像內行人一樣投資（累積退休金與財富）**：你已經決定好退休金及財富累積的目標，也在公司人資、理財規劃顧問（CFP）、免費網路資源或自學的幫助下制定並執行了你的投資計畫。你能要求自己持續投入資金，而且不去動用它，讓這筆錢能有機會成長。

7. **妥善保險**：你知道你擁有足夠的保障，因為你了解自己的需求，並能為此計算出醫療、壽險、失能、產物意外險等各種保險需求。

8. **計算並增加你的資產淨值**：你知道該如何計算自己的資產淨值（把擁有的東西減去欠別人的東西），你現在已達到正淨值，或知道要如何達到、增加並維持正淨值。你擁有一個正淨值目標，且為此制定每個月要採取的行動。

9. **建立你的財富管理團隊**：你已經審核、找到可靠穩健的專業工作者（也就是理財顧問、保險經紀人、資產規劃

律師、會計師等等），組成團隊來幫助你實現財務目標。

10. **做好資產規劃以遺澤後人**：你已經確認好資產規劃的各個環節及完成部分內容（包括預立遺囑、設立信託、指定帳戶受益人等），而且已經在文件上簽名、挹注資金。這表示，無論你的銀行帳戶和投資組合（不動產、股票、債券等等）的規模有多大，你都知道在你過世之後，你的資產（現金、珠寶或其他資產）要怎麼處理。

我只能說，我以你為榮。那麼，下一步呢？請繼續往前走！你的財務目標和生活目標都會隨著時間不斷進化，請把這本書當作參考，協助你在人生不同階段重新優化你的財務完整度。

我給你最後的作業是：施予能帶來更多。受到幫助的感覺很棒，而運用別人幫助你的東西來幫助別人，那種感覺更棒！請把你的時間、精力、資源、知識，分享給比你少的人；請承諾跟所有人分享你的富足。我們都有能力透過良心善舉，使我們所在之處變得更好。

我們要保持聯絡！我熱愛聽到像你這種「捕夢者」的消息。我在各個社交媒體上的名字都是 The Budgetnista／@thebudgetnista，現在就跟我分享你的下一步、你最大的收穫及成就。

Live richer,
Tiffany

你的聰明理財工具包

關於本書所述的最新資源及其他相關網站連結，請上以下
網址查詢：www.getgoodwithmoney.com

第二章：變有錢的第一步：建立個人預算表

❖ 收支表

每月收入			
每月支出			
（相減）			
最初儲蓄金額			

收入項目	收入金額	支出項目	支出金額
	總計：		總計：

每月收入			
（節省後）每月支出			
（相減）			
新的儲蓄金額			

節省後的 支出金額	帳戶名稱 （例如：繳款帳戶）	支出類型 （B/UB/C）	繳款截止日
總計：			

❖ 收支表（填寫範例）

每月收入	$4,150.00		
每月支出	$4,960.00		
（相減）			
最初儲蓄金額	-810.00		

收入項目	收入金額	支出項目	支出金額
薪資	$3,200.00	房貸	$2,600
Lyft共享叫車平台	$650.00	車貸	$300
Etsy網路商店	$300.00	汽車保險	$235
		學貸（聯邦）	$250
		手機	$150
		網路	$80
		信用卡Visa	$195
		信用卡MasterCard	$50
		商店聯名卡	$75
		水電帳單	$200
		汽油	$100
		食品雜貨	$100
		美妝衛浴	$100
		美容（剪髮、眼睫毛、指甲）	$75
		外食（早午晚餐）	$250
		娛樂	$200
	總計：$4,150.00		總計：$4,960.00

	每月收入	$ 4,150.00	
	（節省後）每月支出	$ 3,955.00	
	（相減）		
	新的儲蓄金額	$ 195.00	

節省後的 支出金額	帳戶名稱 （例如：繳款帳戶）	支出類型 （B/UB/C）	繳款截止日
$2,200	繳款	B	每月1號
$300	繳款	B	每月28號
$200	繳款	B	每月15號
$150	繳款	B	每月5號
$100	繳款	B	每月26號
$80	繳款	B	每月28號
$100	繳款	B	每月16號
$25	繳款	B	N/A
$75	繳款	B	每月8號
$200	繳款	UB	每月5號
$100	薪資／支出	UB	N/A
$100	薪資／支出	C	N/A
$100	薪資／支出	C	N/A
$50	薪資／支出	C	N/A
$75	薪資／支出	C	N/A
$100	薪資／支出	C	N/A

總計：
$ 3,955.00

第四章：整合負債、擺脫債務的策略

❖ 債務表

債務名稱	欠款總額	每月最低還款金額	利息	繳款期限	對帳單日期	狀態

❖ 債務表（填寫範例）

債務名稱	欠款總額	每月最低還款金額	利息	繳款期限	對帳單日期	狀態
房貸	$320,000.00	$2,200.00	6.00%	每月1號	每月15號	準時支付
汽車	$22,000.00	$300.00	6.00%	每月28號	每月30號	準時支付
visa信用卡	$5,000.00	$60	18.99%	每月16號	每月8號	晚一個月
商店聯名卡	$650.00	$75	24.75%	每月8號	每月1號	準時支付
萬事達卡	$2,000.00	$25	15.00%	N/A	每月5號	拖欠
學貸（聯邦）	$35,000.00	$150.00	5.50%	每月五號	每月最後一天	寬限

第九章：計算並增加你的「資產淨值」

❖ 資產淨值表

在每一項分類中，填入你的資產價值，
然後減去任何負債，就是你的資產淨值。

資產	價值	負債	結餘
個人物品		債務	
儲蓄與投資		總負債＝	
		總資產	
		總負債	
		總淨值＝	
退休儲蓄			
總資產＝			

第十章：建立你的財富管理團隊

❖ 理財生活範本

利用這份範本來建立你自己的理財計畫，在與你的理財顧問面談時，你可以把它拿出來與對方討論。

我想做的是：

例如：我想讓我的錢與我的價值觀匹配，讓我過理想的生活。我可以付錢給專家（按時薪或年薪）來幫我達到這個目標。我需要制定退休及讓我孩子上大學的財務計畫，並讓我的資產在我過世時還能照顧我的小孩。

我目前的財務狀況是：

- 年齡、婚姻狀況、小孩？
- 工作？
- 房屋自有或租屋？
- 有車嗎？有車貸嗎？
- 債務：學貸、卡債，未付清的結餘是？目前還款狀況？即期繳付還是延遲繳付？
- 我的信用分數是？
- 退休帳戶：是 IRA？401K？Roth？金額有多少？有任何借貸提款嗎？交給哪家公司管理？
- 股票投資：總共投資多少錢？使用哪個交易平台？
- 其他投資：不動產？其他投資帳戶？價值多少？
- 保險：你有保失能險、寵物險、房客險、壽險、醫療險、

定期壽險、終身壽險嗎？各投保了多少？跟哪些公司投保？你的公司是否有提供醫療／失能／壽險？保額多少？你的配偶或孩子有買保險嗎？保額多少？

- 全家每月開銷的金額是多少？
- 去年家戶總收入是多少？（請查報稅資料）
- 我目前的存款是？
- 我算是節儉？浪費？還是普通？
- 我名下有任何公司事業嗎？列出去年的公司總收入。是什麼樣的公司？（股份有限公司、S corp 或 C corp？）你有事業夥伴嗎？你擁有多少股份？

我目前的財務目標是：

例如：

1. 我希望在接下來的十年之內達到100%的財務健全度。

   - 沒有債務
   - 每年擁有7萬5,000至10萬美元的被動收入（包括股利及不動產收入）
   - 至少擁有一間房子。
   - 擁有稅務管理計畫。
   - 經常旅行。
   - 進行慈善工作。
   - 全面的資產規劃。
   - 遺囑。
   - 信託。
   - 醫療預立指示。
   - 委任代理人。
   - 指定受益人。

- 保險（壽險、失能險等等）。
- 葬禮／後事安排。
- 公司接班人計畫。
- 資產計畫文件存放。

2. 我希望能有一個可以由自己管理的退休投資帳戶。要投資目標日期基金還是指數基金？應該怎麼做股債配置？
3. 我希望能為累積財富而投資。我應該要怎麼做？
4. 我希望能保護我的財富。我需要買什麼保險？
5. 我想投資不動產。
6. 我需要更新失能及壽險保單。
7. 我需要晚年的長期醫療保險。
8. 我目前把留給女兒、姪女及姪子的資金放在個別儲蓄帳戶。我想要把這些帳戶做更有策略的運用。
9. 我想給員工福利，包括退休、醫療、失能、產假、休假等。
10. 我想要有人跟我公司的財務長和會計師一起合作，做出一個最適合我的家庭及公司的稅務計畫。
11. 我想保留資金去購買不動產。
12. 我想建立一個有組織的系統，方便取用重要文件和帳戶。
13. 我想跟某個人一起合作建立有策略的財務計畫，且能隨著財務和生活改變而監督、調整。
14. 我希望有人幫我檢視我目前公司的福利制度。

在與理財顧問面談時的提問：
例如：
- 你能跟我一起開工作會議嗎？像是讓我分享我螢幕上的資訊給你，一起重新配置我放在網路券商帳戶裡的資產。
- 你的收費結構是？你能按每小時收費嗎？

- 你的財務哲學是？
- 你的客戶大部分是什麼人（例如老師、醫生、女性等）？

我想進一步了解的概念，例如：
- 股票投資。
- FIRE 行動（財務自由、提早退休）。
- 減輕稅賦。

懂錢滾錢

打造最強個人財務系統，美國「預算天后」改造100萬人的財富指引

Get Good with Money: Ten Simple Steps to Becoming Financially Whole

作　　者	蒂芙尼‧阿里奇（Tiffany Aliche）
譯　　者	周怡伶
主　　編	郭峰吾

總 編 輯　　李映慧
執 行 長　　陳旭華（steve@bookrep.com.tw）

出　　版　　大牌出版 / 遠足文化事業股份有限公司
發　　行　　遠足文化事業股份有限公司（讀書共和國出版集團）
地　　址　　23141 新北市新店區民權路 108-2 號 9 樓
電　　話　　+886-2-2218-1417
郵撥帳號　　19504465 遠足文化事業股份有限公司

封面設計　　FE 設計 葉馥儀
印　　製　　成陽印刷股份有限公司
法律顧問　　華洋法律事務所　蘇文生律師

定　　價　　480 元
初　　版　　2022 年 2 月
二　　版　　2024 年 12 月

電子書 E-ISBN
978-626-7600-20-7（EPUB）
978-626-7600-19-1（PDF）

國家圖書館出版品預行編目資料

懂錢滾錢：打造最強個人財務系統，美國「預算天后」改造100萬人的
財富指引 / 蒂芙尼‧阿里奇 著; 周怡伶 譯. -- 二版. -- 新北市: 大牌出版,
遠足文化事業股份有限公司, 2024.12
384 面; 14.8×21 公分
譯自: Get Good with Money: Ten Simple Steps to Becoming Financially Whole
ISBN 978-626-7600-24-5（平裝）
1. 個人理財

113017552